B 贵州蓝皮书

U0958831

贵州册亨经济社会发展报告（2019）

ANNUAL REPORT ON ECONOMIC AND SOCIAL DEVELOPMENT OF CEHENG COUNTY OF GUIZHOU(2019)

主 编 / 黄德林　王义飞

中国社会出版社
国家一级出版社・全国百佳图书出版单位

图书在版编目（CIP）数据

贵州册亨经济社会发展报告.2019／黄德林，王义飞主编.—北京：中国社会出版社，2019.10

ISBN 978-7-5087-6240-1

Ⅰ.①贵… Ⅱ.①黄… ②王… Ⅲ.①区域经济发展—研究报告—册亨县—2019②社会发展—研究报告—册亨县—2019 Ⅳ.①F127.734

中国版本图书馆CIP数据核字（2019）第246938号

书　　名：贵州册亨经济社会发展报告（2019）
主　　编：黄德林　王义飞

出 版 人：浦善新
终 审 人：尤永弘
责任编辑：秦　健

出版发行：中国社会出版社　**邮政编码**：100032
通联方式：北京市西城区二龙路甲33号
电　　话：编辑室：（010）58124864
销售部：（010）58124848
（010）58124842
网　　址：www.shcbs.com.cn
shcbs.mca.gov.cn
经　　销：各地新华书店

中国社会出版社天猫旗舰店

印刷装订：北京九州迅驰传媒文化有限公司
开　　本：170mm×240mm　1/16
印　　张：15.75
字　　数：240千字
版　　次：2019年12月第1版
印　　次：2019年12月第1次印刷
定　　价：36.00元

中国社会出版社微信公众号

《贵州册亨经济社会发展报告（2019）》
编纂领导小组

组　长： 吴大华　贵州省社会科学院院长、研究员

詹丹志　中共册亨县委书记

张　茂　中共册亨县委副书记、县人民政府县长

王永忠　册亨县人大常委会主任

王　专　册亨县政协主席

成　员： 唐显良　贵州省社会科学院副院长

郑云跃　贵州省社会科学院副院长、研究员

李　胜　贵州省社会科学院副院长

黄　勇　贵州省社会科学院副院长、研究员

刘　洁　中共册亨县委副书记、县委党校校长

罗佐文　中共册亨县委常委、县委宣传部部长、统战部部长

李　涛　中共册亨县委常委、县人民政府常务副县长

谢　坤　中共册亨县委常委、县人民政府副县长

朱明琳　册亨县人民政府副县长

方　华　册亨县人民政府副县长

王国杰　册亨县人民政府副县长

郭媛媛　册亨县人民政府副县长

贵州册亨经济社会发展报告（2019）
编 委 会

作　者（以文序排列）：
谢　松　黄德林　王义飞　陈玲玲　谢艳锋
王顺勇　岑启根　侬然岚　杨胜娇　韦　军
罗梦怡　刘凌冰　李迎喜　卢源凌

主要编撰者简介

黄德林　贵州省社会科学院社会研究所所长、三级研究员，贵州省省管专家，贵州省宣传文化系统“四个一批”人才，贵州社会治理与社会建设研究中心主任，贵州省社会科学院应用社会学重点学科负责人，贵州省社会科学院学科带头人。

主要社会兼职：中国社会学会理事；贵州省社会学学会常务副会长兼秘书长；中共贵州省纪律检查委员会、贵州省监察厅特约研究员；中共贵州省委党校研究生导师；贵州中医药大学硕士生导师。

近五年的主要科研成果：主持并完成国家社会科学基金项目 1 项，主持并完成国家软科学计划项目 1 项，主持并完成贵州省软科学重点项目 3 项、一般项目 3 项，主持并完成贵州省省长资金课题 1 项，主持并完成贵州省政府委托项目《贵州省贯彻执行黔府发〔2013〕6 号文件执行情况评估报告》、贵州省扶贫生态领导小组委托项目《贵州省扶贫生态移民配套政策研究》、《贵州省“十三五”民政事业发展规划》等重大委托项目。其中：《贵州省贯彻执行黔府发〔2013〕6 号文件执行情况评估报告》于 2015 年 1 月 27 日获时任贵州省省长陈敏尔同志的肯定性批示；2013 年主持完成的《贵州省扶贫生态移民配套政策研究》项目，已转化为贵州省 22 家省直厅局文件，2015—2016 年主持完成《贵州省民政事业发展第十三个五年规划》已全文转化为政府文件、主持完成《贵州省养老服务体系建设“十三五”规划》已全文转化为政府文件；2018 年 2 月主持完成的贵州省社科院院级重大课题《贵州新时代农民讲习所研究》成果获贵州省委书记孙志刚、省长谌贻琴、省委常委宣传部长慕德贵、副省长吴强等省领导同时肯定性批示。出版个人学术专著 2 部，分别荣获贵州省第十、第十一次哲学社会科学优秀成果评奖著作类三等奖；编著6部；在《中国社会科学报》《上海师范大学学报》《贵州社会科学》等刊物上发表学术论文50余篇。

王义飞：贵州省社会科学院社会研究所副研究员。主要研究方向：民族社会学、社会政策。主持完成省级课题3项、地厅级课题5项，参与国家社科基金课题及其他省部级课题多项；在《广西民族研究》等学术期刊发表论文多篇；主持和参与撰写的研究成果多次获得省主要领导肯定性批示。

摘 要

本报告以党的十九大、习近平总书记系列讲话精神和贵州省委十二届历次会议为指导，系统地总结了 2018 年贵州省黔西南布依族苗族自治州册亨县社会发展取得的五大亮点，分析册亨县社会发展存在的问题与挑战，预测 2019 年册亨县社会发展将随着决战脱贫攻坚战的不断推进、决胜脱贫攻坚基础的不断夯实、民生保障的不断改善、社会治理与社会建设的不断加强，加上国家、省、州等多重战略及政策的延伸，必将产生政策叠加效应，为册亨县决战脱贫攻坚提供强大支撑，必将以优异的成绩为中华人民共和国 70 华诞献礼。报告对册亨县经济和社会发展形势分析与预测、刺绣产业、林业产业、养老服务业、糯米蕉产业、易地扶贫搬迁、东西部协作扶贫、特殊人群服务管理、新市民计划等方面进行了专题研究。

报告指出，2018 年是册亨县经济社会发展取得辉煌成就的一年。册亨县坚持新发展理念，坚持稳中求进的工作总基调，以脱贫攻坚统揽经济社会发展全局，牢牢守好发展和生态两条底线，坚决打好三大攻坚战，统筹抓好“六稳”工作，积极应对宏观环境变化，全县经济实现平稳快速发展，综合实力进一步增强，在县域第三方阵乙类县综合测评中，取得在全省排名第二的好成绩。

报告指出，2019 年册亨县社会发展保持与全国、全省、全州大体一致的基本走势的同时，乂具有自身本地特征，表现为七大基本发展走势，并从脱贫攻坚、基础设施建设、民生保障、安全生产和社会治理等方面提出了对策建议。

报告认为，2019 年无论是对全国、贵州还是册亨来说都是不寻常的一年。2019 年是深入学习习近平新时代中国特色社会主义思想的重要一年，是深入开展“不忘初心，牢记使命”主题教育活动的重要一年，是贯彻落实贵州省十三届人大二次会议精神的重要一年，是决战脱贫攻坚的重要一年。因此，册亨县经济社会发展各个方面的工作力度都会得到新的增强，社会发展中的脱贫“摘帽”、8 万余人的易地扶贫搬迁任务、民生的进一步改善、社会事业的全面进步、社会治理进一步加强等，在社会发展实践中，随着全县决战脱贫攻坚的进一步推进，决胜脱贫攻坚必将与全国同步小康。

本报告由 13 篇研究报告组成。共分为五个部分，分别是总报告篇、评价篇、理论篇、调研篇和案例篇。

Abstract

In the guidance of the 19th National Congress of CPC, General secretary Xi Jinping' s series speeches spirit and previous Plenary Session of the CPC Guizhou provincial party committee of the twelfth, this report has systematically summed up the 5 new bright points of economic and social development of Ceheng County of Guizhou Province and scientifically studied the main economic and social development problems of Ceheng County in 2018. It is predicted that it will continue to advance with the decisive battle of poverty alleviation, the foundation of decisive battle of poverty alleviation, the improvement of people' s livelihood security, the continuous strengthening of social governance and social construction in social development areas of Ceheng county in 2019, as well as the extension of multiple national, provincial and state strategies and policies, which will produce policy superposition effect and provide strong support for Ceheng county' s decisive battle of poverty alleviation. It will present its excellent achievements to the 70th birthday of the people' s Republic of China. In this report, it also makes special studies on the analysis and forecast of the economic and social development situation of Ceheng County, embroidery industry, forestry development, elderly care services, banana industry, relocation program for poverty alleviation, poverty alleviation cooperation between the East and the West, special population service management and new citizen plan.

The report indicates that it was a year brilliant achievements has been made in the areas of economic and social development of Ceheng county in 2018. It adheres to the new development concept and the general tone of seeking progress in stability, takes the overall situation of economic and social development as a whole by overcoming poverty, firmly adheres to the two bottom lines of development and ecology, resolutely fights three major battles, makes overall planning for the " six stability" work, actively responds to the changes in the macro environment, as a result, it achieves steady and rapid economic development of the whole county, and further strengthens its comprehensive strength. In the comprehensive evaluation of similar counties, it has achieved the second place in the province of Ceheng County.

The report points out that it has its own local characteristics, showing seven basic development trends, while maintaining the basic trend of social development in Ceheng County which is generally consistent with that of the whole Prefecture, the whole province and the whole nation in 2019 and it puts forward countermeasures and suggestions from the aspects of poverty alleviation, infrastructure construction, people' s livelihood security, production safety and social governance, etc.

According to the report, it was an unusual year for Ceheng County, Guizhou Province and China in 2019. It was also an important year for studying Xi Jinping Thought on Socialism with Chinese Characteristics for a New Era, an important year for launching a campaign on the theme of " staying true to our founding mission", an important year for implementing the spirit of the two session of the Thirteen National People' s Congress of Guizhou Province, and an important year for the decisive struggle against poverty. Therefore, the efforts of all aspects of economic and social development will be strengthened. In the practice of social development, with the further promotion of the county' s decisive poverty alleviation, such as relocation of more than 80000 people, comprehensive progress in social undertakings and further strengthening of social governance, the decisive poverty alleviation will be in step with the national well-off society.

Made up of 13 research reports, this report is divided into 5 parts that are general report, evaluation section, theory section, investigation & research and case study respectively.

目 录

总报告篇

评价篇

理论篇

调研篇

案例篇

CONTENTS

General Report

Evaluation

Theory

Investigation & Research

Case Study

总报告篇

B.1 2019年贵州册亨县经济运行发展报告

谢 松①

摘要： 2018年，贵州省黔西南布依族苗族自治州册亨县坚持新发展理念，坚持稳中求进的工作总基调，以脱贫攻坚统揽经济社会发展全局，牢牢守好发展和生态两条底线，坚决打好三大攻坚战，统筹抓好“六稳”工作，积极应对宏观环境变化，全县经济实现平稳快速发展，综合实力进一步增强，在县域第三方阵乙类县综合测评中，取得在全省排名第二的好成绩。

关键词： 册亨县　经济运行　分析预测

一、2018年册亨县经济运行特点

（一）册亨县经济运行总体平稳，实现持续较快增长

2018年，册亨县完成地区生产总值56.44亿元，按可比价格计算，比上年增长12.5%，增速比上年下降0.8个百分点。人均地区生产总值达到30221元，比上年增加2404元，同比增长12.4%。

分季度从同比看，第一季度完成地区生产总值10.9亿元，比上年同期增长14.1%，与上年同期相比，增速下降0.9个百分点；上半年完成地区生产总值25.64亿元，比上年同期增长13.4%，与上年同期

① 谢松，贵州省社会科学院工业经济研究所副所长，副研究员。

相比，增速提高 0.3 个百分点；前三季度完成地区生产总值 39.86 亿元，比上年同期增长 13.2%，与上年同期相比，增速提高 1.5 个百分点。从环比看，上半年与第一季度相比，地区生产总值增速环比下降 0.7 个百分点，前三季度与上半年相比，地区生产总值增速环比继续下降 0.2 个百分点，全年与前三季度相比，地区生产总值增速环比继续下降 0.7 个百分点，全年地区生产总值增速有所回落，回落幅度较小。季度累计经济增速波动范围稳定在 12.5%—14.1%，波动幅度相对不超过 1.6 个百分点。总体上看，经济运行相对平稳，呈现稳定快速增长态势。

与全州相比，2018 年册亨县地区生产总值增速比全州平均增速高出 0.5 个百分点，增速比 2017 年缩小 0.3 个百分点，增速在全州 8 县（市）中位列第 4 位。全县地区生产总值占全州地区生产总值的 4.85%，比上年约下降 0.011 个百分点。与全省相比，2018 年册亨县地区生产总值增速比全省平均增速高出 3.4 个百分点，增速比 2017 年扩大 0.3 个百分点。全县地区生产总值占全州地区生产总值的 0.38%，比上年下降 0.002 个百分点。人均地区生产总值增速高出全州 1.0 个百分点。

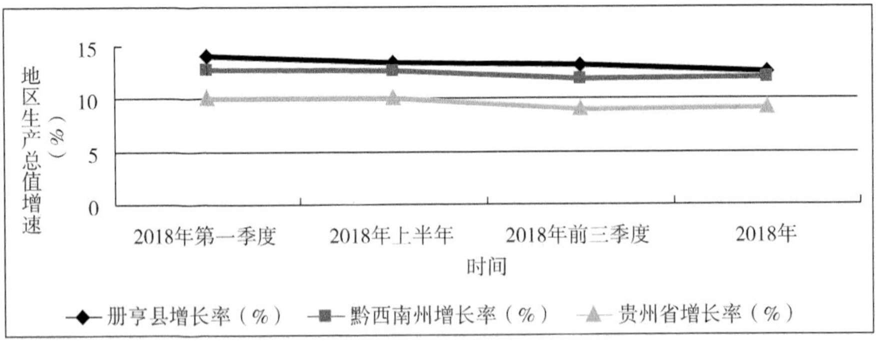

图 1　2018 年贵州册亨县与州、省地区生产总值及其增速比较

表 1　2016—2018 年贵州册亨县、黔西南州、贵州省地区生产总值及其增速　　单位：亿元，元，%

区域	项目	2016 年	2017 年	2018 年第一季度	2018 年上半年	2018 年前三季度	2018 年
册亨县	地区生产总值	45.14	51.89	10.9	25.64	39.86	56.44
	增长率	13.6	13.3	14.1	13.4	13.2	12.5
	人均生产总值	23878	27817	—	—		30221
	增长率	—	14.80	—	—	—	12.40
黔西南州	地区生产总值	929.14	1067.60	218.26	551.53	795.49	1163.77
	增长率	13.30	12.50	12.80	12.60	11.90	12.00
	人均生产总值	32833	37471	—	—	—	46068
	增长率	12.80	11.80	—	—	—	11.40
贵州省	地区生产总值	11734.43	13540.83	2904.79	6632.86	10401.39	14806.45
	增长率	10.50	10.20	10.10	10.05	9.00	9.10
	人均生产总值	33127	37956	—	—	—	41244
	增长率	9.80	9.40	—	—	—	

注：“—”表示暂无数据。

资料来源：省、州数据来源于 2016 年、2017 年、2018 年《贵州省国民经济和社会发展统计公报》和 2018 年《贵州省统计月报》，县数据来源于 2018 年各月《册亨县经济运行情况统计表》及 2016 年、2017 年《册亨县国民经济和社会发展统计公报》；部分数据由册亨县提供。

（二）第三产业持续高速增长，在经济中的比重进一步提高

2018 年，册亨县不断深化服务业领域供给侧结构性改革，完善服务业工作机制，加快推进服务业重点领域发展，建成福尧福寨国家 3A 级旅游景区，提级升档万重山、岩架布依风情园基础设施，申建成功 8 个“贵州省少数民族特色村寨”，成功举办国际山地旅游暨户外运动大会册亨系列活动。随着大批服务业项目相继建设、建成投产见效，以山地文化旅游业为重点的现代

服务业实现快速发展，推动经济加快发展的主引擎作用进一步增强。

2018 年，全县完成第三产业增加值 30. 31 亿元，比上年增长 16. 1%，增速比上年下降 2 个百分点，比 2018 年第一季度、上半年、前三季度分别下降 1. 9、0. 1 和 1. 6 个百分点，增速波动范围稳定在 16. 1%—18. 0%，第三产业发展呈现稳定高速增长态势。第三产业增加值在全县生产总值中的比重为 53. 70%，比上年提高约 1. 0 个百分点。第三产业增加值增长对全县地区生产总值增长的贡献率保持高位，为 67. 89%，拉动经济增长 8. 49%。第三产业增加值增速比地区生产总值增速高出 3. 6 个百分点，在三次产业中位列第一位，远远超出第一产业和第二产业，比第一产业增加值增速高出 9. 3 个百分点，比第二产业增加值增速高出 3. 7 个百分点。与全州、全省相比，册亨县第三产业增加值增速比全州同期高出 1. 80 个百分点，比全省同期高出 6. 6 个百分点。

分行业看，旅游业继续保持“井喷”增长，2018 年，全县旅游接待人次、旅游总收入增长分别高达 43. 59% 和 50%；批发业完成销售额 2. 08409 亿元，比上年增长 13. 70%；零售业完成销售额 5. 03013 亿元，比上年增长 15. 10%；住宿业完成销售额 0. 13126 亿元，比上年增长 11. 0%；餐饮业完成销售额 1. 53172 亿元，比上年增长 18. 27%；网络零售额完成 313. 69 万元，比上年下降 73. 42%。

表 2　2016—2018 年册亨县、黔西南州、贵州省三次产业增加值及其增速　　单位：亿元，%

区域	项 目	2016 年	2017 年	2018 年第一季度	2018 年上半年	2018 年前三季度	2018 年
册亨县	第一产业增加值	17. 54	19. 28	3. 51	7. 87	14. 83	20. 25
	增长率	6	6. 8	5	6. 6	7	6. 8
	第二产业增加值	4. 53	5. 26	1. 73	3. 46	4. 12	5. 88
	增长率	13. 9	11. 8	12. 1	13. 3	12. 4	12. 4
	第三产业增加值	23. 07	27. 35	5. 66	14. 32	20. 92	30. 31
	增长率	19. 4	18. 1	18. 0	16. 2	17. 7	16. 1

续表

区域	项 目	2016 年	2017 年	2018 年第一季度	2018 年上半年	2018 年前三季度	2018 年
黔西南州	第一产业增加值	188.84	204.08	37.51	80.77	147.86	212.92
	增长率	6.20	6.60	5.60	6.60	7.00	6.90
	第二产业增加值	298.31	340.68	73.46	193.56	263.94	375.80
	增长率	12.30	10.70	10.70	11.40	11.10	11.50
	第三产业增加值	441.99	522.84	107.29	277.20	383.69	575.05
	增长率	17.20	16.20	16.80	15.10	14.50	14.30
贵州省	第一产业增加值	1846.54	2020.78	364.87	847.78	1562.96	2159.54
	增长率	6.00	6.70	5.60	6.40	6.80	6.90
	第二产业增加值	4636.74	5439.63	1285.93	2761.82	3941.67	5755.54
	增长率	11.10	10.10	10.00	9.84	9.10	9.50
	第三产业增加值	5251.15	6080.42	1253.99	3023.26	4896.76	6891.37
	增长率	11.50	11.50	11.20	11.20	9.70	9.50

资料来源：省、州数据来源于2016年、2017年、2018年《贵州省国民经济和社会发展统计公报》和2018年《贵州省统计月报》，县数据来源于2018年各月《册亨县经济运行情况统计表》及2016年、2017年《册亨县国民经济和社会发展统计公报》；部分数据由册亨县提供。

（三）山地特色农业加快发展，产业扶贫成效明显

2018年，册亨县深入推进农业供给侧结构性改革，按照全州“退一进十”农业产业结构调整要求，坚持“以短养长、长短结合”的发展原则，大力推动农业结构加快调整，积极培育发展农村新型经济主体。围绕农业提质增效，加快玉米种植面积调减，加快发展高效农业，着力建设一批重大项目，林业、精品水果、早熟蔬菜、甘蔗、生猪、刺绣等重点山地特色产业加快发展，规模不断扩大，发展形成“北畜、中菜、南林”特色农业格局，山地农业结构持续优化，农业效益不断增加，覆盖带动大批贫困农户增加收入。

2018年，全县完成农林牧渔业增加值21.2959亿元，比上年增长6.75%，增速比上年提高0.03个百分点。农业种植结构进一步优化。玉米种植面积不断缩减，调减玉米种植面积达到10.52万亩；蔬菜、糯米蕉、甘蔗等经济作物种植面积不断扩大，2018年新增甘蔗0.9万亩、蔬菜0.6万亩、糯米蕉0.75万亩，精品水果种植面积达到9万亩，被授予“中国糯米蕉之乡”。林业加快发展。2018年完成营造林建设11.44万亩，全县杉木种植面积达到90万亩、桉树种植面积达到30万亩、油茶种植面积达到15.5万亩，核桃、板栗和花椒等特色经济林木种植面积达到10万余亩，森林面积达268万亩，全县森林覆盖率达到68.62%，被授予“国家森林生态标志产品生产基地创建试点县”①。

畜牧业加快发展。截至2018年，全县建成规模养殖场达480个。肉类总产量12766吨，同比增长15.57%。其中猪肉产量为8719吨，同比增长12.9%；牛肉产量为1318吨，同比下降6.46%；羊肉产量为1021吨，同比增长82.32%；禽肉产量为1708吨，同比增长26.14%；禽蛋产量为3955吨，同比增长107.50%。猪存栏10.8828万头，同比增长26.24%；牛存栏2.8001万头，同比下降8.95%；羊存栏8.2940万头，同比下降10.15%；禽存栏81.3851万羽，同比增长1.88%。猪出栏9.6892万头，同比增长6.04%；牛出栏1.0456万头，同比下降11.49%；羊出栏6.0065万头，同比增长73.16%；禽出栏99.0531万羽，同比增长27.17%。

积极推进农产品“三品一标”认证，“三品一标”农产品不断增加，“三品一标”产品比重进一步提升。2018年申报无公害农产品产地认定12万亩，无公害农产品认证8个，地理标志登记保护1个。“册亨糯米蕉”成为农产品地理标志产品。新增省级高效农业园区1个，全县拥有省级现代高效农业示范园区5个，现代农业发展载体不断夯实。

大力培育发展新型农业经营主体，在蔬菜、精品水果、中药材、生态家禽、农产品加工、农机服务等领域，积极引导发展龙头企业、农业专业

① 册亨县2019年政府工作报告，册亨县2018年国民经济和社会发展计划执行情况与2019年国民经济和社会发展计划草案的报告。

合作社等新型农业经营主体。截至2018年，全县拥有种养殖型规模企业39家，专业合作社325家，其中州级以上龙头企业达13家①。

积极推动产业扶贫，认真贯彻落实农村产业革命“八要素”，以产业发展助推脱贫攻坚取得明显成效。实施农民培训“春风行动”，以讲习所、农民夜校、以会代训、现场授训等多种形式，对贫困农户开展香蕉、玫瑰、花椒、芒果、蔬菜种植、肉兔养殖等农业技术培训。实施种养扶贫、电商扶贫工程，实施50万头生猪产业化扶贫项目，实施“农调扶贫险”承保5.83万亩，大力推进林木、糯米蕉、花椒、甘蔗、油茶、布依刺绣、农村电子商务等特色产业扶贫，带动3万余名贫困群众增收。

表3　册亨县农林牧渔业产出及增速

项目	2016年		2017年		2018年第一季度		2018年上半年		2018年前三季度		2018年	
	绝对额	增速（%）	绝对额	增速（%）	绝对额	增速（%）	绝对额	增速（%）	绝对额	增速（%）	绝对额	增速（%）
农林牧渔业总产值（万元）	284778	6.20	320978	7.10	58566	5.30	130407	6.80	247663	7.20	342017	7.00
农林牧渔业增加值（万元）	185095	6.00	203035	6.72	36938	5.10	84926	6.61	161022	6.96	212959	6.75

资料来源：2016年、2017年、2018年各月《册亨县经济运行情况统计表》。

① 册亨县2018年国民经济和社会发展计划执行情况与2019年国民经济和社会发展计划草案的报告。

表 4　册亨县农产品产量及增速

项目	2016 年		2017 年		2018 年	
	绝对额	增速（%）	绝对额	增速（%）	绝对额	增速（%）
粮食作物产量（吨）	53713	3. 60	53378	-0. 62	65338	22. 41
稻谷	20487	2. 30	20838	1. 72	28432	36. 44
小麦	3855	5. 60	3560	-7. 65	4770	33. 99
玉米	24171	2. 20	22463	-7. 07	26345	17. 28
马铃薯	1535	-6. 20	1555	1. 30	3931	152. 80
畜禽产品产量（吨）	—	—	—	—	—	—
猪肉	7188	-0. 10	7723	7. 44	8719	12. 90
牛肉	1414	-11. 60	1409	-0. 35	1318	-6. 46
羊肉	514	6. 00	560	8. 95	1021	82. 32
禽肉	1162	18. 20	1354	16. 52	1708	26. 14
禽蛋	1796	8. 80	1906	6. 01	3955	107. 50
畜禽年出栏数	—	—	—	—	—	—
猪（头）	85697	-7. 30	91376	6. 63	96892	6. 04
牛（头）	13105	-24. 40	11814	-9. 85	10456	-11. 49
羊（头）	31752	5. 30	34687	9. 24	60065	73. 16
禽（羽）	610253	10. 50	778894	27. 63	990531	27. 17
年存栏数	—	—	—	—	—	—
猪（头）	81036	-11. 00	86204	6. 38	108828	26. 24
牛（头）	37645	-14. 50	30752	-18. 31	28001	-8. 95
羊（头）	53564	3. 10	92306	79. 01	82940	-10. 15
禽（羽）	733879	19. 30	798851	8. 85	813851	1. 88

资料来源：2016 年、2017 年《册亨县统计公报》，2018 年数据由册亨县提供。

（四）工业经济增长平稳快速，增速逐季加快

2018年，册亨县加大工业投资力度，积极引进工业发展项目，实施“千企改造”工程，加快推进重点项目建设，工业生产规模不断扩大，工业经济实现较快增长。全年完成工业投资7.31亿元，实施“千企改造”工程企业11家、“两化融合”示范改造企业4家，新增规模以上工业企业5家，建成板万光伏电站一期90兆瓦工程、二期10兆瓦工程、丫他光伏电站、大顶柱风电项目1号机组等项目。全县规模以上工业企业完成总产值16.59亿元，完成增加值同比增长12.8%，增加值增速比上年提高1.6个百分点。

分季度看，规模以上工业增加值增速呈逐季提升态势，第一季度增速最低为12.3%，上半年增速为12.4%，比第一季度高出0.1个百分点；前三季度增速为12.5%，比上半年高出0.1个百分点，全年增速为最高，比前三季度高出0.3个百分点。季度累计增速波动幅度较小，稳定在12.3%—12.8%。总体上，工业经济增长平稳，呈逐季提升态势。

与全州、全省相比，工业增加值增速比全州同期平均增速高出1.4个百分点，比全省平均增速高出3.8个百分点。在全州8县（市）中，增速排名位居第3位。主要产品中，商品混凝土、成品糖、活性炭、黄金、精制食用植物油和家具产量实现高速增长，人造板、水泥产量呈现小幅增长，有机肥出现大幅下降。2018年商品混凝土、成品糖、活性炭、黄金、精制食用植物油、家具产量分别为30.2821万立方米、2.2730万吨、2774.62吨、150.23千克、230.57吨和1564件，比上年分别增长305.81%、37.09%、155.39%、97.70%、79.70%和25.82%。人造板、水泥产量分别为5.9680万立方米和91.1713万吨，比上年分别增长6.74%和2.82%。有机肥产量为6.001万吨，比上年下降64.34%。

（五）固定资产投资保持快速增长，增速高于全州、全省

2018年，全县固定资产投资保持快速增长，按500万元统计口径，全县完成固定资产投资比上年名义增长19.0%，增速比上年下降3.8个百分

点。分季度看，第一季度、上半年和前三季度固定资产投资同比增速分别为21.6%、21.2%和20.3%，固定资产投资增速波动稳定在较小区间，最大波动幅度为2.6个百分点，投资增长态势相对平稳。与全州、全省相比，册亨县固定资产投资增速均高于全州、全省平均增速，比全州平均水平高出约0.2个百分点，比全省平均水平高出3.2个百分点，在全州各县（市）中增速位列第5位。

从固定资产投向看，册亨县固定资产主要投向交通路网、水利设施、通信网络、集镇建设、易地搬迁、农村危房改造、城镇棚户区改造、民生改善、教育卫生、生态保护与环境治理、产业扶贫和工业发展等重点领域，建设、建成一大批重大项目。2018年基本建成13437套安置房主体工程，11625套达到入住条件。建成“组组通”公路70条，合计里程达到290.2千米，提前一年实现30户以上村民组通硬化路；实施43个农村饮水工程，解决17757人的饮水安全；实施农村危房改造、“三改”1038户；完成营造林11.44万亩，石漠化治理35平方千米，实施水土保持综合治理8.6平方千米；实施第三批农村电网改造升级工程62个。新建自然村寨4G基站129个，4G网络实现乡镇全覆盖。建成29个深度贫困村标准化卫生室、6个新市民社区卫生室、36个农村中小学标准化医务室。[①] 固定资产投资稳定增长有力地支撑了全县经济发展。

表5　2016—2018年册亨县、黔西南州、贵州省固定资产投资及增速

单位：亿元,%

区域	项目	2016年	2017年第一季度	2017年上半年	2017年前三季度	2017年	2018年第一季度	2018年上半年	2018年前三季度	2018年
册亨县	投资额	32.54	5.81	13.05	23.06	39.97	—	—	—	—
	增长率	23.7	21.5	22.8	22.8	22.8	21.6	21.2	20.3	19
黔西南州	投资额	800.16	123.56	326.73	604.09	981.4	—	—	—	—
	增长率	22.3	21.9	21.7	22.1	22.7	21.5	21.3	19.4	18.8

① 册亨县2018年政府工作报告。

续表

区域	项目	2016年	2017年第一季度	2017年上半年	2017年前三季度	2017年	2018年第一季度	2018年上半年	2018年前三季度	2018年
贵州省	投资额	12929.2	2215.29	5714.9	9541.65	15288	—	—	—	—
	增长率	21.1	21	21	20.5	20.1	17.8	17.4	16.3	15.8

资料来源：省、州数据来源于2016年、2017年、2018年《贵州省统计月报》，县数据来源于2016年、2017年、2018年各月《册亨县经济运行情况统计表》。

（六）城乡居民收入快速增长，收入水平和消费能力进一步提高

2018年，册亨县城乡居民收入快速增长，收入水平和消费能力进一步提高。全年全县城镇居民人均可支配收入达到28780元，比上年增长9.9%，增速同比提高1.5个百分点，增速在全州8县（市）中位列第一；农村居民人均可支配收入达到8278元，比上年增长10.70%，增速同比下降0.7个百分点，增速在全州8县（市）中位列第二；农村居民人均可支配收入增速比城镇居民人均可支配收入增速高出0.8个百分点，农村居民收入增速继续领跑城镇居民收入；城乡居民收入比为3.48，比上年缩减0.02，城乡收入差距继续小幅缩小。与全州、全省同期相比，城镇居民人均可支配收入增速、农村居民人均可支配收入增速均高于全州、全省平均水平，城镇居民人均可支配收入增速超出全省平均水平1.3个百分点、超出全州平均水平0.4个百分点，农村居民人均可支配收入增速超出全省平均水平1.1个百分点、超出全州平均水平0.4个百分点。

城乡居民收入快速增加，进一步增强了城乡居民的消费能力，城乡居民的消费水平明显提高，城乡消费规模继续保持两位数以上快速增长。2018年，全县完成社会消费品零售总额3.35亿元，同比名义增长10.4%，增速同比下降2.4个百分点。与全州、全省相比，2018年册亨县社会消费品零售总额增速比全州、全省平均增速分别高出1.6和2.2个百分点。册亨县社会消费品零售总额增速在全州8县（市）中排名位居第一，在县域第三方阵乙类县综合测评中位居单项排名第一。

表 6　2016 年以来册亨县、黔西南州、贵州省城乡居民收入及增速

单位：元，%

区域	项目	2016 年	2017 年	2018 年第一季度	2018 年上半年	2018 年前三季度	2018 年
册亨县	城镇居民人均可支配收入	24158	26187	6024	14154	21263	28780
	增长率	10.10	8.40	9.60	9.60	10.10	9.90
	农村居民人均可支配收入	6712	7478	2132	3367	4785	8278
	增长率	11.00	11.40	11.10	10.40	10.30	10.70
	城乡收入比	3.60	3.50	2.83	4.20	4.44	3.48
黔西南州	城镇居民人均可支配收入	25419	27758	7166	15628	23462	30407
	增长率	8.90	9.20	9.50	9.50	9.50	9.50
	农村居民人均可支配收入	7779	8596	2542	4391	6423	9485
	增长率	10.20	10.50	10.40	10.30	10.30	10.30
	城乡收入比	3.27	3.23	2.82	3.56	3.65	3.21
贵州省	城镇居民人均可支配收入	26743	29080	8374	15876	23565	31592
	增长率	8.80	7.50	9.00	8.80	8.8	8.60
	农村居民人均可支配收入	8090	8869	2259	4147	6543	9716
	增长率	9.50	8.90	9.80	9.70	9.70	9.60
	城乡收入比	3.31	3.28	3.71	3.83	4	3

资料来源：省、州数据来源于 2016 年、2017 年、2018 年《贵州省统计月报》，县数据来源于 2018 年各月《册亨县经济运行情况统计表》及 2016 年、2017 年《册亨县国民经济和社会发展统计公报》；部分数据由册亨县提供。

表 7　2016—2018 年册亨县、黔西南州、贵州省社会消费品零售总额及增速

单位：亿元，%

区域	项目	2016 年	2017 年	2018 年第一季度	2018 年上半年	2018 年前三季度	2018 年
册亨县	社会消费品零售总额	2.83	3.20	0.93	1.71	2.45	3.35
	社会消费品零售总额增长率	13.30	12.80	13.20	12.31	11.90	10.40

续表

区域	项目	2016年	2017年	2018年第一季度	2018年上半年	2018年前三季度	2018年
黔西南州	社会消费品零售总额	216.82	243.92	51.45	107.26	166.60	223.49
	社会消费品零售总额增长率	12.80	12.50	12.90	11.50	10.6	8.8
贵州省	社会消费品零售总额	3708.99	4154.00	943.43	1848.71	2816.12	3971.21
	社会消费品零售总额增长率	13.00	12.00	12.40	11.20	10.10	8.20

资料来源：省、州数据来源于2016年、2017年、2018年《贵州省统计月报》，县数据来源于2018年各月《册亨县经济运行情况统计表》及2016年、2017年《册亨县国民经济和社会发展统计公报》。

（七）财政收入快速增长，信贷规模小幅增长

2018年，册亨县财政收入和支出均实现较快增长，财政收支规模进一步扩大，财政实力进一步增强。全年全县完成财政总收入6.73亿元，比上年名义增长18.26%，增速比上年提高15.88个百分点，增速高出全州同期增速10.06个百分点；其中完成一般公共预算收入3.61亿元，比上年名义增长6.32%，增速比上年下降3.39个百分点，比全州同期增速约低0.68个百分点；完成税收收入2.55亿元，比上年名义增长3.69%，增速比上年下降0.43个百分点；完成非税收入1.06亿元，比上年增长13.26%，增速比上年下降14.55个百分点。

一般公共预算支出30.38亿元，比上年名义增长27.77%，增速比上年下降4.77个百分点，增速高出黔西南布依族苗族自治州同期增速13.07个百分点。其中一般公共服务支出3.63亿元，教育支出6.18亿元，科学技术支出0.76亿元，文化体育与传媒支出0.42亿元，社会保障和就业支出3.60亿元，医疗卫生与计划生育支出2.13亿元，节能环保支出1.30亿元，城乡社区事务支出0.94亿元，农林水事务支出6.21亿元，分别比上年增长24.46%、27.69%、210.38%、57.53%、96.46%、11.32%、15.28%、52.99%、41.28%；公共安全支出0.86亿元，交通运输支出0.58亿元，分别比上年下降11.21%、-64.04%。

2018 年，册亨县金融机构贷款余额小幅增长，信贷规模小幅扩张，信贷能力进一步增强。截至 2018 年末，全部金融机构贷款各项余额达到 47.38 亿元，比上年末增长 7.05%，增速同比下降 24.92 个百分点，增速比全州同期增速低 7.85 个百分点，增速在全州 8 县（市）中排名第 6 位。其中住户贷款余额为 24.42 亿元，比上年末名义增长 12.41%，增速同比下降 10.48 个百分点，增速比全州同期增速低 10.64 个百分点；住户贷款在全部金融机构人民币各项贷款余额中的比重为 51.53%，比上年末提高约 2.46 个百分点。

册亨县金融机构存款余额出现负增长，增速大幅减缓。截至 2018 年末，全县全部金融机构各项存款余额为 75.25 亿元，比上年末下降 -4.46%，增速同比下降 51.22 个百分点，增速在全州 8 县（市）中排名第 7 位。其中，住户存款规模为 31.61 亿元，比上年末增长 22.48%，增速同比提高 8.27 个百分点；住户存款在全部金融机构各项存款余额中的比重为 42.01%，比上年末提高 9.24 个百分点。从全年看，1—10 月各月末金融机构存款余额均为正增长，增速从 9 月开始出现减缓，并逐月下降，11 月出现负增长，12 月继续负增长。这一现象，应引起高度重视。

表 8　2018 年册亨县、黔西南州、贵州省财政收支规模及增速

单位：亿元，%

指标	册亨县		黔西南州		贵州省	
	2018 年	增长率	2018 年	增长率	2018 年	增长率
财政总收入	6.73	18.26	187.45	8.2	2975.7	12.4
一般公共预算收入	3.61	6.32	117.89	3.1	1726.8	7
税收收入	2.55	3.69	82.36	-0.1	1266	7.3
国内增值税	0.70	65.04	20.64	24.6	485.24	16.8
企业所得税	0.18	34.46	5.46	18.7	184.46	25.8
个人所得税	0.05	27.04	2.59	11.8	69.31	42.8
城市维护建设税	0.10	46.34	4.00	23.9	85.53	27.2

续表

指标	册亨县		黔西南州		贵州省	
	2018 年	增长率	2018 年	增长率	2018 年	增长率
契税	0.10	-9.96	9.01	-1.7	96.11	7.6
非税收入	1.06	13.26	35.53	11.1	460.84	6.2
一般公共预算支出	30.38	27.77	379.98	14.7	5017.3	8.8
一般公共服务支出	3.63	24.46	43.11	6.1	519.59	11.8
公共安全支出	0.86	-11.21	17.54	4.1		
教育支出	6.18	27.69	86.78	8.1	995.33	10.4
科学技术支出	0.76	210.38	9.58	28.6	107.05	22
文化体育与传媒支出	0.42	57.53	4.62	7.8	60.83	-6
社会保障和就业支出	3.60	96.46	35.58	27.3	543.33	8.9
医疗卫生与计划生育支出	2.13	11.32	36.02	3.6	487.31	11.7
节能环保支出	1.30	15.28	11.43	-9.1	141.14	12.6
城乡社区事务支出	0.94	52.99	18.55	67.4	280.57	41.1
农林水事务支出	6.21	41.28	5.07	7.8	649.86	6.2
交通运输支出	0.58	-64.04	14.97	37.6	368.54	9.4

资料来源：省、州数据来源于2018年《贵州省国民经济和社会发展统计公报》《黔西南州国民经济和社会发展统计公报》，县数据来源于2018年12月《册亨县经济运行情况统计表》及2016年、2017年《册亨县国民经济和社会发展统计公报》；部分数据由册亨县提供。

表 9　2016—2018 年册亨县、黔西南州存贷款规模及增速

单位：亿元，%

区域	项目	2016 年	2017 年	2018 年
册亨县	全部金融机构存款余额	53.67	78.76	75.25
	全部金融机构存款余额增长率	21.36	46.76	-4.46
	存款中：住户存款	22.60	25.81	31.61
	住户存款增长率	12.36	14.21	22.48
	全部金融机构贷款余额	33.54	44.26	47.38
	全部金融机构贷款余额增长率	25.69	31.97	7.05
	贷款中：住户贷款	17.68	21.72	24.42
	住户贷款增长率	23.64	22.89	12.41
黔西南州	全部金融机构存款余额	1294.20	1499.65	1488.62
	全部金融机构存款余额增长率	34.40	15.90	-0.74
	存款中：住户存款	492.90	590.58	684.82
	住户存款增长率	18.89	19.82	15.96
	全部金融机构贷款余额	802.50	983.58	1129.75
	全部金融机构贷款余额增长率	22.60	22.60	14.90
	贷款中：住户贷款	339.90	415.46	511.21
	住户贷款增长率	20.17	22.23	23.05

资料来源：州数据来源于 2016 年、2017 年、2018 年《黔西南州国民经济和社会发展统计公报》，县数据来源于 2016 年、2017 年《册亨县国民经济和社会发展统计公报》，部分数据由册亨县提供。

二、经济运行中需要关注的几个问题

（一）经济总量较小，经济增长下行压力较大

尽管近年来册亨县国民经济实现较快发展，但是经济规模仍然较小，地区生产总值规模在全州 8 市（县）中处于末位，人均地区生产总值在全

州8市（县）中处于倒数第二位。并且经济增长趋缓，下行压力较大。2018年地区生产总值分季度累计同比增速呈逐季下降态势，上半年地区生产总值累计同比增速比第一季度下降0.7个百分点，前三季度地区生产总值累计同比增速比上半年又下降0.2个百分点，全年地区生产总值累计同比增速比前三季度继续下降0.7个百分点。这种态势表明经济下行的压力在逐渐增大。

（二）产业结构不尽合理，工业经济在国民经济中的比重偏低

册亨县三次产业结构比为35.88∶10.42∶53.70，第二产业增加值在地区生产总值的比重仅为10.42%，占比偏低。工业经济在地区生产总值的比重就更低，尽管册亨县第二产业特别是工业经济增长保持了两位数以上的较快速度，但是由于工业基础薄弱，基数小，工业经济及第二产业在全县经济中的比重仍然偏小。产业结构有待调整优化，第二产业特别是工业在地区生产总值的比重有待提高。

（三）农业产业化经营水平较低，对农村经济发展的带动作用较弱

册亨县大型农业产业化龙头企业较少，多数企业规模较小，技术层次较低，产品单一，产业链短，经营管理水平不高，农产品加工水平相对较低，农产品加工转化率仅为36.3%，多数还处在初级加工阶段，农业产业化程度偏低，产销对接不充分，利益联结不完善，“一县一业”推进不够快，带动、辐射作用和抵御市场风险能力还较弱。

三、对策建议

（一）千方百计稳定有效投资增长

坚持新发展理念，坚持稳中求进工作总基调，落实经济高质量发展，深入推进供给侧结构性改革，加大力度补“短板”，千方百计扩大有效投资规模，稳定有效投资增长。一要努力扩大投资规模，特别是加大产业投资力度，千方百计扩大产业投资规模，发挥投资对产业升级的重要作用，

通过扩大产业投资促进产业转型升级、加快发展。二要优化投资结构，改善投资环境，转变投资增长方式，推动资源要素从低质低效投资领域向优质高效投资领域流动，提高投资效率。三要强化投资投向引导，按照绿色发展要求，坚决守好生态与发展两条底线，严格执行国家产业政策，综合利用环保政策、土地政策以及财税政策等各种政策手段，引导投资投向节能型、环境友好型、协调型和可持续发展型项目。四要进一步加强项目储备，加强项目库建设，加强重大项目的规划建设，强化重大项目库管理和应用，不断提高重大项目储备制度化、常态化、信息化水平，储备一批质量优秀、规模较大、技术先进、带动作用大的后备项目。

（二）加快特色产业发展

加快发展山地特色农业。深化农村产业革命，全面落实“八要素”，以 3 个 500 亩以上坝区建设为重点，加快推进农业产业结构调整，加快调减玉米种植面积，加快实施“退一进十工程、四化培训工程、三改四种工程、合作社+工程、龙头企业坝区招商工程、农产品销售泉涌十进工程、五全促三变工程、五带工程”八大工程，按照“北畜、中菜、南林”特色农业发展布局，重点加快北部乡镇生态畜牧业发展，进一步扩大生猪、肉牛、肉羊、家禽养殖规模；加快中部乡镇果蔬产业发展，进一步扩大以糯米蕉为重点的精品水果、甘蔗、蔬菜的果蔬产业种植规模；加快南部乡镇特色林业发展，以珠防工程、油茶低产林和低效林改造、森林抚育、国储林等项目建设为重点，进一步扩大林业种植规模。通过山地特色农业加快发展，用好绿色产业扶贫投资基金政策，打好产业扶贫硬仗，推动产业扶贫进一步取得更好成效。

加快发展全域旅游。加快全域旅游示范县创建，推动旅游资源全域化整合，立足全域旅游资源空间分布特征和禀赋特点，优化全域旅游发展空间布局，完善万重山、岩架布依风情园、陂鼐古寨、福尧福寨等景区旅游设施条件，改造升级和完善旅游服务功能，提升旅游服务能力和水平。加快推进农业、旅游、文化、健康、养生等产业深度融合，围绕“看得见山、望得见水、记得住乡愁”目标，培育发展“林养、气养、水养、食养”旅游产品，着力打造生态康养旅游目的地。

加快发展特色工业。深入实施“双千工程”，加快引进工业发展项目，加快工业企业改造升级。加快发展绿色能源产业，推进大顶柱风电项目建设，早日实现机组全部并网发电，加快生物质发电项目建设，不断扩大绿色能源产业规模。依托并充分发挥林业资源、产业优势，以奇松林业公司等企业为依托，加快发展林产品加工业，加快实施一批林产品加工项目，加快发展胶合板、生态板、刨花板、活性炭制造项目，延伸发展家装产业、木艺产业，建构林业加工完整产业链，培育发展林业制造产业集群，打造林业制造基地。利用丰富农产品资源，加快发展农产品加工业，发展以香蕉为重点的果品加工业。深入推进“锦绣计划”，以锦绣坊、手工坊等为载体平台，大力推进刺绣与旅游、文化创意、制造相结合，加快建设集土布生产、研发、展示、销售为一体的土布研发园，加快培育锦绣特色企业，促进锦绣产业化、规模化、市场化发展。

（三）提升农业产业化经营水平

加快构建新型农业经营体系，大力培育新型农业经营主体，加快实施新型农业经营主体培育工程，加快农业产业化龙头企业的培育与引进，积极创建农民合作社示范社，培育壮大新型农业经营主体队伍，提高农业发展组织化程度。实施新型农民培育工程，大力培育新型职业农民，提升农民农业经营能力。加快实施农民专业合作社扩量提质工程，加快创建一批农民专业合作社，引导推动广大农户参加合作社。加快推进农业生产社会化服务，创新发展模式，发展多元化主体，围绕产前、产中、产后各环节，加快推进农业生产全程社会化服务，提升专业化服务能力。支持农户、龙头企业、农业生产基地、涉农服务组织建立紧密利益共同体，统筹开展订单生产、产销对接等多功能、综合性的农业社会化服务。采取“龙头+基地+合作社+农户”等组织模式，发展多样化的联合与合作，提高农业产业化水平，降低农户经营风险，提高农户、农业发展能力。

（四）加强经济运行监测

加强对经济运行热点难点问题的监测分析和调查研究，准确把握经济运行态势，提高运行统计监测质量，注重协调好长远发展和短期发展的关系，统筹考虑经济短期发展的具体举措和经济长期稳定发展的影响因素，注重政策的连续性、稳定性、时效性和针对性。密切关注经济运行中的新情况、新变化，及时发现问题，采取有力措施，保障经济平稳运行、健康持续发展。

参考文献

[1] 册亨县 2019 年政府工作报告．

[2] 册亨县 2018 年国民经济和社会发展计划执行情况与 2019 年国民经济和社会发展计划草案的报告．

[3] 册亨县统计局．册亨县经济运行情况统计表．

[4] 黔西南布依族苗族自治州统计局．黔西南布依族苗族自治州国民经济和社会发展统计公报．

[5] 贵州省统计局，国家统计局贵州调查总队．贵州省国民经济和社会发展统计公报（2016 年、2017 年、2018 年）．

B.2 2019年贵州册亨县社会发展形势分析与预测

黄德林①

摘要： 报告总结了2018年贵州省黔西南布依族苗族自治州册亨县社会发展取得的五大亮点，分析了册亨县社会发展存在的问题与挑战，预测了2019年册亨县社会发展将随着决战脱贫攻坚战的不断推进、决胜脱贫攻坚基础的不断夯实、民生保障的不断改善、社会治理与社会建设的不断加强，加上国家、省、州等多重战略及政策的延伸，必将产生政策叠加效应，为册亨县决战脱贫攻坚提供强大支撑，必将以优异的成绩为中华人民共和国70华诞献礼。

关键词： 册亨县　社会发展　分析预测

2018年贵州省册亨县坚持以习近平新时代中国特色社会主义思想为指导，深入学习贯彻党的十九大和习近平总书记系列重要讲话精神，树牢“四个意识”，坚定“四个自信”，坚决做到“两个维护”，坚持新发展理念，坚持稳中求进工作总基调。2018年是册亨县决战脱贫攻坚年、深化改革年、加快城乡建设年、加快民生改善年，也是册亨县社会发展取得明显成效的一年。在这一年，以脱贫攻坚统揽经济社会发展全局，牢牢守好发展和生态两条底线，全力打好三大攻坚战，社会发展取得较好成绩。

脱贫攻坚连战告捷。易地扶贫搬迁方面，基本完成2016年度旧房拆除复垦复绿任务。完成2017年度13675人搬迁入住。2018年度13437套安置

① 黄德林，贵州省社会科学院社会研究所所长，研究员。

房主体工程基本建成，11625 套达到入住条件，累计搬迁入住和分房 36295 人。深入实施“新市民计划”，建设 7 个新市民居住区，培训新市民 1.9 万人次，解决就业 9436 人，解决就近入学 4024 人，办理新市民居住证 1.9 万余张、办理“安居险”1.3 万余人。产业扶贫方面，落实产业革命“八要素”，调减玉米种植面积 10.52 万亩，实施“农调扶贫险”承保 5.83 万亩，聘用生态护林员 1569 名，加快推进木材、糯米蕉、甘蔗、油茶、刺绣、电商等产业扶贫，带动 3 万余名贫困群众增收。精准帮扶方面，扎实开展“五个专项治理”，漏评率、错评率、错退率大幅下降，群众认可度明显提升。扎实推进东西部扶贫协作和中央单位定点帮扶工作，争取财政专项扶贫资金和中国联通、保利集团、宁波江北等帮扶资金 2.33 亿元。创新财政扶贫资金使用利益联结机制，实施“五员”脱贫，激发贫困群众劳动增收、光荣脱贫内生动力，带动 1976 户贫困户脱贫。册亨县作为全省易地扶贫搬迁人数最多的一个县，“十三五”期间计划搬迁人数 87540 人，于 2019 年 6 月 18 日，提前 12 天完成了易地扶贫搬迁任务。

基础设施明显改善。建成“组组通”公路 70 条 290.2 千米，提前一年实现 30 户以上村民组通硬化路。交通方面，建成册亨至望谟二级公路，完成弼佑经洞里至百口公路改造，百口至坝赖公路加快改造。一批产业路加快建设。建成冗渡、弼佑汽车客运站。实施 43 个农村饮水工程，解决 17757 人的饮水安全。加快“1+16”骨干水源工程①建设，推进册亨水库供水灌溉工程、丫他水库等 7 个在建水库建设和 8 个水库前期工作，者述、三岔河水库具备下闸蓄水条件。

污染防治力度空前。完成营造林 11.44 万亩，石漠化治理 35 平方千米，实施水土保持综合治理 8.6 平方千米，森林面积达 268 万亩，森林覆盖率提升至 68.62%。完成坝朝水库集中式饮用水水源地专项整治。建成千人以上集中式饮用水水源地 10 个，正在实施 11 个。建成县环境监测三级站和县工业园区、坡妹、丫他污水处理厂，建成庆坪、板万等 6 个农村环境综合整治项目，加快推进农村生活垃圾治理。开展“四清行动”②，完

① “1+16”骨干水源工程：指册亨县 1 座中型水库和 16 座小型水库。

② 四清行动：指清理污染源、清理沿岸污染物、清理网箱养鱼、清理水上违章建筑行动。

成网箱养殖综合整治，荣立全州河湖治理“清网行动”集体二等功。蓝天、碧水、净土、固废治理、乡村环境整治“五大战役”和“河（库）长制”“林长制”扎实推进，县城空气质量综合指数2.28，优良率100%，排全省第三、全州第一。国控、省控、州控断面地表水和集中式饮用水源、纳入“河长制”管理的河（库）水质均在Ⅲ类水质以上，达标率100%。蝉联全国“百佳深呼吸小城”荣誉称号，成为全省首批、全州首个省级森林城市。

民生事业全面进步。2018年，册亨县投入24.49亿元用于民生支出，占一般公共预算支出的80.59%，增长37.25%。“三保障”方面，实现学前和义务教育阶段营养改善计划全覆盖，发放学生助学金3007.94万元，惠及学生43270人次。办理助学贷款3325笔2178万元。贫困户全部参加城乡医疗保险，贫困人口享受医疗保障政策6502人次，报销费用3144.65万元，实补比例超过90%。实施农村危房改造、“三改”1038户。

社会治理更加有效。进一步巩固“全国平安建设先进县”成果，扎实抓好信访维稳，深入开展扫黑除恶专项斗争，成功创建“全省禁毒示范城市”，连续10年荣获“无毒害创建先进县”，全县社会安定团结、和谐稳定。扎实开展扫黑除恶“雷霆行动”“夏秋风暴”，严格按照“有黑扫黑，无黑除恶，无恶治乱”的工作要求全面摸排，全力打击黄、赌、毒等社会丑恶现象，收集线索206条，8条线索移交县扫黑除恶案件专案组侦办，其余198条线索转办有关乡镇（街道）和职能部门核实处理。

一、2018年册亨县社会发展形势分析

（一）抓住决战机遇，争取脱贫攻坚全面胜利

2018年册亨县组织开展“春风行动”“夏秋攻势”“秋后喜算丰收账”“冬季充电”等，全力打好“四场硬仗”，抢抓决战脱贫机遇期，扎实开展脱贫攻坚工作，取得了卓有成效的成绩。

一是减少贫困人口。2018年全县出列17个村、脱贫14848人，贫困发生率下降6.63个百分点。

二是提前完成易地扶贫搬迁任务。2018 年，基本完成 2016 年度旧房拆除复垦复绿任务。完成 2017 年度 13675 人搬迁入住。2018 年度 13437 套安置房主体工程基本建成，11625 套达到入住条件，累计搬迁入住和分房 36295 人。深入实施“新市民计划”，建设 7 个新市民居住区，培训新市民 1.9 万人次，解决就业 9436 人，解决就近入学 4024 人，办理新市民居住证 1.9 万余张、办理“安居险” 1.3 万余人。2019 年 6 月 18 日，提前完成 87540 人的搬迁任务。

三是努力实现“三保障”。实现学前和义务教育阶段营养改善计划全覆盖，发放学生助学金 3007.94 万元，惠及学生 43270 人次。办理助学贷款 3325 笔 2178 万元。贫困户全部参加城乡医疗保险，贫困人口享受医疗保障政策 6502 人次，报销费用 3144.65 万元，实补比例超过 90%。实施农村危房改造、“三改” 1038 户。

（二）就业创业成效明显，社会保障不断加强

一是就业创业成效明显。2018 年全县招聘引入人才 250 人，新增城镇就业 2363 人，再就业 855 人，劳动力转移就业 7758 人，城镇登记失业率 2.25%。深入实施“锦绣计划”，新增锦绣坊 1 个、刺绣作坊 4 个，培训绣娘 9 期，带动近 5000 名妇女就业。新增小微企业 60 家，发放创业小额贷款 2000 万元、创业补贴 86 万元。市场主体增加至 1.07 万户，增长 65.4%。

二是社会保障不断加强。城乡居民养老保险、医疗保险参保任务完成率分别为 101%、99.67%，基本社会保险覆盖率 93%。发放农村低保 34469 人 8340 万元，城市低保 2008 人 290 万元，特困供养资金 526 人 538 万元，实施医疗救助 3553 人次 270 万元，临时救助 1029 人次 97 万元。双拥共建活动扎实开展，军民融合助推脱贫攻坚，驻军部队在急难险重中发挥显著作用，国防动员能力和退役军人服务保障水平进一步提升。民族、宗教、外事、人防、智力支边、气象、档案、青年、妇女、儿童、老龄、残疾人等各项事业取得新成绩。

（三）社会事业全面进步，文教卫生取得新成绩

2018 年至 2019 年上半年，册亨县各项社会事业有了新进展，取得了

新成绩。社会各领域在解决教育、文化、卫生、公共服务等重要民生问题上取得了新成效。

一是教育发展。2018 年册亨县城乡教育投资 8.64 亿元，建成和改造册亨中学、册亨四中及 13 所幼儿园、4 栋教师周转房、37 个“全面改薄”项目，教学环境得到明显改善。深化与兴义一中教育帮扶合作办学，教育质量稳步提升，义务教育基本均衡发展通过国家评估认定，语言文字工作通过省州督导评估验收。2019 年上半年，共新建、续建及规划建设教育项目 32 个（其中易地扶贫搬迁教育保障项目 26 个），总投资 87282.54 万元，总建筑面积 267970.06 平方米。目前，册亨县册亨中学、第四中学等 10 个项目已全面完工，册亨县高洛新区第一幼儿园、第二幼儿园等 17 个项目已完成主体施工，高洛新区第一小学等 3 个项目已完成基础施工，者楼街道中心小学改扩建等 2 个项目已完成总体规划设计。

二是民族文化。2018 年以来，册亨县民族文化重点巩固“全国民族团结进步创建活动示范县”成果。2019 年上半年，围绕纪念中华人民共和国成立 70 周年系列活动，结合黔西南布依族苗族自治州 5 月“民族团结月”宣传教育活动，大力宣传民族精神和时代精神。全县开展集中宣传活动 50 多场/次，共向群众发放宣传资料 2000 余份（册）和发放民族团结进步宣传袋（包）、围裙、水杯等宣传品 2000 余个（件）。开展“民族团结进步创建活动示范单位”命名申报工作，开展民族团结进步模范集体和模范个人表彰推荐工作。申报了贵州省翰苑木业有限公司、册亨县黔隆种养殖农民专业合作社、贵州篙纂布依服饰工艺研究院有限公司、贵州篙纂农业发展有限公司共 4 家企业为民贸民品企业；申报了册亨县乜秀布依特色染织刺绣专业合作社、册亨县绍菲民族服装加工厂为全省第四批少数民族传统手工艺传习所；申报弼佑镇秧佑村、秧坝镇大伟村等 26 个村寨为全省第四批少数民族特色村寨。继续扶持民族文化教育和民族节日。做好古籍整理和布依语言的翻译工作。积极整理《天下布依》刊物的稿件撰写及审稿工作，同时做好易地扶贫搬迁相关政策宣传资料的翻译工作，完成民族成分变更 4 人、档案民族确认 2 人。依法加强管理宗教活动，加强非法宗教活动排查治理，坚决抵制和预防非法宗教渗透，坚决维护民族宗教领域和谐稳定。认真梳理了政治方面、意识形态、脱贫攻坚、民族宗教领域等11个方面存在的风险问题，制定应对措施、细化责任、加强排查，开展提醒约谈，严防风险的发生。

三是医疗卫生服务工作。2018年，册亨县基层医疗卫生服务能力三年提升计划稳步推进。大力推进重大公共卫生建设项目、百院大战建设项目，推进社区卫生服务中心建设项目。例如中医院建设项目、妇幼保健院建设项目、疾控中心改扩建项目均已完成主体施工，者楼社区服务中心改扩建工作正在稳步推进。全面建成县级公立医院“5+2”重点学科建设，配置4000余万元的设备并投入使用。加强人才队伍建设，重点学科已选派进修学习人员13人次，县医院引进医学高校毕业生9人，成熟型人才3人。按照《册亨县人民医院“二级甲等综合医院”复评工作实施方案》逐步推进各项复评工作。医疗健康扶贫工作抓细抓实，全面落实医疗保障制度，截至2018年10月，全县贫困人口享受医疗保障政策4578人次，总费用2289.46万元，报销费用2190.13万元，实补比为95.66%。全面落实便民惠民政策、优化报销环节。全面落实“先诊疗后付费”、“一站式”结报、“一单清”便民政策。全面落实大病集中免费救治。将州医院、州中医院、市医院3家三甲医院定为大病集中救治定点医院。全面实施“光明扶贫工程”。实现建档立卡白内障患者免费救治全覆盖。实施深度贫困村村卫生室规范化建设全覆盖，实施易地扶贫搬迁安置区卫生室建设全覆盖，切实抓好农村中小学校医务室标准化建设全覆盖。38个农村中小学医务室标准化建设已全面完成，有关设备已备齐，待安装后进行验收，医务人员已落实到位。

四是基本公共服务。2018年，全面落实建档立卡贫困人口家庭医生签约，签约率100%。全县累计建立居民健康纸质档案171670份，建档率89.69%，慢性病患者规范管理率80.98%，严重精神障碍患者检出率5.33‰，免疫规划单苗接种95%以上，结核病患者治疗率100%。加强传染病防控。截至2018年10月，共报告乙、丙类传染病804例，发病率415.43例/10万人。无甲类传染病报告，截至目前无突发公共卫生事件发生。创建卫生乡镇。巧马、岩架创建国家级卫生乡镇，坡妹、弼佑创建省级卫生乡镇。

（四）污染防治力度大为提升，社会治理成效喜人

一是污染防治。完成中央和省委环保督察反馈问题整改21个，正在整改3个；完成信访投诉问题整改12个，正在整改1个。完成营造林11.44万亩，石漠化治理35平方千米，实施水土保持综合治理8.6平方千米，森林面积达268万亩，森林覆盖率提升至68.62%。完成坝朝水库集中式饮用水水源地专项整治。建成千人以上集中式饮用水水源地10个，正在实施11个。建成县环境监测三级站和县工业园区、坡妹、丫他污水处理厂，建成庆坪、板万等6个农村环境综合整治项目，加快推进农村生活垃圾治理。

二是社会治理。巩固“全国平安建设先进县”成果，2013年以来至今，册亨县全力打造“六位一体”防控体系、“三维一体”维稳机制及“成长课堂”“青春课堂”、特殊人群“6+1服务管理”等平安建设升级版，社会治安综合治理成效明显。着力用平安指数换取人民群众的幸福指数，平安建设实现了群众满意的平安、源头稳定的平安、基层基础夯实的平安、法治守护的平安、信息支撑的平安、科技保障的平安。与此同时，册亨县推动农村社会治理机制改革试点，首创并推广了农村“集市流动警务室”、跨省区联合党支部、调解委“星级平安创建”等经验。扎实抓好信访维稳，目前53个重点问题涉及的人和事均比较稳定。例如，新锦家园易地扶贫搬迁安置房二期项目、贵州福顺园2017年易地扶贫搬迁安置房项目欠薪欠资问题、原守备二师稳定问题。在县委、县政府领导的关心指导下，通过信访、维稳、民政等相关部门和乡（镇）的共同努力，解决其实际困难问题，思想教育疏导转化，目前较为稳定。深入开展扫黑除恶专项斗争，成功创建“全省禁毒示范城市”，连续10年荣获“无毒害创建先进县”，全县社会安定团结、和谐稳定。2018年，按照党中央国务院统一部署，县公安局党委在县委、县政府、县政法委的坚强领导下，深入开展扫黑除恶专项斗争。深入开展“雷霆行动”“夏秋风暴”专项打击行动，投入警力1381人/次、警犬100只/次、车辆276台/次、摩托车102台/次；盘查车辆1915辆，盘查人员3269人，清查出租屋589户、流动人口1671

人，清查中小旅社、宾馆 145 家，KTV、酒吧、洗浴、足疗等场所 79 家，网吧 53 家；发现各类安全隐患 51 处，现场整改 39 处，下发限期整改通知书 12 处；查处酒驾 11 起，醉驾 1 起，处罚一般交通违法 42 起，扣留机动车 21 辆；抓获嫌疑人员 27 人，其中刑拘 11 人，行政处罚 16 人，查处吸毒人员 9 名，收缴管制刀具 2 把。在 3・28 “套路贷”团伙犯罪系列案件中，共抓获犯罪嫌疑人 8 名，逮捕 8 人，为查明犯罪事实、固定证据，截至目前，先后立办刑事案件 50 起，涉及抢劫、敲诈勒索、强迫交易、非法拘禁、聚众斗殴、寻衅滋事、诈骗、虚假诉讼、高利转贷 9 类犯罪，扣押涉案现金人民币 13.04 万元，路虎、奔驰、宝马等车辆 8 辆，手机 14 部，管制器械 21 把，电脑 5 台，银行存折 40 余张，冻结涉案资金人民币 440 余万元。“扫黑除恶”专项斗争取得了阶段性成效。截至目前，全县共立刑事案件 343 起，破 131 起，破案率为 38.19%，与上年同期相比，发案上升 3 起，破案率上升 18.02 个百分点。受理行政案件 451 起，办结 267 起，办结率为 59.20%。破获毒品案件 5 起，移送起诉 8 人，查处涉毒行政案件 44 起，处罚吸毒人员 65 人，收戒吸毒人员 29 人，缴获毒品 48.611 克，铲除毒品原植物 1588 株。“无毒害创建先进县”进一步巩固。人民群众安全感明显增强。

（五）城乡建设成效明显

加快高洛新区大道建设，新建供水、供电、污水管网工程。建成城区停车位 676 个，拆除老旧小区 2 处，棚户区改造完成征收 6756 户。完成 4 个特色小镇规划和 109 个村庄规划评审。丫他镇板万村被列入中国传统村落保护发展“示范村”，岩架镇板弄村、秧坝镇福尧村荣获全州第二批“十佳美丽乡村”。新建庆坪、坝赖、秧坝供电所，完成坝赖 35 千伏变电站增容扩建，升级改造双江极贫乡镇、贫困村电网项目 16 个，推进第三批农村电网改造升级工程 62 个。安装电动汽车充电桩 10 个。新建自然村寨 4G 基站 129 个，扩容 4G 基站 25 个，完成 30 个村宽带接入工程、15 个新市民居住区网络建设。新建县全民健身中心、5 个足球场、9 个农民体育健身工程、18 个乡村广播影视综合服务站房、通组光缆 552 千米，新增

“广电云”户户用 8500 户，覆盖率 65%。放映农村电影 1476 场次。实施“数字图书进农家”“数字图书推广”“网络书香工程”手机 App 在线学习阅读，打造“书香册亨”品牌。

二、2018 年册亨县社会发展存在的矛盾和问题

2018 年，册亨县经济社会发展以习近平新时代中国特色社会主义思想为指导，深入学习贯彻党的十九大和习近平总书记系列重要讲话精神，树牢“四个意识”，坚定“四个自信”，坚决做到“两个维护”，坚持新发展理念，坚持稳中求进工作总基调，以脱贫攻坚统揽经济社会发展全局，牢牢守好发展和生态两条底线，全力打好三大攻坚战，全县经济社会发展取得较好成绩。同时，一年来取得的可喜成绩也是省、州关心帮助的结果，是县委坚强领导的结果，是县人大、县政协监督支持的结果，是全县上下苦干实干加油干的结果。但是，无论是经济发展还是社会建设，在总体发展的过程中仍然存在一些矛盾和问题，我们理应高度重视，并有必要加以分析研究，使其最终得到有效解决，当然这些矛盾和问题有的是册亨县经济社会发展中长期积累下来的，不可能在 2019 年得到彻底解决。有的矛盾和问题随着经济社会形势变动而有可能在 2019 年新出现或凸显出来，其影响仍然将继续下去。因此，为客观分析 2018 年册亨县社会的发展进程，也为了在今后的发展中进一步解决这些矛盾和问题，必须对册亨县社会建设和社会发展中存在的矛盾和问题有更加清醒而深刻的认识，并加以切实解决。

（一）脱贫任务仍然艰巨

2018 年全县还有 1 个极贫乡镇，36 个贫困村（深度贫困村 30 个），贫困人口 6655 户 24150 人，贫困发生率 10. 78%，远高于全省、全州。

2018 年计划安排的贫困村出列后，剩余贫困村贫困发生率高，基础设施薄弱，出列难度大，需要投入成本更高，影响整体脱贫进度。

（二）做好易地扶贫搬迁“后半篇文章”任务仍然艰巨

新市民教育、医疗保障和基本公共服务不够健全。有劳动力贫困家庭

培训就业精准度不高。一些贫困群众脱贫内生动力不足，“一县一业”推进不够快，民营中小企业融资难融资贵等问题依然存在。通过帮扶后，贫困人口脱贫后虽然已达到脱贫标准，但极易返贫，给后续扶持造成一定的难度。目前，册亨县城新市民居住区附近有一定规模的劳动密集型企业几乎没有，例如在百口新市民居住区附近有一个鞋厂，新市民到厂里打工一天的收入按照计件只能拿到20元左右，新市民就近就业难度大。新市民居住区物业管理、保安、保洁需要的劳动力有限。加之，新市民到新的居住区后，生活成本比原居住地高，从农民转化为市民后自己的劳动收入与期望值存在不小差距，这样可能会导致“在新居住区居住到原居住区从事传统农业”的现象出现。这些问题应当引起高度重视和切实解决。

（三）社会事业发展相对滞后

社会事业发展相对滞后，民生发展不平衡，教育、文化、就业、社会保障等还不能很好地满足人民群众的需求。在教育方面，由于册亨县经济基础薄弱，项目建设资金缺口较大，加之前期手续办理程序较多，导致部分项目施工进度缓慢；“控辍保学”工作形势依然严峻，完成初中升入高中升学率难度大，任务艰巨；部分教师的年龄结构、专业结构不够合理，教师队伍整体水平有待进一步提升，部分学科教师仍然不足，教育教学质量需进一步提高。学校管理、教师队伍建设还需进一步加强。在文化方面，县文化、图书、文物管理所等部门机构编制数少，实际在编的专业工作人员更少。全县基层文化队伍整体素质有待提高，缺少一批创新型人才和队伍，不能更好地适应新形势下文化事业的发展。现有的基础设施仍远远满足不了群众的文化需求，部分乡村群众休闲娱乐、开展文艺活动无场地、缺资金的问题比较突出。资金投入量不足，现有资金投入还不能满足当前文化事业发展需求，社会多元资金投入渠道还有待拓宽。在卫生方面，由于项目前期工作经费紧缺，很大程度上影响工程各个阶段性工作的进度，项目资金地方配套部分未落实，导致项目建设负债严重。县、乡卫生资源分配不平衡，基层医疗卫生服务基础较薄弱，卫生人才缺乏，中医技术人员严重缺乏，服务的能力和水平相对较低，群众的信任度还不够高。医疗健康扶贫部门沟通对接不够，未达成共识，相关政策宣传不到位。就业方面，高校毕业生数量逐年不断增加，与过去未就业高校毕业生叠加，就业压力增加；易地扶贫搬迁进城的新市民就业培训和就业压力也在增加；县域内就业形势非常严峻。社会保障方面，人口老龄化、生育政策调整等因素影响，社保基金支撑面临挑战及社会保障服务平台建设滞后，社会保险管理信息系统的应用业务不够全面，不能适应社会保障事业快速发展的需要。社会保险经办管理服务机构条件需要进一步改善，社会保险业务规范化和标准化建设进展缓慢，基层经办管理人员、经费等缺乏正常保障机制，机构不健全、人员编制少、工作经费不足、办公设备陈旧。用人单位用工不签劳动合同、不参加社会保险、拖欠工资等现象仍然存在，特别是建设领域施工单位违法现象普遍，劳动监察任务十分艰巨。劳动用工实名制管理、农民工工资支付分户管理等工作推进艰难。

（四）民生欠账较多

教育资源“乡村弱”“城镇挤”矛盾未彻底解决。县域医疗卫生资源总体欠发达，人才缺乏、基础薄弱。农村人居环境综合整治问题需加快解决。风险防控压力大。财政收入增长缺乏有力支撑，保工资、保运转、保民生支出压力明显增大。安全生产、社会治理等领域还存在薄弱环节。

三、2019年册亨县社会发展趋势预测与对策建议

2019年无论是对全国、贵州还是册亨县来说都是不寻常的一年。2019年是深入学习习近平新时代中国特色社会主义思想的重要一年，是深入开展“不忘初心，牢记使命”主题教育活动的重要一年，是贯彻落实贵州省十三届人大二次会议精神的重要一年，是决战脱贫攻坚的重要一年。因此，册亨县经济社会发展各个方面的工作力度都会得到新的增强，社会发展中的脱贫“摘帽”、8万余人的易地扶贫搬迁任务、民生的进一步改善、社会事业的全面进步、社会治理进一步加强等，在社会发展实践中，随着全县决战脱贫攻坚的进一步推进，决胜脱贫攻坚必将与全国同步小康。

（一）七大基本发展走势

可以预测，2019 年册亨县社会发展保持与全国、全省、全州大体一致的基本走势的同时，又具有自身本地特征。

1. 脱贫攻坚决战年：打好“四场硬仗”

2019 年是册亨县决战脱贫攻坚年，全县始终把脱贫攻坚作为最大的政治，牢牢掌握脱贫总攻决胜主动权、制胜权，为 2020 年彻底撕下贫困标签打下坚实基础，必须打好“四场硬仗”。一是打好易地扶贫搬迁硬仗，认真落实“六个坚持”“五个三”部署，确保 2019 年 6 月底前 87540 人全面搬迁入住。把新市民居住区管理服务作为重点，完善“五个体系”，深入实施新市民计划，确保群众搬得出、稳得住、快融入、能致富，让易地扶贫搬迁成为群众最满意的幸福工程。加快基本公共服务体系建设，千方百计争取省州资金支持，建好新市民居住区水电、通信、路网，加快完善绿化、亮化、美化工程，配套建设平价购物中心、公交车站、文体活动中心、青春课堂、成长课堂、银发课堂和公办中小学、幼儿园、卫生服务中心（站、室）、警务室，保障好义务教育和学前教育，确保教育学位满足搬迁群众子女就学需求，医疗保障条件比原来居住地有明显改善。衔接好低保、医保、养老政策，做好各类社会保障政策的转移接续，确保所有搬迁群众应保尽保，让新市民在社会保障上同等享受城镇居民待遇，打造温馨的服务体系。加快培训和就业服务体系建设，围绕推动搬迁群众生计方式的非农化转变，在全员培训、稳定就业、增收脱贫上持续用力，提高搬迁群众劳动技能，促进搬迁群众自力更生，通过辛勤劳动增加收入、脱贫致富。加大培训资源整合力度，围绕园区企业、重点项目务工需求“以岗定培”，加强职业院校实训对接，抓实绣娘培训，盘活搬出地“三块地”资源，实施民族传承“四进社区”。二是打好产业扶贫硬仗，深入实施振兴农村经济的深刻的产业革命行动，用好绿色产业扶贫投资基金政策，全面落实“八要素”，实施好“八大工程”，加快推进“北畜、中菜、南林、全旅”产业扶贫。深化“公司+合作社+农户”发展模式，优化利益联结，支持有条件的贫困村推行“产销一体化”。申报“册亨糯米蕉”等农产品地理标志，助推“册货出山”。三是打好基础设施建设硬仗，加快推进以交通、水利为重点的基础设施建设，抓好“四好农村”公路建设，加快实施农村安全饮水巩固提升工程，抓好工程后期管护，解决农村饮水安全问题。四是打好教育医疗住房“三保障”硬仗，全面落实教育、医疗扶贫政策，深化兴义一中教育帮扶、宁波江北医疗帮扶，办好全免费订单职业教育精准脱贫班，做好重病慢性病患者、残疾人、孤寡老人等特殊群体的保障工作，基本消除农村老旧住房透风漏雨现象。扎实推进励志、温暖、洁净“三项行动”，全面推广“五员”脱贫，激发贫困群众自主脱贫内生动力。

2. 防范化解风险年：全力防范化解风险

全力防范化解政府性债务和金融风险，严格落实“七严禁”，健全“借用还”与“责权利”相统一的政府性债务管理机制。加快县级平台公司市场化实体化转型发展。盘活新市民居住区门面、停车场、国有土地、国有林场等存量资产，提高政府偿还能力。持续开展非法集资、交易场所和互联网金融专项整治行动，遏制和打击跟风违约、恶意逃避债务等行为，整顿规范表外、理财等业务，加大不良贷款处置力度。在加快发展中防范化解风险，平衡好稳增长和防风险的关系，着力涵养和培植财源，做大财政收入总量、提升质量。大力压缩一般性支出，坚决取消无效支出，收回长期沉淀资金，有效盘活财政存量资金，保障脱贫攻坚、乡村振兴、创新驱动、生态环保、民生改善等重点领域支出。加强金融体系建设，强化政银企联动，加强融资产品创新，着力缓解中小微企业、民营经济、“三农”等领域融资难融资贵等问题。全力防范化解安全生产风险，严格落实安全生产责任制，推行“清单制+责任制+限时化解制”，层层压实责任，周研判、月评估、季考核，扎实抓好各领域安全生产。深入开展交通运输、建筑工地、地质灾害、危险化学品、消防、食品安全、医药卫生等重点行业领域专项排查整治，加强人员密集场所公共安全防控，坚决遏制重特大事故发生。全力防范化解社会矛盾风险，巩固全国平安建设先进县创建成果，扎实抓好意识形态、社会治安、信访维稳、征地拆迁、生态环保、土地林权、民生事业等方面风险防控。持续推进扫黑除恶专项斗争，紧盯涉黑涉恶重大案件、黑恶势力经济基础、背后“关系网”“保护伞”不放，打防并举，标本兼治。创新完善立体化、信息化社会治安防控体系，保持对违法犯罪的高压震慑态势。深入推进社会治理现代化，全面推行新时代“枫桥经验”，创新发展“册亨经验巧马模式”，健全平安建设社会协同机制，从源头上提升维护社会稳定能力和水平，持续提升人民群众安全感。

3. 污染防治年：全力优化生态环境

打好蓝天保卫战，实施大气污染联防联控，严把环评准入关，重点抓好道路扬尘和建设工地“六个100%”扬尘防治措施，抓好烟花爆竹燃禁限放、露天焚烧秸秆垃圾管控以及黄标车、老旧车淘汰等工作，严控汽车尾气排放，有效控制大气污染物排放总量，县城空气质量优良率保持100%。打好碧水保卫战，重点抓好以坝朝水库和千人以上集中式饮用水水源地环境保护、生态屏障建设。深入落实“河（库）长制”，持续开展城市黑水体整治行动，巩固好南北盘江“四清行动”成果。打好净土保卫战，抓好土壤污染防治和修复专项行动，有效保护和利用优良耕地。持续推进土壤污染状况详查工作，完成第二次全国污染源普查的第三阶段普查质量成果汇编。生态保护红线区域面积稳定占国土面积的26.58%，森林覆盖率提高至70%左右。打好固废治理攻坚战，深入开展“清废”行动，全面完成城乡生活垃圾压缩站、中转站建设并投入运营，力争启动垃圾发电项目建设。依法打击非法排放、倾倒、处置固体废物行为。打好乡村环境整治攻坚战，抓好农村人居环境整治、生活污水治理、生活垃圾治理、农业污染治理，积极推广节肥、节药、节水和清洁生产技术，规范农药经营发证行为，严管畜禽养殖场粪污处置，防控农业面源污染。

4. 项目建设年：全力扩大有效投资

全员行动、专班推进抓项目，全力以赴、千方百计扩投资，增强投资拉动力。建好项目库，做好项目储备。继续跑省跑州，持续跑部进京，争取更多项目资金，逐步补齐脱贫攻坚特别是易地扶贫搬迁配套基础设施资金“短板”。争取中央、省州专项资金18亿元以上，实施好2019年重大工程和重点项目49个，其中新建项目13个、续建项目29个、预备项目6

个、收尾项目1个。加快交通建设，力争开工建设贞丰经册亨至田林高速公路，抓好县城至八渡、冗渡至贞丰、县城至工业园区和双江快捷通道公路建设，建成一批产业路，改造提升一批县乡道，完成百口至坝赖公路改造、岩架滚装码头和县新客运站建设。加密县城区公交班次，新增开通一批公交线路。实现农村客运、3A景区客运全覆盖。加快水利建设，完成册亨水库收尾工程，者述、三岔河水库竣工投用，丫他、者岳水库下闸储水，开工建设双江、纳也等5座小型水库，加快洛王、坝或等5座小型水库前期工作。加快城乡建设，抓好城区控制性详细规划和各项专业规划修编，加快推进高洛新区、纳福新区建设和旧城改造，加快城区智能交通建设，规范化管理居民小区。新增安装电动汽车充电桩40个以上，实现县城区和3A级景区直流快充桩设施全覆盖，完善教育、医疗、供水、供电、污水处理、路灯等基础设施和公共服务设施配套，实施棚户区改造1900户，提升特色小镇水平。持续抓好“多彩贵州·文明行动”及“两违”清理。深入实施“四在农家·美丽乡村”六个小康行动计划，扎实推进“厕所革命”。落实乡村振兴示范引领行动，加快推进乡村产业振兴、文化振兴和生态振兴，支持秧坝镇创建州级乡村振兴示范乡镇，支持双江洛央、岩架板弄、纳福秧庆等11个村创建州级乡村振兴示范村。

5. 改革开放发展年：全力积蓄发展后劲

坚持以供给侧结构性改革为牵引，持续用力深化改革、扩大开放、加强创新，持续增进发展动力、释放发展活力。坚定不移深化改革开放，深化“放管服”改革，全面落实农村“三权分置”“三变”改革，加快农村产权交易市场建设。稳妥推进机构改革，深化推进事业单位、教育、医疗等各领域改革。深化财税改革，持续开展集中治理行动，不断优化营商环境，让企业群众只进一扇门、最多跑一次就能办好事，确保服务和效率高于周边、成本和负担低于周边。持续开展大招商行动，新引进产业项目10个以上，投资总额23亿元以上，到位资金10亿元以上。坚定不移推进驱动创新，加快大数据与实体经济深度融合，加强科技创新平台建设，推进“数字工业”“数字农业”发展，培育高新技术企业5家以上，申报实施省州科技项目15个以上，完成专利申请80件以上，财政科技投入占全县财政公共预算支出的 2.5%以上，科技贡献率达 60%以上。坚定不移鼓励创业就业，全面落实创业政策，发放小额信贷资金 1000 万元，鼓励“互联网+”创业，大力扶持大学毕业生和返乡农民工就业创业。深入落实人才强县战略，持续抓好人才队伍建设。分类落实全员培训促进家庭就业全覆盖行动，开展贫困劳动力全员培训 3936 人次以上。加快产业扶贫园、小微创业园建设，支撑就业带动创业，新增城镇就业 2625 人以上。坚定不移加快工业发展，大顶柱风电机组全部并网发电。加快推进年产 5 万立方米胶合板及 3 万立方米生态板项目、年产 10 万立方米智能化定向集成刨花板产业链项目、年产 5 万立方米指接生态板、年产 1 万吨高端活性炭项目、木艺加工、茶油加工和生物质发电项目建设。力争纳入省州“千企改造” 4 户以上，新增规模以上入库企业 3 户，新增市场主体 100 户以上。实施更大规模的减税降费，落实好降低民营企业成本政策措施，加大融资担保支持力度，降低民间资本进入各领域门槛，持续提高民间资本投资占比，支持民营经济进园区、进坝区、进新市民居住区、进山区，促进民营经济加速发展。

6. 民生改善年：全力提升群众满意度

从群众最关心、最盼望、最急需的问题入手，加大投入，不断满足人民群众日益增长的美好生活需要。优先发展教育，深化教育综合体制改革，加快新市民居住区配套教育项目建设，建成投用高洛新区第一、第二幼儿园和巧马新市民居住区第二幼儿园、冗渡镇新市民居住区第一小学等 14 个续建项目，新建县第一幼儿园、高洛新区第一小学、高洛新区第三幼儿园、坡妹镇新市民居住区第一小学等。加强师资队伍建设，优化教育资源配置，巩固义务教育均衡发展成果，不断提升教育质量，入学率、辍学率、巩固率严格控制在国家标准内。全力支持册亨民族中学申办省级示范性高中，鼓励和支持中职教育、民办教育发展，深入推进民族文化进校园工作，积极创建省、州民族特色示范学校。提高健康水平，加快县中医院、县妇幼保健院和新市民居住区卫生服务中心（站）建设。深入推进医药卫生体制“三医”联动改革，加强建设者楼、冗渡、坡妹、巧马县域医共体，加快实施分级诊疗。整合优化医疗卫生资源，强化医疗卫生人才队伍建设，培训医疗卫生技术人员500人以上，提高基层医疗服务能力。加强县医院“5+2”重点学科建设，抓好县医院胸痛、创伤、卒中中心和肾病泌尿中心建设。稳步建设健康册亨，做好重大疾病防控和公共卫生工作。积极创建二级县妇幼保健院，扎实开展生育健康全程服务。深入开展爱国卫生行动，巩固创卫成果。加强社会保障，深入实施全民参保计划，完善城乡低保和社会救助制度，做到应保尽保。加强未成年人、困境儿童和农村留守儿童、留守妇女、留守老人关爱保护。深化殡葬改革，倡导文明治丧，推进移风易俗。繁荣文体事业，建成3个镇全民健身中心和5个足球场。完成乡镇集镇广电网络光纤改造，启动县城区广电网络改造。大力弘扬、传承、保护和发展民族文化，抓好数字化项目、非遗电视专题栏目建设和国家级非遗项目名录《布依戏》剧目录制，持续推进民族文化进校园、进农村普及活动，办好文体赛事。

7. 不确定年：不和谐因素及灾害年

我们不仅要看到2019年里确定的、积极的因素所决定的趋向走势，而且应该注意到不确定因素及其能够造成的负面影响。2019年册亨县将面临的一些不确定性因素较大，其中有的变数影响甚至很难预料。

第一，从册亨县看，农村人居环境综合整治问题、风险防控问题、安全生产问题、社会治理等领域还存在薄弱环节。这些问题在短短一年的时间里，从根本上加以彻底解决的可能性不大，所以不可预测问题仍然存在。诸如，自然灾害问题等不可预测因素依然存在。

第二，87540人的易地扶贫搬迁任务，于2019年6月18日已经提前12天完成，但是如何实现他们“快融入、能致富、稳得住”的任务仍十分艰巨。诸如，移民的就业问题、移民对新社区的认同与归属感问题、新移民社区的基层党建问题、社区治理问题等，均需进一步加以解决。

（二）几点对策建议

基于对2018年的册亨县社会建设和社会发展成效认识，以及对存在的问题和2019年发展走势的分析，为更好地促进2019年册亨县社会发展，着重提出如下对策建议。

1. 狠抓脱贫攻坚不放松，实现决战全面胜利

2019 年，是册亨县脱贫攻坚的决战之年，全县紧紧盯住脱贫目标、脱贫重点难点、污染防治、项目建设、改革开放、基本民生、政策机遇七大决战脱贫攻坚关键，全力打好“四场硬仗”，全力防范化解风险，全力优化生态环境，全力扩大有效投资，全力积蓄发展后劲，全力提升群众满意度，全力做好要素保障，扎实抓好“十件民生实事”，争取全县脱贫攻坚决战的全面胜利。

积极开展“不忘初心，牢记使命”主题教育活动。认真贯彻落实新形势下党内政治生活若干准则，严肃党内政治生活，严守政治纪律和政治规矩，落实好全面从严治党主体责任和“一岗双责”，确保全县脱贫攻坚决战的全面胜利。认真学习贯彻国家、省州县决战脱贫攻坚相关会议、文件精神。针对册亨县脱贫攻坚实际，重点在于打好易地扶贫搬迁战，必须认真贯彻执行 2019 年 2 月 23 日孙志刚书记在贵州省易地扶贫搬迁后续工作推进会上的讲话精神，全力做好易地扶贫搬迁“后半篇文章”，确保搬迁群众搬得出、稳得住、能致富，夺取脱贫攻坚决战决胜的全面胜利。紧盯“七大”决战脱贫攻坚关键目标，全力围绕决战脱贫工作，按时完成各项脱贫工作任务。坚持供给侧结构性改革为主线，重点抓好册亨县“一县一业”林业产业的改革发展工作，同时继续实施“北畜、中菜、南林”战略发展模式，努力发展“木艺加工业”“糯米蕉产业”“民族刺绣业”等特色产业发展。

2. 狠抓基础设施建设，改善自身发展环境

2019 年按照县委、县政府提出以决战脱贫攻坚统揽经济社会发展，打好三大攻坚战，发展三大产业，提升三大动力，夯实三大基础，改善三大民生，强化政府自身建设的发展思路。

织密交通网络。加快册亨冗渡至贞丰、册亨县城至八渡公路和册亨县城至双江快捷通道等项目建设进度。完善水利设施。加快解决近 2.6 万人农村饮水安全问题。促进工业园区配套设施建设。

3. 狠抓民生保障工作，提升人民幸福指数

实现教育资源均衡战略，解决教育资源“乡村弱”“城镇挤”矛盾。

加强医疗卫生资源整合。改变县域医疗卫生资源总体欠发达，人才缺乏、基础薄弱现状。进一步改善农村人居。农村人居环境综合整治问题需加快解决。

4. 狠抓安全生产和社会治理，营造良好社会发展环境

狠抓安全生产。扎实开展安全生产大检查大排查大整治工作。做到排查再过细、监管再过硬、手段再精准、执法再严格。进一步强化工作机制落实，进一步推进安全生产，着力提高安全生产应急能力，严肃查处安全生产事故。狠抓社会治理。针对册亨县目前易地扶贫搬迁新建新市民社区的社会治理，可充分利用“册亨经验巧马模式”中的有益做法，通过强化社区治理顺利实现移民的市民化。同时，社会治理，既需要党的领导、政府负责，也需要社会协同、公众参与等。引入共建共治的理念，为多元化主体的参与和协同推进提供路径指引。引入共享的理念，为推进社会治理的正统性或者正当性提供支持。共建共治共享，充分体现社会治理格局的公共性。共建共治共享的社会治理格局，意味着社会治理有赖于其成员的广泛参与，意味着社会治理是一个动态发展的持续性状态，在这种治理格局之中，“共建共治”确立主体资格，“共享”则使获得感、幸福感、安全感更加充实、更可持续、更有保障。

参考文献

[1] 2018年册亨县人民政府工作报告 . 2019.

[2] 县属各单位2018年度总结和2019年上半年工作总结 .

评价篇

B.3 贵州册亨县经济社会发展综合评价分析报告

王义飞[①]

摘要： 近年来，贵州省黔西南布依族苗族自治州册亨县经济社会发展取得了长足进步，本文通过对册亨县经济社会发展综合评价指标体系的评价目的、设计原则、主要框架、分析方法的探讨，并就经济发展、社会进步、文化生活、生态环境等方面内容的相关指标进行比较分析并展开评价，最后对册亨县经济社会发展提出建议和思考，从而更好地促进册亨县经济社会协调发展。

关键词： 册亨县　经济社会发展　综合评价分析

一、评价的背景和目的

（一）评价的背景

郡县治，天下安。一直以来，县域既是城市经济与乡村经济的结合点，又是城市社会和乡村社会的连接处。县域经济社会的发展是国民经济和社会发展的基本单元[②]，是国民经济的重要基础和支撑力量，也是基层社会发展状况的缩影。

册亨县位于贵州省西南部，黔西南布依族苗族自治州东南端，地处珠

① 王义飞，贵州省社会科学院社会研究所副研究员。

② 曾智：《县域经济发展综合评价指标体系研究》，载《长沙大学学报》2010年第5期，第83—84页。

江上游两大支流南、北盘江交汇的夹角地带，东临北盘江与望谟县相邻，南隔南盘江与广西壮族自治区的田林、乐业、隆林三县相望，西连安龙县，北抵贞丰县，国土面积2598平方千米。近年来，册亨县坚持以习近平新时代中国特色社会主义思想为指导，深入学习贯彻党的十九大和习近平总书记系列重要讲话精神，统筹推进“五位一体”总体布局、协调推进“四个全面”战略布局和贯彻落实“创新、协调、绿色、共享”发展理念的探索，树牢“四个意识”，坚定“四个自信”，坚决做到“两个维护”，坚持新发展理念，坚持稳中求进工作总基调，以脱贫攻坚统揽经济社会发展全局，牢牢守好发展和生态两条底线，全力打好三大攻坚战，在经济社会发展进程中取得了长足的进步，尤其是在脱贫攻坚、易地扶贫搬迁等方面工作取得了较显著的成绩，人民群众的获得感、幸福感、安全感不断提高。

（二）评价的目的

对于一个区域的发展而言，构建经济社会发展的指标体系能够对本地区的经济社会发展概况进行可操作性量化，从而实现可纵向和横向比对的目的。一是客观评价县域发展水平。通过建立一套科学合理的评价指标体系，旨在对册亨县经济社会发展情况进行总体评价，较为全面地衡量和检验册亨县发展的成果，通过经济社会发展评价体系，对册亨县的经济社会发展水平、人民生活质量进行测评，从数据和资料上说明和反映册亨的发展情况。二是分析问题，把握未来发展方向。根据评价情况，肯定成绩、总结经验、分析问题、找出差距，有助于更好地了解册亨县发展定位，明确未来发展的方向，科学制定发展路径，探寻实现未来发展目标的路径。

在具体操作中，坚持定量与定性相结合，全面与专项相结合，总量与增量相结合，着重反映全面建成小康社会，统筹推进现代农业发展、现代服务业发展、工业转型升级、新型城镇化建设、民生保障、生态文明建设等重点工作，聚焦发展“短板”，更加侧重反映县域经济发展、结构转型、创新驱动和脱贫攻坚、居民收入提升等发展成就。

二、评价指标体系的建立原则和主要功能

县域经济社会发展综合评价指标体系是由多因素测度指标有机结合形

成的综合体①，涵盖经济社会资源环境等多方面，是对涉及的各方面进行衡量的多层次指标体系。在建立的过程中，遵循其原则，发挥其功能，是指标体系建立的出发点和落脚点，也是实现评价目标的重要依据。

（一）评价指标体系的建立原则

1. 科学性原则

评价体系的指标选取要体现科学性，克服随意性和主观意愿的干扰，在指标的设计和选取过程中，要注重可行性研究，确保指标的选取和指标预期目标值建立在坚实的现实基础之上②。要明确市场经济条件下政府规划在册亨经济和社会发展中的作用和职能，坚持规划目标对册亨县经济和社会发展的指导性和引导性。指标设计主要坚持战略性和宏观指导性，避免指标设计过于细化和过于追求可操作性。

2. 系统性原则

指标体系的构建要体现出系统性，各指标要直接形成有机、有序的联系，反映县域经济社会发展的评价指标体系应包含县域经济、社会、文化、环境等方面的指标，每项指标要能作为一个观察总体特征的视角，并能相互配合作为一个有机整体比较全面、系统、准确地反映、涵盖和描述评价对象。在具体操作中，与《册亨县国民经济和社会发展第十三个五年规划纲要》《贵州省全面小康建设工作领导小组关于印发〈关于调整完善贵州省以县为单位全面建设小康社会统计监测指标体系的方案〉的通知》（贵康发〔2016〕1号）等政策文件中涉及的相关指标进行衔接，做到既突出重点，又不以偏概全，具有一定的前瞻性，形成一个全面系统的体系。

3. 可操作性原则

在具体的指标设定时，要确保数据的可获取性，有定期公布的法定数

---

① 张春光：《论体现科学发展观要求的县域经济社会发展综合评价指标体系的构建》，载《理论学刊》2009年第12期，第53—58页。

② 范宣丽、白艳娟、何忠伟、刘芳：《区域经济社会发展评价指标体系构建研究》，载《科技和产业》2016年第6期，第33—36页。

据可供分析研究。指标体系要能够保证不同县（市）之间的横向比较和本县的历时性纵向比较，即不仅可用于对某一个确定区域进行时间序列的纵向比较，还能用于区间的空间地域的横向比较①。同时，考虑到长远发展的可能性，还应使指标体系具有可拓展性。在确定基本评价指标的基础上，兼顾普遍性和特殊性，根据现实需要和未来发展趋势，进行调整、充实和完善。

（二）评价指标体系的主要功能

1. 全面评价功能

通过多维度的测量、分析和评价，能够较为全面地反映册亨县经济社会及城乡发展的各项进程。

2. 监测功能

通过指标数据的收集、比较和分析，从而对经济社会的运行情况进行监测，并及时进行调整修正。对于册亨县来说，监测的目的就是要引导册亨县各单位及各相关部门增强加快发展、争先进位的意识，既注重经济增长的规模和速度、经济运行的质量和效益，又注重社会事业的发展和生态环境的改善，从而更好更快地促进县域经济社会协调发展。

3. 信息服务和决策参考功能

通过对数据和资料进行评价和分析，得出相应的结论，为县委、县政府提供经济社会发展情况的指标信息解读，根据指标体系的测算结果，进行分析总结，针对册亨县经济社会发展过程中的具体情况及存在的问题和不足，提出分析和判断，为县委、县政府及相关部门提供决策参考。

三、指标体系的构建方法和主要内容

（一）指标体系的构建方法

对一个地区经济社会发展情况进行评价，需要有一套明确的量化指标

① 张春光：《论体现科学发展观要求的县域经济社会发展综合评价指标体系的构建》，载《理论学刊》2009年第12期，第53—58页。

体系，以经济社会、人文和环境发展为基础指标，并按照一定的目的进行体系的构建和指标设置。主要构建方法包括：

定量分析法：根据指标间的数量关系，运用数学方法筛选指标，优点是指标的论证严密，有数理支撑，但只依赖数据本身和论证结果，有可能和客观实际脱离，并造成指标之间逻辑关系不明确。

定性分析法：运用系统思想，根据评价目标对评价对象进行深入系统的剖析，把评分对象分解为不同方面，在对每一方面属性进行深入分析的基础上，提出反映各个方面的衡量指标，把这些指标组合起来构建成指标体系。此方法的缺点是具有一定的主观随意性，但优点是可以构建指标体系之间的逻辑关系，能够较为全面地反映评价体系全貌①。

本研究以定性分析法为主，辅之以定量分析法构建指标体系。

（二）指标体系的主要内容

在县域经济社会发展中，经济发展发挥了基础作用，社会建设是社会进步的标志，是人民生活水平和公共服务发展的落脚点，环境是全面、协调、可持续发展的关键，是经济社会持续发展的保障。指标体系的一个重要特征就是具有层次性，由许多同一层次、不同作用和特征的子系统，以及不同层次的复杂程度、作用程度不一的个体指标构成。因此，我们选择确定了经济发展、社会进步、文化建设、生态环境四个截面，将指标体系分为总系统、子系统和个体指标三个层次。在县域经济社会发展综合评价指标体系层次结构的基础上，分别选择确定了体现系统结构特征的 4 大类一级指标（子系统）、12 项二级指标（个体指标），组成了指标体系。具体内容如下。

1. 经济发展指标

县域经济发展是基础，是社会发展、环境改善的基本保障，经济发展指标包括：

（1）人均地区生产总值（GDP）。人均地区生产总值，作为衡量地区

---

① 朱少芬、赵沁娜：《“十二五”时期经济社会发展指标体系构建研究——以滁州市为例》，载《合肥工业大学学报（社会科学版）》2012 年第 2 期，第 58—63 页。

经济发展规模和速度的重要标志，只有经济发展、物质财富的积累，才能谈得上后续发展。因此，既要重视 GDP，又不要唯 GDP。

（2）工业和服务业增加值占 GDP 的比重。工业和服务业发展程度是衡量现代社会经济发展和繁荣程度的重要标志，该指标是调整产业结构、转变经济增长方式在经济发展中的具体体现。

2. 社会进步指标

（3）城镇化率。城镇化率是衡量地区经济社会发展和人口结构的重要指标，通常反映了人口从农村向城镇不断集聚的动态过程。

（4）城乡居民人均可支配收入比。该指标是指城镇居民人均可支配收入与农村居民人均可支配收入之比，反映了城乡居民可支配收入的差距水平，逐步缩小城乡居民收入水平，也是全面建成小康社会的应有之义。

（5）城镇登记失业率。该指标是评价一个国家或地区就业状况的主要指标，反映了在报告期末城镇登记失业人数占期末城镇从业人员总数与期末实有城镇登记失业人数之和的比重。

（6）贫困发生率。对于贵州而言，坚决打赢脱贫攻坚战，是当前全省上下最大的任务，册亨县作为贵州的深度贫困县，确保到 2020 年我国现行标准下农村贫困人口实现脱贫“摘帽”，解决区域性整体贫困，减少贫困人口，降低贫困发生率，显得尤为重要。

3. 文化建设指标

（7）九年义务教育巩固率。即在校生巩固率，是指一个学校入学人数与毕业人数的百分比。

（8）高中阶段毛入学率。指高中阶段（包括普通高中、成人高中、中等职业学校）在校学生总数占 15—17 岁学龄组人口数的比重。到 2020 年实现普及高中阶段教育，是党中央、国务院作出的重大部署，是事关人民群众切身利益的重大民生工程，对于册亨县来说，做好义务教育阶段控辍保学工作，意义更加重大。

4. 生态环境指标

（9）森林覆盖率。该指标是指森林面积占土地总面积的比值，是反映一个国家或地区森林资源和林地占有的实际水平的重要指标。

（10）城镇生活污水处理率。指经管网进入污水处理厂处理的城市污水量占污水排放总量的百分比。该指标从侧面反映了城镇基础公共服务设施的完善程度。

（11）城乡生活垃圾无害化处理率。城镇生活垃圾处理是城镇管理和环境保护的重要内容，是社会文明程度的重要标志，关系到人民群众的切身利益。为提高城镇生活垃圾无害化处理水平，切实改善人居环境，设置该指标。

（12）环境空气质量优良率。空气质量的好坏反映了一个地区的空气污染程度，它是依据空气中污染物浓度的高低来判断的。空气污染物主要包含烟尘、总悬浮颗粒物、可吸入颗粒物（PM10）、细颗粒物（PM2.5）、二氧化氮、二氧化硫、一氧化碳、臭氧、挥发性有机化合物等。

具体来看，由经济发展、社会进步、文化建设、生态环境等方面组成的册亨县经济社会发展综合评价指标体系的框架和内容见表1。

表1 册亨县经济社会发展综合评价指标体系

总系统	子系统（一级指标）	个体指标（二级指标）	指标方向
册亨县经济社会发展综合评价指标体系	经济发展	人均地区生产总值（GDP）	正向
		工业和服务业增加值占GDP的比重	正向
	社会进步	城乡居民人均可支配收入比	负向
		城镇化率	正向
		城镇登记失业率	负向
		贫困发生率	负向
	文化建设	九年义务教育巩固率	正向
		高中阶段毛入学率	正向
	生态环境	森林覆盖率	正向
		城镇生活污水处理率	正向
		城乡生活垃圾无害化处理率	正向
		环境空气质量优良率	正向

四、评价对象和方法

(一) 评价对象

本研究的评价对象为册亨县，主要对册亨县经济社会发展涉及的诸多方面指标进行分析，由此得出分析结论，并提出意见和建议。

(二) 评价方法

本报告运用相关公开的法定数据、文字材料及访谈，力求做到定性和定量相结合，既有描述又有分析。

1. 文献分析法

通过对2017—2018年度贵州省、黔西南布依族苗族自治州以及册亨县国民经济和社会发展统计公报、册亨县政府工作报告、相关职能部门的工作总结、县小康统计监测报告等资料的查阅和获取，选取与指标相对应的数据和文字资料进行分析。以下图表中的数据，如无特殊说明，均来源于2017—2018年贵州省、黔西南布依族苗族自治州、册亨县国民经济和社会发展统计公报，册亨县全面小康社会统计监测分析报告等，故不逐一标注。

2. 访谈法

通过对指标涉及的相关政府职能部门的负责同志进行访谈和交流，深入了解和探讨实际工作中的具体情况，发现文字和数据背后的想法、措施。

五、具体指标评价与分析

从图1中可以看出，册亨县2018年人均GDP完成30221元，实现程度比2017年度提升11.41个百分点。黔西南布依族苗族自治州人均地区生产总值为40608元，比上年增长11.4%，贵州省人均地区生产总值41244元。与全州和全省相比，册亨县仍有较大差距。

从工业和服务业增加值占GDP的比重指标来看，2018年册亨县工业

（单位：元）

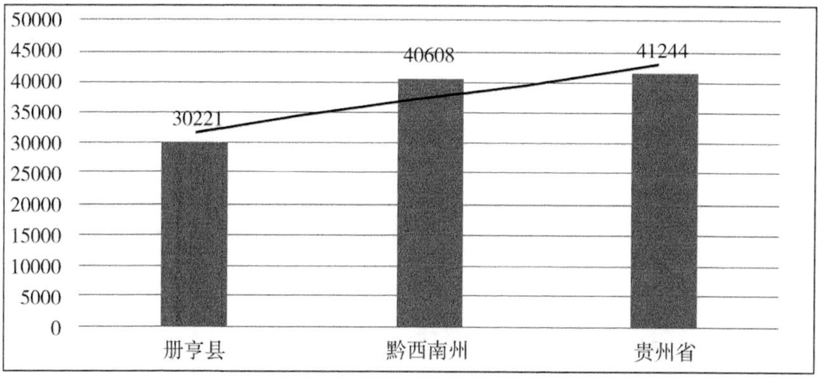

图1　人均地区生产总值（人均GDP）

和服务业增加值占 GDP 比重为 60.01%，比 2017 年度的 59.58%提升 0.43 个百分点。黔西南布依族苗族自治州工业和服务业增加值占 GDP 比重为 81.7%，全省工业和服务业增加值占 GDP 比重为 85.4%，可以看出，册亨第一产业占 GDP 的比重仍然偏大，第二和第三产业的发展仍然需要继续提升。

（单位：%）

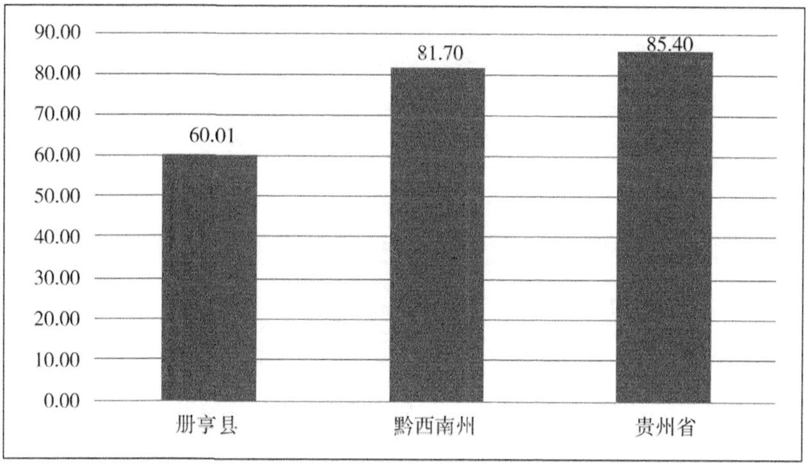

图2　工业和服务业增加值占 GDP 比重

2018 年，全省常住人口城镇化率为 47.52%，全州常住人口城镇化率提高到 46.0%，册亨县的城镇化率为 40.79%，虽然从绝对值来看，城镇化率仍不及全州和全省，但对于册亨县来说，已经创造了历史。册亨县城镇化进程能够呈现出较快发展的态势，主要得益于近年来全县易地扶贫搬迁实施力度的加大，截至 2019 年 6 月 18 日，册亨县比原定计划提前 12 天，全面完成 8.7 万人规模的易地扶贫搬迁工作，创造了属于册亨县的纪录和速度。

（单位：%）

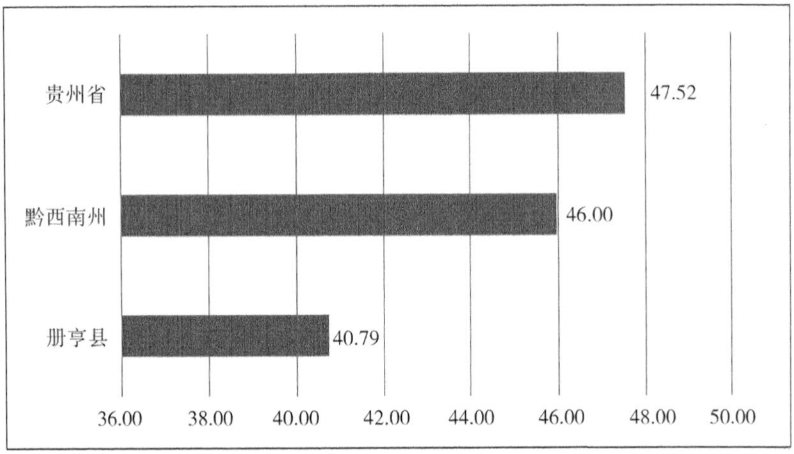

图 3　2018 年贵州省、黔西南州、册亨县城镇化率

2018 年度，册亨县全年城镇新增就业 2363 人，比上年增长 1.9%，城镇登记失业人数 131 人，年末城镇登记失业率 2.43%；全州全年城镇新增就业 3.65 万人，比上年增长 1.7%。其中，失业人员再就业 5682 人，2018 年末城镇登记失业率 3.46%；全省 2018 年末城镇登记失业率为 3.16%。

2018 年，册亨县全年城镇常住居民人均可支配收入、农村常住居民人均可支配收入分别为 28780 元和 8278 元，分别比上年增长 9.9%和 10.7%。全年城镇常住居民人均消费支出 18393 元；农村常住居民人均消费支出 7110 元，在第三方阵乙类县综合测评中，排全省第二名。全州全年全体居民人均可支配收入 18735 元。按常住地分，城镇常住居民人均可支配收入 30407 元，增长 9.5%；农村常住居民人均可支配收入 9485 元，增长 10.3%。全省全年全体居民人均可支配收入 18430 元，比上年名义增长 10.3%。按常住地分，城镇常住居民人均可支配收入 31592 元，增长 8.6%；农村常住居民人均可支

（单位：%）

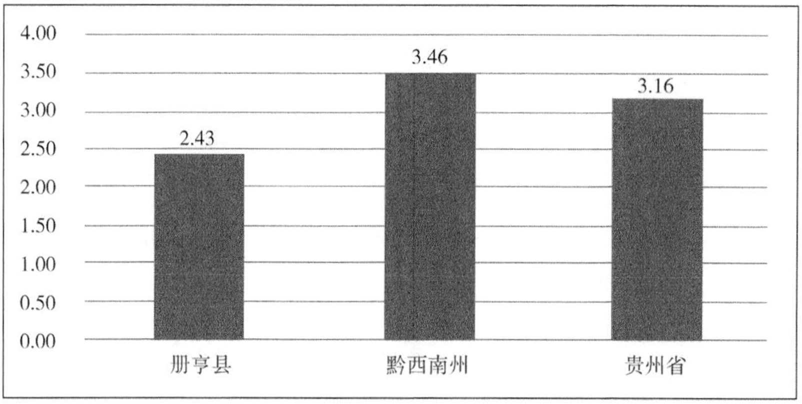

图4　2018 年贵州省、黔西南州、册亨县城镇登记失业率

配收入 9716 元，增长 9.6%。

表2　2018 年城乡居民人均可支配收入情况

区域	城镇居民人均可支配收入（元）	农村居民人均可支配收入（元）	人均可支配收入比
贵州省	31592	9716	3.3
黔西南州	30407	9485	3.2
册亨县	28780	8278	3.5

改革开放以来，我国收入分配制度改革逐步推进，极大地促进了城乡居民收入水平的提高。特别是党的十八大以来，党和政府充分发挥再分配调节功能，加大对保障和改善民生的投入，据国家统计局发布的数据显示：2017 年，我国城乡居民人均可支配收入之比为 2.71，城乡居民收入差距持续缩小①。但从册亨县乃至整个贵州省 2018 年的数据情况来看，在乡村振兴战略的背景下，如何进一步缩小城乡居民人均可支配收入差距，真正实现让城乡居民尤其是农村居民富起来，仍然需要努力。

从宏观层面看，2018 年贵州省全年减少贫困人口 148.14 万人，贫困

① 国家统计局：《2017 年城乡居民人均可支配收入之比为 2.71》，http://www.ce.cn/xwzx/gnsz/gdxw/201808/31/t20180831_30175315.shtml，2018-08-31。

发生率下降至4.29%。与此同时，2018年黔西南布依族苗族自治州减少贫困人口10.52万，建档立卡贫困人口减少至15.86万，贫困发生率下降至5.02%，对于册亨县来说，2018年末全县建档立卡贫困人口24150人，全年减少贫困人口14848人，贫困发生率下降至10.78%。近年来，册亨县贫困发生率已经大幅下降，但全县还有1个极贫乡镇、36个贫困村（深度贫困村30个），与黔西南布依族苗族自治州和全省相比，仍有较大差距，若要实现2019年“减少农村贫困人口1.8万、出列22个贫困村，贫困人口发生率降至3%以下”的目标，册亨县的脱贫攻坚工作仍然任重而道远。

（单位：%）

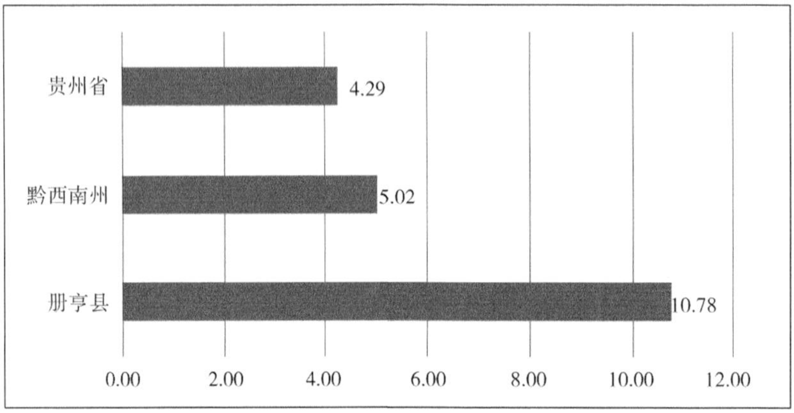

图5　2018年贵州省、黔西南州、册亨县贫困发生率

从全省范围看，全省九年义务教育巩固率91.0%，高中阶段毛入学率88.0%。黔西南布依族苗族自治州九年义务教育巩固率89.6%，高中阶段毛入学率91.9%。册亨九年义务教育巩固率87.44%，高中阶段毛入学率89.64%。按照中央要求，到2020年，全国、各省（区、市）高中阶段教育毛入学率要达到90%，目前册亨县高中阶段毛入学率89.64%，高于全省，略微低于全国水平，差距不大，可迎头赶上，但距离全州水平仍有2.26个百分点的差距，任务仍然艰巨。

2018年末，册亨县森林覆盖率68.62%。黔西南布依族苗族自治州森林覆盖率达到58.0%。黔西南布依族苗族自治州全州水、气、土、声、重金属、核辐射各项指标均达到预定目标。全省森林覆盖率57.0%，拥有国

（单位：%）

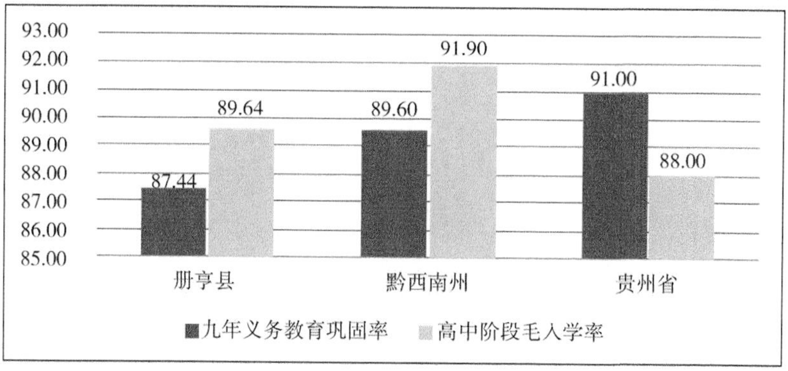

图6　2018年贵州省、黔西南州、册亨县九年义务教育巩固率和高中阶段毛入学率

家级自然保护区11个，国家级森林公园30个，省级森林公园45个，市级森林公园1个。国家级湿地公园45个，省级湿地公园4个，湿地类自然保护区1个。

（单位：%）

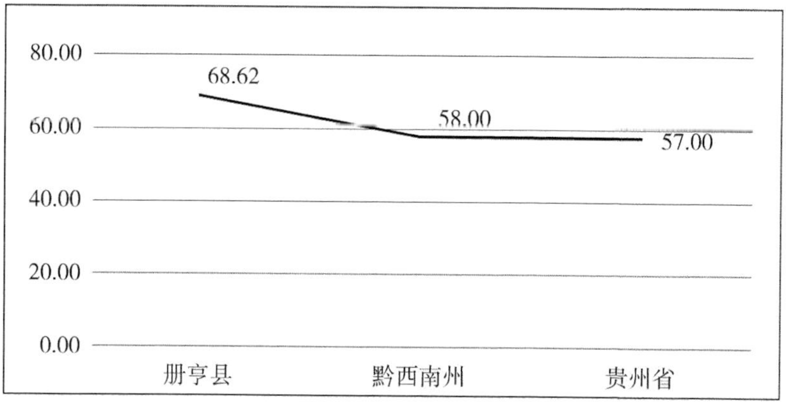

图7　2018年贵州省、黔西南州、册亨县森林覆盖率

2018年末，册亨县水库蓄水总量1482万立方米，比上年末增加805.85万立方米。全年污水处理率81%；城乡生活垃圾无害化处理率74.75%，饮用水水源地水质达标率为100%。黔西南布依族苗族自治州纳入“水十条”考核的16个地表水考核断面水质优良率保持100%。地级集中式饮用水水源地水质达标率100%，县城集中式饮用水水源地水质达标率100%。全州各县级城市环境空气质量等级为二级；AQI优良率为99.3%，同比下降0.5个百分点；综合指数为2.67，同比上升6.4%。开展两江一河“四清”行动，837.5万平方米水产养殖网箱全部拆除“清零”。城镇生活污水处理率提高到93%。从全省来看，2018年末，综合治理水土流失面积26.47万公顷。全年9个市（州）中心城市空气质量优良天数比例为97.2%。空气中细颗粒物（PM2.5）、可吸入颗粒物（PM10）、二氧化硫（SO_2）和二氧化氮（NO_2）平均浓度分别比上年下降3.4%、2.0%、7.7%和4.8%。9个市（州）中心城市集中式饮用水水质达标率为100%。城市（县城）污水、生活垃圾无害化处理率分别提高到91.5%和90.8%。

表3　2018年贵州省、黔西南州、册亨县城镇生活污水处理率及生活垃圾无害化处理率

区域	城镇生活污水处理率	生活垃圾无害化处理率
贵州省	91.5%	90.8%
黔西南州	93.0%	—
册亨县	81.0%	74.75%

六、册亨县经济社会发展中存在的问题及相关建议

（一）存在问题

1. 工业和服务业发展较慢

册亨县是典型的农业大县，第一、第三产业比重较大，由于工业基础薄弱，体量小，工业发展基本上处于原地踏步状态，造成第二产业比重较小，第三产业结构不合理。2018年，工业和服务业增加值占GDP比重为60.01%，而如果要达到2020年目标值为85%以上的目标，差距依然较大。

2. 城乡居民收入差距较大

数据显示，2018年，册亨县农村居民人均可支配收入达到8278元，

比上年增长 10.70%，增速在全州 8 县（市）中位列第二；农村居民人均可支配收入增速比城镇居民人均可支配收入增速高出 0.8 个百分点，但与此同时，册亨县城乡居民收入比差距较大，农村居民人均可支配收入偏低，与黔西南布依族苗族自治州和贵州省相比，城乡收入差距呈扩大趋势。城乡居民收入水平及差距影响到居民生活质量和社会和谐程度，以及整个全面小康社会建设进程，要引起高度重视。

3. 脱贫攻坚难度大

贫困面广、贫困程度深，脱贫成果巩固难度大，群众发展内生动力不强，脱贫攻坚任务非常艰巨。2018 年册亨县贫困人口发生率 10.78%，贫困乡镇仍有 2 个。当前，册亨县剩余贫困村贫困发生率高，基础设施薄弱，出列难度大；后续帮扶任务重，按照目前的脱贫标准，贫困人口脱贫后极易返贫，给后续扶持造成一定的难度，需要投入更多的人力物力成本，加快整体脱贫进度。

（二）相关建议

在 2019 年的发展中，册亨县要紧扣“同步”、加快速度，紧扣“建成”、凝心聚力，紧扣“全面”、查漏补缺，走追赶型、调整型、跨越式、可持续发展路子，努力建成一个不含水分、百姓认可的全面小康社会，进一步做好以下几方面工作。

1. 加强组织领导，强化政策扶持

在省扶持人口较少民族发展规划实施工作领导小组领导下开展人口较少民族聚居村率先全面小康建设工作，领导小组成员单位将人口较少民族聚居村率先全面小康工作列入本部门的重要工作内容，及时督促指导各地抓好率先全面小康行动计划工作任务的落实，形成实现全面小康行动合力。

2. 加快经济增长，加快产业结构调整

经济发展是主线，全面建成小康是目标，册亨县坚持因地制宜、多措并举、综合施策，认真分析自身的情况，巩固并扩大已取得的成绩，重视切实存在的问题和“短板”所在，有计划、有步骤地一项一项抓落实去解决，保持册亨县经济持续健康稳定发展。一是加快农业结构调整。切实推进农村经济产业革命，落实农业产业结构调整“八要素”，抢抓大扶贫机遇，建成有册亨特色的地理标志农产品和原产地保护基地，打造优质绿色农产品品牌，形成品牌效应。二是调整产业结构，促进产业升级。册亨县经济要保持良好的发展势头，必须优化产业结构，转变发展方式，从区域经济可持续发展出发，促进经济增长从数量型向质量型转化，从粗放型增长向集约型增长转化；加大招商引资力度，发挥园区聚集引领作用，依托资源、依靠科技，走能源消耗低、环境污染少、经济效益好的新型工业化道路，形成第二产业加快发展、第三产业优化发展，推动经济再上新台阶。三是加强项目建设，强化资金支持。册亨县要把推进项目建设和投资作为县域经济发展的内生动力。进一步加强招商引资力度，强化项目前期工作，增强项目储备，抓紧项目审批落地，加快项目建设进度，及时帮助企业解决项目建设过程中存在的问题，巩固项目建设成果。以项目建设为抓手，支持产业发展、改善基础条件、提升教育等基本公共服务水平等方面的重点工程或重大项目的落实；积极争取国家专项资金投入人口较少民族地区，整合资金和项目投入人口较少民族聚居村，提高项目资金的使用质量和效益。唯有如此，才能为册亨县与全国同步全面建成小康社会打下坚实的经济基础。

3. 紧盯重点领域，攻克脱贫“短板”

2019 年是中华人民共和国成立 70 周年，是打赢脱贫攻坚战攻坚克难的关键一年。要深入学习贯彻习近平总书记关于扶贫工作的重要论述，全面落实三年行动指导意见，坚持脱贫攻坚目标和现行扶贫标准，坚持大扶贫工作格局，进一步聚焦突出问题，强化责任落实，把防止返贫摆到更加重要的位置。要把富民始终放在经济社会发展全局的优先位置，努力加快推进以改善民生为重点的社会建设步伐。在全面贯彻落实中央已出台的各项收入分配政策的同时，要根据册亨县实际情况，有效地解决城乡居民收入差距偏大的问题。首先，要坚持不懈地做好册亨县十大民生工程建设，全力以赴地做好就业和再就业工作，积极促进农村劳动力转移。其次，要按照“六个精准”的要求，综合采取发展产业、转移就业、生态补偿、教育扶持、健康保障、社会兜底等措施，统筹规划、聚力推进，确保2020年现有贫困人口全部脱贫。

4. 统筹城乡发展，实现城乡联动

坚持城镇化与实施乡村振兴战略相结合，按照区域联动、产业跨越、核心聚集、交通引领、生态支撑、文化提升的思路，用好布依人文风情和原生态山水风光资源，科学编制城镇规划和自然村寨规划，统筹布局区域内水、电、气、路、通信等基础设施。加快高洛新区和纳福新区建设，完善城市功能，提高城镇对人口的承载能力，让城镇吸纳更多的劳动力就业。同时，要解决好农民进城落户、子女入学、保障住房等方面存在的问题，引导更多的农村人口向城镇转移，不断推进册亨县城镇化步伐；着力实施乡村振兴"十项行动计划"，统筹推进实施乡村产业融合提升、乡村基础设施提升、乡村生态建设提升等十大工程。

5. 切实护好绿色发展底色

全面落实"绿色贵州建设三年行动计划"和"石漠化山头绿起来"等造林绿化工程，2018年，册亨县继续开展营造林和石漠化治理工作，继续实施水土保持综合治理，完成1个"森林小镇"、2个"森林村寨"、2户"森林人家"创建工作，连续2年入选全国"百佳深呼吸小城"，荣获"贵州省森林城市"称号，填补了全州无森林城市的空白。在这些成绩的基础上，册亨县应加大保护力度，守住守好绿水青山的绿色发展底色。

6. 健全完善机制，如期实现小康目标

从现在起到2020年只有不到两年的时间，实现全面小康时间紧，任务重，压力大。一是继续转变工作作风，提高工作效率，确保完成每年同步小康创建工作任务。二是结合册亨县实际，进一步完善全面小康推进工作考核体系，设定年度目标，落实好工作责任，科学监测，公正考评。加快人口较少民族聚居村率先全面小康进程。实行人口较少民族聚居村率先全面小康创建目标责任制，切实加快人口较少民族聚居村率先全面小康步伐。通过准确把握册亨县全面小康进程，及时查找薄弱环节，深入分析存在的问题及原因，集中力量攻坚克难。

（三）相关思考

今后，在指标体系的完善和调整中，建议增加以下指标数据的收集和分析。

一是农村无害化厕所普及率。“小厕所”改善“大民生”。贵州将进一步开展“厕所革命”，推广普及农村无害化卫生厕所，提高农村卫生水平，坚持因地制宜、集中连片、整村推进，加快实施农村改厕。将配套建设无害化卫生厕所纳入农房新改建房屋规划和审批。加强乡镇政府所在地、中小学、乡镇卫生院、集贸市场等区域无害化卫生公厕建设。引导农民使用卫生厕所，建立卫生厕所建、管、用并重的长效管理机制。力争到2020年全省农村卫生厕所普及率提高到85%。目前，由于省、州和册亨县数据没有相应的统计指标出口，数据无法获得，难以分析比较。

二是城乡居民人均教育文化娱乐消费支出占消费支出比重。该指标反映了城乡居民在消费支出结构上，用于文化教育消费所占的比重，也从一个重要方面反映城乡居民对教育文化的重视程度。目前，该指标在不同层面的统计口径上不一致。例如，在全省层面，统计口径分为“城镇常住居民人均消费支出及其构成”和“农村常住居民人均消费支出及其构成”两项内容及其细目，而在全州层面，只有“城乡常住居民人均消费支出”一项及其细目，在册亨县层面，则只有“城镇常住居民人均消费支出”和“农村常住居民人均消费支出”的总数统计，口径的不一致，导致难以在同等条件下进行比较。建议在省、州和县的年度国民经济和社会发展统计公报中，一些普遍性的统计指标的统计口径应保持一致，有利于进行比较。

理论篇

B.4　搬迁脱贫：贵州册亨县易地扶贫搬迁报告

黄德林①

摘要： 易地扶贫搬迁是册亨县脱贫攻坚的关键所在，2015年至今，我们长期调查研究册亨县易地扶贫搬迁工作，2019年是中华人民共和国成立70周年，也是册亨县全面建成小康社会的关键之年，2019年6月30日将全部完成册亨县易地扶贫搬迁计划任务。2019年册亨县易地扶贫搬迁报告，主要围绕2018年1月至2019年6月全县易地扶贫搬迁的移民安置点建设情况，以及全县易地扶贫搬迁工作的主要做法及经验、存在困难和问题、相关对策建议等内容展开分析研究。

关键词： 册亨县　易地扶贫　搬迁

易地扶贫搬迁是指将生活在缺乏生存条件地区的贫困人口搬迁安置到其他地区，并通过改善安置区的生产生活条件、调整经济结构和拓展增收渠道，帮助搬迁人口逐步脱贫致富。“十三五”时期易地扶贫搬迁对象主要是居住在深山、荒漠化、地方病多发等生存环境差、不具备基本发展条件，以及生态环境脆弱、限制或禁止开发地区的农村建档立卡贫困人口，优先安排位于地震活跃带及受泥石流、滑坡等地质灾害威胁的建档立卡贫困人口。贵州地处云贵高原东部，长江、珠江流域上游地带，西南喀斯特生态脆弱区的中心，是一个以岩溶地貌为主的典型内陆山区省份。长期以来，由于经济社会发展滞后，贵州农村贫困问题突出，是全国农村贫困人

---

① 黄德林，贵州省社会科学院社会研究所所长，研究员。

口最多、贫困面最广、贫困程度最深、扶贫开发任务最重的省份之一。册亨县位于贵州省西南部，地处珠江上游两大支流南、北盘江交汇地带，国土面积2598平方千米，辖9镇1乡2街道，132个行政村（居、社区），是一个布依族、苗族、汉族等多民族聚居县，总人口24.293万，其中少数民族人口占79%。册亨县属于国家扶贫开发工作重点县，也是全省14个深度贫困县之一，全县近1/3人口由于居住在自然条件恶劣地区，就地扶贫难度大、成本高，很难从根本上解决其脱贫致富的问题。另外，就地扶贫开发会对居住地生态环境造成持续破坏，从而破坏长江、珠江流域上游生态屏障，不利于国家长远发展战略的实施。所以，实施册亨县易地扶贫搬迁工程，既是推动贵州扶贫攻坚行之有效的途径，又是保护和恢复脆弱生态环境的重大战略举措。册亨县为加快脱贫攻坚工作步伐，县委、县政府始终将易地扶贫搬迁作为决胜脱贫攻坚的历史机遇、作为统筹城乡发展的历史机遇、作为百姓富生态美的历史机遇、作为改善人居环境的历史机遇。2019年是中华人民共和国成立70周年，也是全面建成小康社会的关键之年。2019年，全县要实现30个以上贫困村达到出列标准，2万贫困人口达到脱贫条件，贫困发生率降至2%左右，完成易地扶贫搬迁安置87450人的目标要求。

一、基本情况

册亨县扶贫搬迁工作大体上分为三个阶段：第一阶段，2012—2015年，扶贫生态移民阶段；第二阶段，2016—2018年，易地扶贫搬迁阶段；第三阶段，2018年至2019年上半年新市民计划实施阶段。总之，从2012年下半年开始，全县启动扶贫搬迁工作至今已有7年的时间，对册亨县易地扶贫搬迁情况分析，笔者从2012年扶贫搬迁工作开展以来就进行关注，并在《贵州册亨经济社会发展报告（2016—2018）》中进行持续分析研究。而2019年，关注的重点是2018年至2019年上半年册亨县易地扶贫搬迁工作。

截至2019年3月31日，已分房选房10267户43531人（贫困人口5508户23006人），占任务数的70.84%；已搬迁入住3779户15041人

（贫困人口1858户8103人），占任务数的24.48%。县内8个安置点规划建设住房13638套，已完成安置房主体13638套，简装13346套，剩余292套安置房简装在4月底前完成，达到搬迁入住条件12811套。2018年应到位资金29.61亿元，已到位22.85亿元，到位率77.16%。已拨付18.7亿元，到位资金拨付率81.84%。

表1　2018年册亨县易地扶贫搬迁情况　　单位：户，人

规划搬迁户	14238	县内安置户	13437
规划搬迁人数	61448	县内安置人数	57947
贫困人口户	6969	贫困人口户	6969
贫困人口数	29791	贫困人口数	29791
跨区域搬迁户	801	跨区域搬迁人数	3501

资料来源：册亨县水库和生态移民局。

二、主要做法及经验

（一）压紧压实包保责任

制定《关于加强领导压实“包保”责任决战决胜易地扶贫搬迁工作的决定》《册亨县2019年易地扶贫搬迁新市民计划百日大会战方案》，进一步强化组织、明确任务、分解责任、规定时限、细化措施、压实责任。组建搬迁动员及组织入住、工程建设2个专项调度组及1个专项督战组，全程跟踪调度和督战。册亨县委、县政府为贯彻落实《贵州省春季攻势行动令》和《黔西南布依族苗族自治州2019年易地扶贫搬迁新市民计划百日大会战方案》，2019年3月7日通过了《关于加强领导压实“包保”责任决战决胜易地扶贫搬迁工作的决定》，旨在进一步加强领导，压实“包保”责任决战决胜易地扶贫搬迁工作。一是成立册亨县加强领导压实“包保”责任决战决胜易地扶贫搬迁工作领导小组，由县委、县政府主要领导担任组长。领导小组下设两个专项调度组及一个专项督战组，搬迁动员及组织入住专项调度组，主要负责对乡镇（街道）对象精准锁定、人房对接落

实、搬迁入住等情况实行日调度日通报，确保2019年3月底前精准锁定2018年对象、2019年6月底前实现61448人全部搬迁入住。工程建设专项调度组，主要负责综合协调各项目建设进度，实行日调度日通报，确保在规定的时间节点完成建设目标。专项督战组，主要负责围绕2019年3月底前精准锁定2018年搬迁对象、工程建设按期完成、2019年6月底前完成搬迁入住等工作开展专项督查。督查中，发现履职不到位、工作推进不力的，依照相关规定进行通报、约谈、问责。二是围绕“百日大会战”工程建设目标，压实全县各级领导“包保”责任。高洛新区安置点：2019年3月底前完成6619套安置房建设并达到入住条件，同步完成供水、供电、通信、排污等配套基础设施；2019年4月底前全部完成7505套安置房建设并达到入住条件，同步完成供水、供电、通信、排污等配套基础设施；2019年6月底前全部完成安置点路网、绿化、亮化等基础配套设施建设。县城纳福新区安置点：2019年3月底前福水安置区、百口安置区336套安置房建设并达到入住条件，同步完成供水、供电、通信、排污等配套基础设施；2019年4月底前完成百福安置区、百锦安置区357套安置房建设并达到入住条件，同步完成供水、供电、通信、排污等配套基础设施；2019年6月底前安置点路网、绿化、亮化等基础配套设施建设全部完成。冗渡镇安置点：2019年3月底前完成770套安置房建设并达到入住条件，同步完成供水、供电、通信、排污等配套基础设施；2019年4月底前全部完成2259套安置房建设并达到入住条件，同步完成供水、供电、通信、排污等配套基础设施；2019年6月底前全部完成安置点路网、绿化、亮化等基础配套设施建设。巧马镇安置点：2019年3月底前全部完成337套安置房建设并达到入住条件，同步完成供水、供电、通信、排污等配套基础设施；2019年6月底前全部完成安置点路网、绿化、亮化等基础配套设施建设。坡妹镇安置点：2019年3月底前完成490套安置房建设并达到入住条件，同步完成供水、供电、通信、排污等配套基础设施；2019年4月底前完成1346套安置房建设并达到入住条件，同步完成供水、供电、通信、排污等配套基础设施；2019年5月底前全部完成1907套安置房建设并达到入住条件，同步完成供水、供电、通信、排污等配套基础设施；2019年6月底前全部完成安置点路网、绿化、亮化等基础配套设施建设。双江镇安置点：2019年3月底前全部完成114套安置房建设并达到入住条件，同步完成供水、供电、通信、排污等配套基础设施；2019年6月底前全部完成安置点路网、绿化、亮化等基础配套设施建设。秧坝镇安置点：2019年3月底前全部完成821套安置房建设并达到入住条件，同步完成供水、供电、通信、排污等配套基础设施；2019年6月底前全部完成安置点路网、绿化、亮化等基础配套设施建设。三是压实搬迁动员及组织入住“包保”责任。为确保2019年3月底前全面精准锁定全县2018年度项目61448人目标，2019年6月底全面完成搬迁入住，进一步压紧压实县级领导、乡镇（街道）党政主要领导、帮扶部门主要领导搬迁动员及组织入住“包保”责任。者楼街道：2019年3月底前全面精准锁定2018年度项目3871人目标，2019年6月底全面完成搬迁入住；2019年3月底前对2016年度、2017年度147户704人入住情况按照“五见”要求，动员真搬实住。纳福街道：2019年3月底前全面精准锁定全县2018年度项目2203人目标，2019年6月底全面完成搬迁入住；2019年3月底前对2016年度、2017年度197户949人入住情况按照“五见”要求，动员真搬实住。巧马镇：2019年3月底前全面精准锁定全县2018年度项目1854人目标，2019年6月底全面完成搬迁入住；2019年3月底前对2016年度、2017年度2032户8636人入住情况按照“五见”要求，动员真搬实住。丫他镇：2019年3月底前全面精准锁定全县2018年度项目5266人目标，2019年6月底全面完成搬迁入住；2019年3月底前对2016年度、2017年度354户1641人入住情况按照“五见”要求，动员真搬实住。冗渡镇：2019年3月底前全面精准锁定全县2018年度项目8377人目标，2019年6月底全面完成搬迁入住；2019年3月底前对2016年度、2017年度302户1412人入住情况按照“五见”要求，动员真搬实住。坡妹镇：2019年3月底前全面精准锁定全县2018年度项目13408人目标，2019年6月底全面完成搬迁入住；2019年3月底前对2016年度、2017年度271户1279人入住情况按照“五见”要求，动员真搬实住。岩架镇：2019年3月底前全面精准锁定全县2018年度项目3313人目标，2019年6月底全面完成搬迁入住；2019年3月底前对2016年度、2017年度164户801人入住情况按照“五见”要求，动员真搬实住。秋坝镇：2019年3月底前全面精准锁定全县2018年度项目3757人目标，2019年6月底全面完成搬迁入住；2019年3月底前对2016年度、2017年度135户622人入住情况按照“五见”要求，动员真搬实住。双江镇：2019年3月底前全面精准锁定全县2018年度项目6616人目标，2019年6月底全面完成搬迁入住；2019年3月底前对2016年度、2017年度906户4101人入住情况按照“五见”要求，动员真搬实住。八渡镇：2019年3月底前全面精准锁定全县2018年度项目4266人目标，2019年6月底全面完成搬迁入住；2019年3月底前对2016年度、2017年度198户988人入住情况按照“五见”要求，动员真搬实住。弼佑镇：2019年3月底前全面精准锁定全县2018年度项目7268人目标，2019年6月底全面完成搬迁入住；2019年3月底前对2016年度、2017年度183户888人入住情况按照“五见”要求，动员真搬实住。百口乡：2019年3月底前全面精准锁定全县2018年度项目1249人目标，2019年6月底全面完成搬迁入住；2019年3月底前对2016年度、2017年度943户4091人入住情况按照“五见”要求，动员真搬实住。跨区域搬迁义龙、兴义搬迁入住和管理：2019年3月底前对2016年度、2017年度搬迁入住的1484户7002人入住情况按照“五见”要求再次进行核查，并向涉及乡镇（街道）及县易指部反馈，由涉及乡镇（街道）动员真搬实住；2019年3月底前完成2018年跨区域搬迁义龙步马安置点分房选房工作；2019年6月底协助涉及乡镇（街道）完成2018年跨区域搬迁3501人的搬迁入住；按照新市民计划及省委省政府“1+7”文件，做好社区管理和后续保障工作。

（二）下沉力量全面推进

为认真贯彻落实省委省政府、州委州政府“2019年脱贫攻坚春季攻势行动令”和州委州政府2019年易地扶贫搬迁新市民计划“百日大会战”有关要求，推动全县脱贫攻坚各项工作往实里走、朝严上抓，继续巩固提升“三真两沉一提效”行动，坚决夺取脱贫攻坚决战之年根本性胜利，以优异成绩向新中国成立70周年献礼，结合县情实际，攻坚力量下沉坚持

“精干下沉、统筹兼顾、适时调整”的原则，即确保下沉的攻坚力量能切实发挥作用，又保证单位各项工作正常推进。制订《册亨县下沉攻坚力量助力夺取脱贫攻坚决战之年根本性胜利行动方案》《册亨县干部回乡助力脱贫攻坚行动方案》，助推全县脱贫攻坚战。

1. 构建攻坚指挥体系

在村级建立乡镇（街道）党（工）委领导下的村级攻坚指挥体系。县直各单位下沉到乡镇（街道）开展脱贫攻坚工作的干部在乡镇（街道）党（工）委的统一领导下开展具体帮扶工作，工作与原单位脱钩，原则上在帮扶联系村开展工作，具体由各乡镇（街道）党（工）委调剂。一是组建村级攻坚指挥部。以村为单位，成立村级攻坚指挥部，设立指挥长1名，人选由各乡镇（街道）党（工）委与帮扶县直单位沟通协商进行明确。原则上从乡镇（街道）联系村领导或县直帮扶单位班子成员中明确，特别优秀的一般干部也可明确为指挥长；副指挥长原则上由第一书记、驻村干部和村“两委”主要负责同志担任；同步小康驻村工作组、村“两委”其他班子成员、县直部门下沉的干部以及乡镇（街道）包保干部等人员为成员。村级攻坚指挥部要根据各村实际情况编组、编队对攻坚力量进行优化分配，设若干前沿工作组，确保攻坚力量到组、到户。从县直帮扶单位明确的指挥长工作要与原单位脱钩，全身心投入本村的脱贫攻坚工作。二是明确攻坚指挥的职责。村级攻坚指挥部要严格执行县委县政府和乡镇（街道）的各项决策部署，全面管理好下沉的攻坚力量，负责推动本村脱贫攻坚各项工作。前沿工作组要严格执行村级攻坚指挥部下达的工作指令，组织开展好易地扶贫搬迁宣传动员、“五个专项治理”和温暖、励志、洁净“三项行动”等工作。指挥长主持本村全面工作，负责领导和指挥本村以易地扶贫搬迁为主的脱贫攻坚各项工作。副指挥长要当好指挥长的参谋助手，负责抓好指挥长交办的各项工作，调度、督查、指导各前沿工作组到组、到户开展具体工作。村级攻坚指挥部其他成员必须坚决服从攻坚指挥部的集体领导，坚决落实好安排的脱贫攻坚各项工作，并保质保量完成好工作任务，绝不允许出现口头上服从、行动上变通的行为。

2. 聚焦攻坚目标任务

要紧紧围绕全县要实现30个以上贫困村达到出列标准，2万贫困人口达到脱贫条件，贫困发生率降至2%左右的目标任务，尤其是2019年6月底前全面完成87540人的易地扶贫搬迁安置任务。用好用活“工作部署在一线、决策落实在一线、力量整合在一线、问题解决在一线、作风转变在一线、成效体现在一线”“六个一线”方法路径，提振攻坚信心、鼓足攻坚干劲，一步一个脚印把脱贫攻坚各项工作任务抓实、抓细、抓出成效。一是建强村级基层组织。要始终聚焦提升基层党组织组织力这个重点，不断发现村级“好党员”“好干部”，培养“好支书”，切实帮助提升村级党支部书记能力素质和水平，着力打造一支“永不走的工作队”。要督促村级党组织严格规范执行“三会一课”“主题党日”等党内生活制度，注重从大学毕业青年、致富带头人、外出务工返乡优秀青年中发展党员，补充村级党组织“新鲜血液”。二是抓好易地扶贫搬迁。要坚决啃下易地扶贫搬迁“硬骨头”，始终紧盯487540人的搬迁目标必须在6月底前“‘一人不少、一人不错’全面完成”这个目标，在乡镇（街道）党（工）委的统筹安排下，认真研究分析本村易地扶贫搬迁现状，并结合实际采取有力措施加以解决。要按照“三真两沉一提效”要求，全面沉到一线，沉入村寨，持续用力、不厌其烦地做好群众搬迁宣传动员工作，让搬迁政策真正入脑入心，尽快让贫困群众真正愿搬、快搬。三是抓好攻坚重点任务。要坚决抓好“五基本保障”“硬任务”，精准聚焦贫困群众“吃、穿、住、学、医”五个基本保障相关工作要求，用心、用情、用力把群众冷暖放在心上、扛在肩上、抓在手上。要坚决提升温暖、励志、洁净“三项行动”“硬实力”，教育引导广大贫困群众听党话、感党恩、跟党走，引导他们自觉摒弃“等靠要”，奋力“拼抢抓”，更加自力更生、艰苦奋斗，用自己的辛勤劳动实现脱贫致富，在全县上下形成脱贫光荣的良好氛围。四是抓好产业结构调整。要结合全县“北畜、中菜、南林、全旅”的产业布局和“中国布依族刺绣艺术之乡”的金字招牌，紧扣产业发展“八要素”，聚焦农村产业结构调整和乡村振兴，坚决把玉米等低效传统产品调退下来，把蔬菜、水果等绿色优质产品种植上去，逐步改变册亨产业结构不优、产业规模不大、品牌效应不强、销售渠道不畅、群众增收不足的现状，实现“产业结构调优、生产方式调绿、产品品牌调大、产出效益调高”的目标，切实帮助广大贫困群众找到一条稳步增收的脱贫致富渠道。五是带出一方淳朴民风。要积极引导群众移风易俗，教育引导广大人民群众自觉摒弃“厚葬薄养、滥办酒席、封建迷信、大操大办”等陋习，积极倡导“丧事简办、敬老爱幼、厚养薄葬”的乡村新风尚。要引导群众遵章守法，按照“扫黑除恶”专项斗争的工作要求，深入村寨摸排线索，坚决打击“村霸乡霸”，切实做到“发现一起、打击一起、教育一片”，引导广大人民群众积极践行社会主义核心价值观。

（三）全力推进“五个体系”

同步把工作重心从以搬迁为主向后续扶持转变，全力推进“五个体系”建设，稳步推进新市民计划各项工作。

1. 完善基本公共服务保障体系

一是保障群众基本权益。建成13个社区服务中心，每个社区服务中心开设户籍管理、就业、就学、就医和社保、政策咨询、物业管理服务、法律咨询等各类公共服务窗口，提供“一站式”服务，已全部开展工作。设置7个警务室，警务设备及警务人员均已配齐，实现全覆盖。二是完善公共教育服务。抓好易地扶贫搬迁配建教育项目实施，满足新市民适龄学生就近入学需求。新市民子女入学率达100%。三是完善公共医疗卫生服务。医院、医务室8个，新居住区医疗服务覆盖率100%，全面落实各项政策，搬迁群众医疗保险参保率94%、养老保险参保率90%，办理新市民居住证1.9万人，办理农村低保转城镇低保1885户，发放一次性临时救助金15886人2382.9万元。四是完善社会保障服务。在老年人口较多且居住集中的新市民居住区规划建设10个社区老年人日间照料中心。全员启动新市民养老保险制度。五是完善社会综合服务设施建设。整合各方资源集中打造便民利民服务中心和公共服务站。推进新居住区周边城市管理工作，全面建立物业管理服务等机制。

2. 完善培训和就业服务体系

一是实施全员培训。以市场需求为导向，紧紧围绕新居住区周边产业布局和县域产业总体规划，依托职业院校、优秀企业，优先在新市民中启动开展全员培训工作，提高技能培训针对性，让新市民有一技之长，能够靠技能生存发展，重点做好绣娘培训。二是实现充分就业。成立就业服务中心 5 个，举办就业培训班 201 期，培训 5078 人。多渠道引导新市民家庭就业创业，解决就业 9915 人，一户一人以上就业率达 100%。落实就业帮扶各种政策，开发公益性岗位 71 人，开发就业岗位 3.2 万余个，小额担保贷款扶持新市民自主创业的 26 人，发放创业担保贷款金额 209 万元，带动新市民 64 人就业。办理“安居险”1.3 万人，办理率 100%。

3. 完善文化服务体系

一是保障文化服务。建成百口、巧马新市民居住区文体活动场所及旅游厕所、百口新市民居住区综合文化服务中心，组建冗渡、秧坝、双江、坡妹、巧马、县城纳福 6 支安置点文艺队伍。建成新市民讲习所 3 个，组建 338 人的讲习员库，开设妇女课堂 860 人次、青春课堂 750 人次。二是开展感恩教育。用好新时代文明实践中心、道德讲堂、移民夜校，在新居住区开展以“牢记嘱托，感恩奋进”为主题的宣讲活动。支持易地扶贫搬迁题材文艺创作生产，讲好易地扶贫搬迁故事。通过张贴新旧住房对比照片，乡愁馆展示迁出地、迁入地生产生活变化等方式，教育引导新市民感恩党、听党话、跟党走。

4. 完善社区治理体系

推进网格化服务，建立三级综合治理网格，每单元推选 1 名治安积极分子，每栋楼推选楼长、副楼长 1—3 名，配备楼长 95 人。

5. 完善基层党建体系

按照党总支+党支部+楼宇党小组的网格模式成立新市民居住区党组织，设立 1 个新市民居住区管委会，成立 14 个新市民社区党组织，其中 2 个党总支、12 个党支部，同步成立工会、妇联、团委、关工委等组织，200 余名领导干部“结亲”帮扶 1600 余户新市民，为新市民办理实事 3500 余件。

三、存在的困难和问题

2019 年在贵州省黔西南布依族苗族自治州委、州政府的坚强领导和州直各部门的大力支持下，册亨县易地扶贫搬迁取得了一定成效，但也还存在一些困难和问题，主要表现如下。

（一）配套设施建设进度不够快

一是资金到位率低。2018 年省级统筹资金仍有 115017.9 万元未划拨到位，一定程度上影响工程建设进度，请求帮助协调给予及时拨付；同时，2017 年易地扶贫搬迁项目中央资金仍有 4808.8 万元仍未划拨到位。二是配套项目建设资金缺口大。①教育配套基础设施，册亨县县内 15 个安置点需投资 109440.89 万元新（改、扩）建安置点内 28 所学校（园）［其中新建幼儿园 13 所，小学 3 所，中学 3 所，改（扩）建幼儿园 1 所，小学 6 所，中学 2 所］，解决搬迁群众子女就学 14397 人。前期已申请资金 24042 万元（教育部门补助资金 18180 万元，省移民局配套建设资金 3743 万元，东西部协作资金 2119 万元），目前仍缺口资金 85398.89 万元，其中，如按照易地扶贫搬迁子女就学人数生均 3 万元的补助标准进行核算，仅易地扶贫搬迁渠道就有 39448 万元补助资金未到位。②医疗配套基础设施。为满足搬迁群众就近就医的需求，需投资 21538.31 万元新（扩）建医疗卫生服务机构 11 个，前期已申请资金 11617.99 万元（医疗部门补助资金 6937.99 万元，省移民局配套建设资金 3960 万元，东西部协作资金 720 万元），目前仍缺口资金 9920.32 万元。虽然册亨县采取 PPP 模式、盘活门面、整合部门资金等融资方式进行筹措，但全县教育、卫生等配套项目缺口资金近 9.53 亿元，缺口仍然很大。

到目前为止，全县需建设新市民居住区学校 16 所（幼儿园 9 所、小学 5 所、中学 2 所），医疗服务机构 11 个［综合性医院 1 个、妇幼保健院 1 个、卫生服务站（室）9 个］，城市干道（含桥梁）及支线 20 千米，加上新建供电、供水、通信、污水处理等配套设施项目，缺口资金高达 15 亿元，一定程度上影响施工建设进度。

（二）就业矛盾较为突出

移民由于受教育程度、文化程度、专业技能等因素对他们离土以后的生活有着显著影响，对于文化程度低、经济基础薄弱、以农业生产为主的移民群体而言，能让他们在新的安置点“留得住、能就业”的问题就显得十分突出。移民搬迁到新的安置区后，但由于生活成本与原来居住地相比较自然会增加，迫切需要就业。目前册亨县易地扶贫搬迁移民的就业渠道主要有：一是就近就业，主要依托工业园区就业，如巧马木艺加工厂，从事加工生产。但是，巧马工业园区处于起步阶段，所需劳动力有限；二是到“锦绣坊”中从事刺绣业生产，但这主要是解决妇女就业问题，而且容量有限；三是选择一些新兴产业，从事就业。例如，册亨县岩架、双江等地的糯米蕉种植园中就业，但是对劳动者还需进行种植技术和管理的培训；四是通过“东西部劳务协作”，向发达地区组织劳务输送，2019 年册亨县与宁波市江北区联合组织贫困劳动力培训，按照全员培训标准目前已完成 13 期培训，已培训贫困户 518 人。培训后就业 405 人，就业率达 78.2%；五是在移民安置区附近从事个体经营；六是到旅游景点从事旅游服务业；七是外出务工；等等。总之，以岗定工、以工招岗单一，除木材加工、糯米蕉种植、“锦绣计划”外，缺乏更多岗位选择。就目前而言，册亨县许多移民安置点依托工业园区、农业园区进行安置。但是这些园区的就业岗位有限。原因在于这些工业园区、农业园区还在起步阶段，还没能真正发展起来。县内企业提供的岗位与新市民期盼有一定差距，导致部分新市民外出务工就业。

（三）盘活搬出地资源效果不够理想

专业技术人员少，县级融资平台公司偿债能力弱，需要盘活资源量大，加之迁出地村寨地处边远，交通不便，土地利用率低，导致搬出地资源盘活效果不够理想。移民点移民原住地的房屋基本都没有拆除，部分移民在原住地和移民点两地跑，原所住房屋继续使用，其他不再回去的移民的房屋则处于自生自灭的状态。原住地的耕地也没有得到有效流转。因此移民搬迁的生态恢复的目标不能很好地实现。扶贫生态移民是个系统工程，既要把移民搬出来，也要对移民原住地的耕田、林地等做好适当安排，以发挥移民工程的综合效益。这些后续动作不能完成的原因在于以下几个方面，一是移民很重视自己的土地权益，如果一定要拆除房屋会增加搬迁难度。二是部分原住地地处偏远，宅基地等建设用地市场价值不高而城乡建设用地增减挂钩制度没有很好实施，地方政府没有动力去推动这项工作。

四、对策建议

册亨县将继续严格按照州委、州政府部署要求，把易地扶贫搬迁作为脱贫攻坚的重中之重、头号工程，以最严标准、最严要求、最严纪律，尽锐出战，奋力冲刺，抓紧建好项目，抓紧搬迁入住，抓紧管理服务，全力推进易地扶贫搬迁新市民计划“百日大会战”，如期保质保量完成任务。

（一）抓紧建好项目

在保证质量和安全的前提下，加强施工力量，加快工程进度，倒排工期、争分夺秒、大干快上，全力加快项目安置点安置房和配套设施建设，确保县内 8 个安置点安置房 2019 年 4 月底前全部达到入住条件。全面加快推进 2018 年项目建设，2019 年 3 月底前完成人房对接工作，2019 年 6 月底前完成 2018 年度 61448 人搬迁入住目标；持续巩固 2016 年、2017 年两年度项目真搬实住，实现全县 87540 人的搬迁目标任务。严格执行《中共册亨县委册亨县人民政府〈关于副县级以上领导干部“定点包干”易地扶贫搬迁工作的实施方案〉的通知》（册党发〔2017〕29 号）文件精神，继续实施县委、县政府主要领导“定点”包保、副县级以上领导干部“联动”包保、乡镇（街道）主要领导或项目负责人“标段”包保的“三包”机制，以安置点、标段、楼栋为单元目标，细化方案，倒排工期，全力推进工程建设各个环节、细节工作。一是抓好高洛新区安置点建设。2019 年 3 月底前完成 6619 套安置房建设并达到搬迁入住条件，同步完成供水、供电、通信、排污等配套基础设施。2019 年 6 月底前完善安置点路网、绿化、亮化等基础配套设施建设。二是抓好纳福新区安置点建设。2019 年 3 月底前完成福水安置区、百口安置区 336 套安置房建设并达到搬迁入住条件，同步完成供水、供电、通信、排污等配套基础设施。2019 年 4 月底前完成百福安置区、百锦安置区 357 套安置房建设并达到搬迁入住条件，2019 年 5 月底前完成 561 套安置房建设并达到搬迁入住条件，同步完成供水、供电、通信、排污等配套基础设施。2019 年 6 月底前完善安置点路网、绿化、亮化等基础配套设施建设。三是抓好冗渡安置点建设。2019 年 3 月底前完成 770 套安置房建设并达到搬迁入住条件，同步完成供水、供电、通信、排污等配套基础设施。2019 年 4 月底前完成 1489 套安置房建设并达到搬迁入住条件，同步完成供水、供电、通信、排污等配套基础设施。2019 年 6 月底前完善安置点路网、绿化、亮化等基础配套设施建设。四是抓好巧马安置点建设。2019 年 3 月底前完成 337 套安置房建设并达到搬迁入住条件，同步完成供水、供电、通信、排污等配套基础设施。2019 年 6 月底前完善安置点路网、绿化、亮化等基础配套设施建设。五是抓好坡妹安置点建设。2019 年 3 月底前完成 490 套安置房建设并达到搬迁入住条件，同步完成供水、供电、通信、排污等配套基础设施。2019 年 4 月底前完成 856 套安置房建设并达到搬迁入住条件，同步完成供水、供电、通信、排污等配套基础设施。2019 年 5 月底前完成 561 套安置房建设并达到搬迁入住条件，同步完成供水、供电、通信、排污等配套基础设施。2019 年 6 月底前完善安置点路网、绿化、亮化等基础配套设施建设。六是抓好双江镇安置点建设。2019 年 3 月底前完成 114 套安置房建设并达到搬迁入住条件，同步完成供水、供电、通信、排污等配套基础设施。2019 年 6 月底前完善安置点路网、绿化、亮化等基础配套设施建设。七是抓好秧坝镇安置点建设。2019 年 3 月底前完成 821 套安置房建设并达到搬迁入住条件，同步完成供水、供电、通信、排污等配套基础设施。2019 年 6 月底前完善安置点路网、绿化、亮化等基础配套设施建设。

（二）抓紧搬迁入住

动员所有力量，统筹抓好搬迁动员、人房对接、分房选房、搬迁入住等工作，确保 4 月上旬前完成人房对接，6 月底前全部搬迁入住。一是抓好高洛新区安置点移民搬迁入住工作。2019 年 3 月底前完成 6619 套安置房建设并达到搬迁入住条件，完成 7493 户 31491 人的分房选房工作。二是抓好纳福新区安置点移民搬迁入住工作。2019年3月底前完成336套安置房建设并达到搬迁入住条件，完成632户3253人的分房选房工作。2019年4月底前完成百福安置区、百锦安置区357套安置房建设并达到搬迁入住条件。三是抓好冗渡安置点移民搬迁入住工作。2019年3月底前完成770套安置房建设并达到搬迁入住条件，完成2273户10002人的分房选房工作。2019年4月底前完成1489套安置房建设并达到搬迁入住条件。四是抓好巧马安置点移民搬迁入住工作。2019年3月底前完成337套安置房建设并达到搬迁入住条件，完成335户1292人的分房选房工作。五是抓好坡妹安置点移民搬迁入住工作。2019年3月底前完成490套安置房建设并达到搬迁入住条件，完成1779户8000人的分房选房工作。2019年4月底前完成856套安置房建设并达到搬迁入住条件。2019年5月底前完成561套安置房建设并达到搬迁入住条件。六是抓好双江镇安置点移民搬迁入住工作。2019年3月底前完成114套安置房建设并达到搬迁入住条件，完成114户552人的分房选房工作。七是抓好秧坝镇安置点移民搬迁入住工作。2019年3月底前完成821套安置房建设并达到搬迁入住条件，完成806户3357人的分房选房工作。

（三）抓好就业创业工作

围绕已搬迁新市民有劳动力家庭实现一人就业目标，大力实施全员培训，完善搬迁农户就业培训和就业服务体系，用好用足各种优惠政策，确保实现充分就业。一是建好就业台账。以安置点、安置小区为单位，针对已搬迁入住新市民，2019年3月底前完成春节后实际就业情况和未实现就业家庭人口就业岗位、工种需求等调查工作，建好台账。二是摸清岗位底数。按“以岗定工，以工招岗”的原则，2019年3月底前完成对县内各类企业、餐饮业、超市、修理等行业，能提供就业岗位、月薪等情况的调查，根据就业岗位需求，积极引导入岗就业。三是实施全员培训。以“万名绣娘培训计划”为依托，围绕“锦绣计划”、香蕉产业、林业加工、物业管理、家政服务、制造业、建筑业、服务业、旅游业、手工业、电子商务、现代高效农业等载体对新市民进行分门别类后有针对性地培训，完成年度培训目标任务的50%以上。四是实现充分就业。抓住东西部协助机遇，加快组织劳务输出，2019年6月底前组织三批次以上新市民劳务输出宁波；依托巧马工业园，岩架、高洛香蕉大数据产业园，万重山旅游综合体等开发就业岗位，引导新市民就近就业；积极向上争取“五员脱贫”（护林员、护路员、保洁员、护水员、综治网格员）及公益性岗位指标，最大限度地解决新市民稳定就业，确保有劳动力家庭一人以上稳定就业；整合东西部协作、微型企业、创业补助、返乡农民工创业示范带动、妇女创业贴息贷款、“3个15万元”等政策资源形成就业创业“政策供给池”，积极鼓励和引导新市民自主就业创业。

（四）抓紧盘活搬出地土地资源

以盘活“三块地”，切实保障搬迁群众合法权益为核心，围绕迁出地承包地、山林地、宅基地等资源，统筹和整合各种优惠政策，推进各项资源盘活力度，完善利益联结机制，拓宽增收渠道，确保搬迁群众生活有改善、收入有增加、发展有前景。一是加快推进旧房拆除复垦复绿。2019年3月底前，依据黔迁指发〔2017〕5号文件精神，完成2017年度项目应拆除和可不拆除旧房搬迁户，并建好台账；严格标准和要求，稳步推进2017年度项目旧房拆除复垦复绿工作，力争完成省、州下达的工作目标。二是开展资源调查。2019年3月底前，各乡镇（街道）对搬迁对象原承包地（县农业农村局负责）、山林地（县林业局负责）、宅基地（县自然资源局负责）及可开发利用的土地资源等情况，开展全面调查，摸清全县搬迁户资源底数，分门别类建立台账。三是加大资源开发力度。推进搬迁农户“三块地”资源有效盘活，增加搬迁农户搬迁后的资产收入，切实有效解决搬迁群众的后顾之忧。2019年6月底前完成符合享受国家储备林建设政策搬迁户的调查工作，做好试点乡镇储备林资金兑现，力争全覆盖。积极引导搬迁户加大承包地、可利用土地的开发，对符合条件的进行退耕还林或植树造林，优先享受政策规定的退耕还林或植树造林补助。对有流转价值的承包地、山林地，鼓励和引导搬迁户在自愿的前提下有序流转。四是大力培育安置点产业。充分利用安置点商业门面及闲置场地等资源，以

“万名绣娘培训计划”为依托，大力推进“锦绣计划”，培育开发安置点、安置小区内更多就业岗位，加快安置点产业培育和发展。2019 年 6 月底前，全县各安置点建成锦绣坊 1 个以上，并投入使用；通过招商引资方式，引进能提供 500 个岗位以上规模的劳动密集型企业入驻高洛新市民居住区，并投入运营。

（五）抓紧管理服务

以新市民计划纵深推进为目标，不断完善新市民居住区基层党建、基本公共服务保障体系、公共医疗卫生服务、社会保障服务、社会综合服务设施建设、文化服务体系、社区治理体系。一是完善基层党建体系。根据新居住区人口规模，按照党总支+党支部+楼宇党小组的网格模式成立新市民居住区党组织，履行好“三员、三带、三清”工作职责，按照法定程序成立社区管理委员会。坚持党建引领，推进党组织、政权组织、经济组织、自治组织、群团组织、社会组织“六个”同步建设。由迁入地党委与迁出地建立联合指挥制度，定期召开联席会议，协调解决问题，将党的组织管理体系延伸到楼，覆盖到户。①保障群众基本权益。2019 年 6 月底前完成搬迁群众户籍迁移手续或新市民居住证办理。②完善公共教育服务。抓好配套学校建设。2019 年 3 月底前完成冗渡第二幼儿园、坡妹小学改扩建建成投用；2019 年 6 月底前完成百口新市民居住区幼儿园，高洛新区第一、第二、第三幼儿园，高洛小学改扩建，巧马第二幼儿园，冗渡第一幼儿园，冗渡第一小学，秧坝第二幼儿园，坡妹第二幼儿园建成投用。抓好师资力量调配。2019 年 3 月底前按标准完成冗渡第二幼儿园教师招聘调配工作并到位开展教学工作，其他学校的教师招聘调配工作 6 月底前完成。③完善公共医疗卫生服务。2019 年 4 月底前完成高洛 4 个卫生服务中心、纳福卫生服务中心建设，其他乡镇安置点同步完成卫生服务中心建设；2019 年 6 月底前按照公共卫生医务人员“1+3”服务体系配齐配强医务人员，按规定开展相关服务工作。④完善社会保障服务。完成百口乡整乡搬迁对象农村低保 100%转为城市低保，按政策规定启动其他安置点农低保转城低保工作，全面启动新市民养老保险制度。⑤完善社会综合服务设施建设。抓好综合服务场所建设。整合各方资源集中打造便民利民“六个一”服务中心（一个社区综合服务中心、一个新时代文明实践中心、一个文体活动中心、一个老年服务中心、一个儿童活动中心、一个平价购物中心）和“四个一”公共服务站（一个培训就业服务站、一个医疗服务站、一个社会保障服务站、一个就学服务站）。落实服务人员，在百口新市民居住区服务中心、新锦新市民居住区、亨达新市民居住区服务中心及高洛安置点新市民居住区9个服务中心，分别配备1名副科级干部主持工作，配备5—13名工作人员，各中心集镇安置点由所在乡镇根据工作需要自行配备；组建服务队，及时解决搬迁入住群众反映的房屋、供水、供电、就业、就医、就学等各方面的突出问题。二是完善文化服务体系。①保障文化服务。实施“九个一”工程，丰富新市民文化生活，推动新市民思想观念、行为习惯转变。结合中华传统节日、重要节假日、少数民族特色节日等节庆活动，开展贴近生活、群众喜爱的各种文体活动，增强新市民拥有感、归属感和认同感。②开展感恩教育。用好新时代文明实践中心、道德讲堂、移民夜校，在新居住区开展以“牢记嘱托，感恩奋进”为主题的宣讲活动。支持易地扶贫搬迁题材文艺创作生产，讲好易地扶贫搬迁故事。通过张贴新旧住房对比照片，乡愁馆展示迁出地、迁入地生产生活变化等方式，教育引导新市民感恩党、听党话、跟党走。三是完善社区治理体系。2019年6月底前完成高洛、纳福派出所建设，其他中心集镇安置点完成警务室、综治中心建设。2019年6月底前完成新锦、亨达、百口、高洛新区及其他乡镇安置点消防站建设（高洛安置点4个，其他安置点各1个），同步配齐警务力量和消防人员，强化人防物防技防力量，明确楼长、单元长等社会治理人员，配备法律顾问等。2019年6月底前完成百口安置区智慧小区建设，其他安置点实现雪亮工程全覆盖。

总之，要顺利完成2019年册亨县易地扶贫搬迁工作，决战脱贫攻坚，为2020年决胜脱贫取得最后胜利夯实基础，全县必须做到提高政治站位，切实增强“四个意识”，牢固树立“四个自信”，坚决做到“两个维护”，始终在思想上行动上同以习近平同志为核心的党中央保持高度一致。做到压紧压实责任，细化工作措施，明确具体责任，全力推动工作落细落小落实。做到统筹协调调度。会战领导小组统筹全县会战工作，从2019年3月1日起，对“百日大会战”各项工作推进情况进行调度及不定期督查。做到科学考核成效。县委、县政府将各乡镇（街道）及县直各部门会战的工作落实、工作成效纳入2019年度目标绩效考核。做到强化追责问责。对脱贫工作中工作落实不力、弄虚作假，未按时间节点要求完成工作任务的，县委、县政府对单位主要领导及班子进行约谈，影响全县整体工作进度或造成不良影响的，将按照相关规定严肃追究责任。

参考文献

[1] 邓启鹏．在县委十二届六次会议结束时的总结讲话．2019-01-15.

[2] 张茂．2018年册亨县人民政府工作报告．2019-02-26.

[3] 关于加强领导压实“包保”责任决战决胜易地扶贫搬迁工作的决定（册党办发〔2019〕10号）．

[4] 册亨县2019年易地扶贫搬迁新市民计划百日大会战方案（册党办发〔2019〕15号）．

[5] 册亨县干部回乡助力脱贫攻坚行动方案（册党办发〔2019〕16号）．

B.5　贵州册亨县养老服务业发展报告

陈玲玲[①]

摘要： 人口老龄化对养老服务业的发展提出了严峻挑战。报告首先分析了养老服务的种类和养老服务市场，并对册亨县老年人口结构、分布和老龄化发展现状进行了分析，全面总结了册亨县推进养老服务业发展的主要做法，分析了册亨县养老服务业面临的机遇和挑战，提炼了国内外在推进养老服务业发展方面的经验做法，最后结合册亨县实际，提出了进一步推进养老服务业发展的对策建议。

关键词： 养老服务　居家养老　社区养老　机构养老

人口老龄化已成为当今社会的一个显著特征，选择适宜的养老方式，是应对老龄化危机的根本出路。因此，养老问题已成为当前各级政府十分关注的重大民生问题之一。党的十九大报告指出，必须始终把人民利益摆在至高无上的地位，让改革发展成果更多更公平惠及全体人民……构建养老、孝老、敬老政策体系和社会环境，推进医养结合，加快老龄事业和产业发展。近年来，册亨县深入贯彻中央、省、州文件精神，高度重视养老服务业的发展，把加快推进社会养老服务体系建设作为保障改善民生和优化经济结构的重要举措，摆上重要日程，养老服务业加快发展，产业规模不断扩大，服务体系逐步完善。随着人口老龄化程度不断加深和人民生活水平持续提高，老年群体多层次、多样化的服务需求持续增长，这对提高养老服务供给质量和效率提出了新的更高的要求，也为册亨县进一步推动

① 陈玲玲，贵州省社会科学院社会研究所助理研究员。

养老服务业发展提供了改革动力和发展契机。

一、养老服务种类和服务市场分析

（一）养老服务种类

我国的养老服务种类主要有公办民营模式、互助养老模式、老年社区、异地养老、社区老年公寓、新型老年公寓、护理学院经营老人公寓、中国香港的老年照护体系八种类型。

一是公办民营模式，是指政府出资兴办养老机构，然后由社会团体或个人经营，政府只起监督作用。二是互助养老模式，是指政府支持多方参与民间操作，在老人家中和社区两个层面建立互助养老点和互助养老中心，形成以老人为基础的家庭式互助养老和以社区养老设施为依托的社区式互助养老，由政府购买娱乐设施和补贴水电费，有效整合了政府社会和家庭资源，这是政府大力倡导的符合我国国情的主流养老方式。三是老年社区，是指通过对老年生活社区的整体开发而较全面地解决养老问题，是居家养老和机构养老完美结合的一种新型养老模式，如上海的亲和源老年公寓。四是异地养老，包括互动式异地养老、度假养老、回原籍养老，这是经济发展到一定阶段的产物。最近，广西、海南、山东、福建、广东等全国九大养老机构在嘉兴签订了“全国异地养生养老联盟协议”。根据联盟协议，老年人离开现有住宅养老中心，像候鸟一样迁移式养老，包括旅游养老、度假养老、回原籍养老等，一般设计最短 30 天、最长 2 个月的互动计划。这是一种南飞过冬、北漂避暑的“休闲养老、快乐养老、健康养老、精彩养老”的候鸟式多元化养老。五是社区老年公寓，是指在社区医院附近建立老年公寓，将社区医院和老年公寓有机结合起来，优势互补，还具有以家庭为中心的老年护理模式的优势。六是新型老年公寓，分为养老区、康复区、特护区、托老所、休闲养老区，满足不同状况的养老需要。公寓内娱乐、健身、阅读、配餐等设施一律对外开放，组建面向社会的老年休闲俱乐部，广泛吸纳会员。七是护理学院经营老人公寓，是指以护理为主的医院管理服务，具有更多的专业知识和经验，更了解老人的需要。八是中国香港的老年照护体系，是指由医院老年专科、老年日间中心、老年人服务社区、安老院和宁养中心五部分组成。

（二）养老服务市场分析

老年人因经济收入、文化程度、身体状况、居住方式、亲属关系等方面的不同，对养老服务的需求也是不同的，当前养老服务需求呈现出多层次、多样化的特点，养老服务必须适应这些特点，才能达到“人人享受养老服务”的目的，真正使每个人都能享受到改革发展的成果，提高社会的整体幸福感。根据老年群体对养老服务市场的需求，可以将养老服务整体市场依据不同服务产品所带来的不同用途，划分为健康护理方面的服务、日常生活照料的服务、社会交往和社会参与的服务、维护老年人合法权益的服务、老年财富管理方面的服务五个需求。

一是健康护理方面的服务。包括定期体检、家庭病床、紧急救护车和康养医疗等。一方面，随着人口老龄化程度的加深，老年人对健康服务的需求将会持续增加；另一方面，慢性病在老年人群体中较为普遍，因此，在社会政策提供的健康服务中，对慢性病的预防、管理和健康知识普及教育等显得非常必要和紧迫。二是日常生活照料的服务。针对失能半失能老人，生活不能自理，需要有人或相应的机构或组织为他们提供长期的、不间断的日常照料，包括家庭饭桌、做家务、代购物品、帮助出行、协助联系老年人的亲属等，还包括由老年人或老年人的家庭成员为老年人购买所需的服务，如钟点工、家庭保姆等。三是社会交往和社会参与的服务。老年人的心理问题已经成为一个非常严重的社会问题，由于丧偶、离异、失独、婆媳关系恶劣等原因，导致老年群体中孤独和抑郁的比例较高，特别是在农村非正常死亡的比例较高。由于家庭规模小型化，传统的家庭养老功能逐步弱化，成年子女与父母之间进行有效沟通的时间很少，使得老年人的心理问题得不到足够的重视。同时，老年人自身体能和身体各项机能随着年龄增大下降明显，加之配偶和朋友的逐渐离世，都潜在地加剧了老年人的心理问题。在这种情况下，就需要全社会对老年人的心理问题给予足够的重视和关怀，想方设法地为他们提供交流的平台和服务，最大限度地缓解他们的不良心理情绪，帮助他们走出心理困境，满足老年群体渴望沟通交流、参与社会、融入社会的需求。四是维护老年人合法权益的服务。老年群体是社会的特殊群体，本应受到更多的关爱和照顾，但社会上老年人的合法权益受到侵害的现象却时有发生，因此，维护老年人的合法权益的服务也是养老服务产业的重要内容之一。五是老年财富管理方面的服务，随着老年人积蓄的增多，提升老年人对金融产品的需求。不少老年人开始关注金融理财热点，同时也慢慢选择加入金融活动中。

二、册亨县老年人口现状分析

按照联合国标准，如果一个社会中 60 周岁及以上人口比例超过 10%，或者 65 周岁及以上人口比例超过 7%，就可以认为已经进入老龄化社会。

2013—2018 年，册亨县常住人口从 23. 71 万增加到 24. 24 万，年均增长率为 0. 45%，其中 60 周岁及以上人口数量从 2. 763 万增加到 2. 8334 万。2018 年 60 周岁及以上人口数量比 2017 年增加了 160 人，同比增长 0. 57%。60 周岁及以上人口占总人口的比重从 11. 65%增加到 11. 67%，见表 1。2013—2018 年 60 周岁及以上老年人口年均增长率为 0. 5%，超过总人口年均增长率 0. 05 个百分点。65 周岁及以上人口为 19458 人，占总人口的比重为 8. 02%，比 2017 年增加 145 人。可见，册亨县已经进入了老龄化社会，老年人口比重呈上升趋势。

从历史看，无论是贵州省还是册亨县，人口老龄化程度均低于全国的平均水平，但都呈现出逐步接近的趋势。2000 年以前，贵州老年人口占总人口的比例低于 9. 09%，尚未进入老龄化阶段，而此时，全国已经进入了老龄化阶段。从已经掌握的数据来看，2003 年，册亨县 60 周岁及以上老年人口占总人口的比例就已经达到 11. 63%，直至 2018 年的 16 年时间，老年人口占人口比例最高的年份为 2017 年和 2018 年，均为 11. 67%，最低的年份为 2007 年和 2008 年，均为 11. 62%，年均增长率仅为 0. 03%。可以推测，册亨县较贵州省提前进入老龄化社会，但老龄化速度低于贵州老龄化速度，老龄化呈缓慢加深的状态。

表 1　册亨县 2013—2018 年老年人口规模变动情况

年份	总人口（万）	60 周岁及以上人口（万）	占总人口比重（%）
2013	23.71	2.7630	11.65
2014	23.82	2.7765	11.66
2015	23.93	2.79	11.66
2016	24.06	2.8035	11.65
2017	24.15	2.8174	11.67
2018	24.26	2.8334	11.67

资料来源：册亨县民政局、册亨县卫健局。

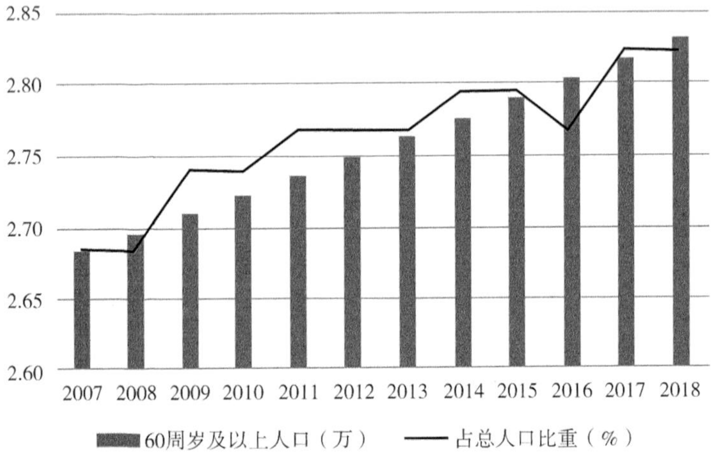

图 1　册亨县 2007—2018 年 60 周岁及以上人口数及占比情况

老年人口在城乡分布上存在较大差异。总体来看，农村人口老龄化程度快于城镇，农村老年人口比例远远大于城镇。按老年人口户籍所在地来划分，2018 年册亨县共有城镇老年人口 0.85 万，比 2017 年多了 0.66 万，占全部老年人口的 30%，比 2017 年上升了 23.25 个百分点，占总人口的 3.50%，比 2017 年上升 2.72 个百分点；共有农村老年人口 1.9834 万，比 2017 年减少约 0.62 万，占全部老年人口的比重为 70%，比 2017 年下降了 23.25 个百分点，占总人口的 8.18%，比 2017 年下降了 2.59 个百分点。2018 年农村老年人口比例大幅缩减，城镇老年人口比例大幅上升，这与政

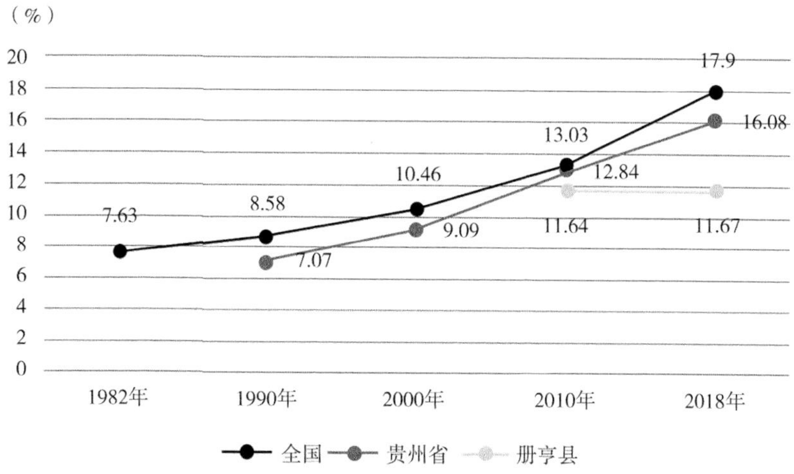

图2　全国、贵州省和册亨县60周岁以上老年人口比例

策调控有关，2018年册亨县新市民计划深入推进，易地扶贫搬迁工作有序开展，使得一部分农村老年人实现了身份的转变，从农村户籍转变为城镇户籍，从而使农村老年人口比例下降而城镇老年人口比例上升的现象，但农村老年人口依然远远高于城镇老年人口。

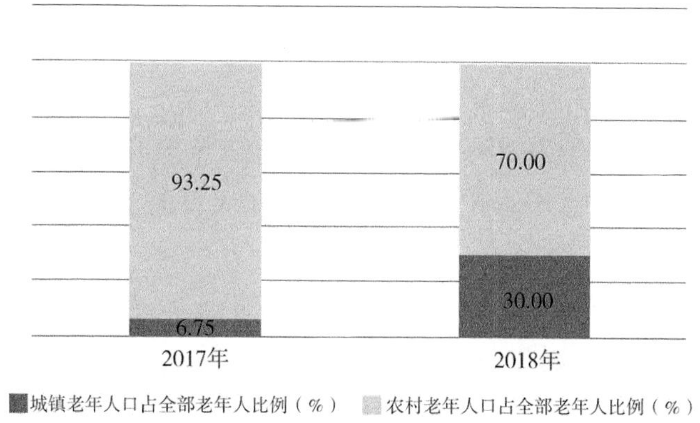

图3　册亨县2017年、2018年城镇和农村老年人口占比情况

从老年人口内部年龄结构来看，若把年龄为60—69周岁的老年人称为低龄老年人，70—79周岁的老年人称为中龄老年人，80周岁及以上的老年人称为高龄老年人，2018年册亨县共有低龄老年人口15976人，占全部老年人口的比例超过50%，达到56.38%，比2017年提高了2.82个百分点；中龄老年人口 9384 人，占全部老年人口的比例为 33.12%，占全部老年人口的近 1/3，比 2017 年下降了 1.96 个百分点；高龄老年人口 2974 人，占全部老年人口的比例为 10.50%，比 2017 年下降了 1.16 个百分点，如图 4所示。低、中、高龄老年人口比例的变动从另一个层面印证了册亨县老龄化程度加深的趋势。

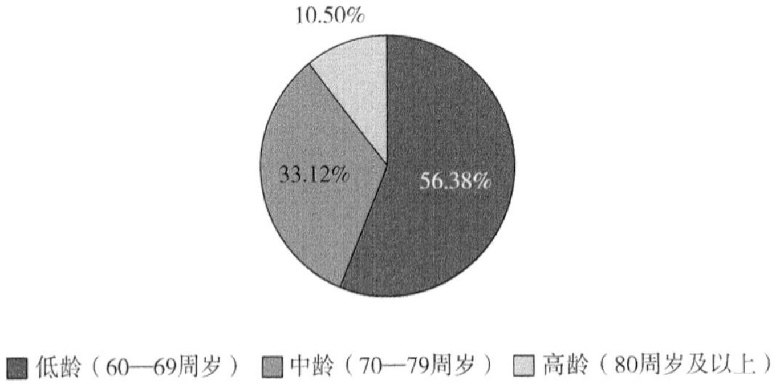

图 4　册亨县 2018 年三大年龄段老年人口占比

更进一步地，对不同年龄段的老年人口进行细分。2018 年，册亨县 60—64 周岁老年人口为 8876 人，占全部老年人口的 31.32%，比 2017 年下降了 0.08 个百分点；65—69 周岁老年人口为 7100 人，占全部老年人口的 25.05%，比 2017 年上升了 2.55 个百分点；70—74 周岁老年人口为 5580 人，占全部老年人口的 19.73%，比 2017 年上升了 0.58 个百分点；75—79 周岁老年人口为 3804 人，占全部老年人口的 13.42%，比 2017 年下降了 1.58 个百分点；80—89 周岁老年人口为 2379 人，占全部老年人口的 8.38%，比 2017 年下降了 2.21 个百分点；90—99 周岁老年人口为 78 人，占全部老年人口的 2.03%，比 2017 年上升了 0.61 个百分点；100 周岁及以上老年人口为 17 人，比 2017 年多 3 人，占全部老年人口的 0.06%，比 2017 年上升了 0.02 个百分点。可见，老年人口数量与年龄成反比，年龄越大，老年人口数量越少。

表 2　册亨县 2018 年不同年龄段老年人口数量分布情况

年龄段		人口数量	该年龄段老年人口数量占全部老年人口比重（%）	占比与 2017 年相比
低龄（60—69 周岁）	60—64 周岁	8876	31.32	-0.08
	65—69 周岁	7100	25.05	2.55
中龄（70—79 周岁）	70—74 周岁	5580	19.73	0.58
	75—79 周岁	3804	13.42	-1.58
高龄（80 周岁及以上）	80—89 周岁	2379	8.39	-2.21
	90—99 周岁	78	2.03	0.61
	100 周岁及以上	17	0.06	0.02

资料来源：册亨县民政局、册亨县卫健局。

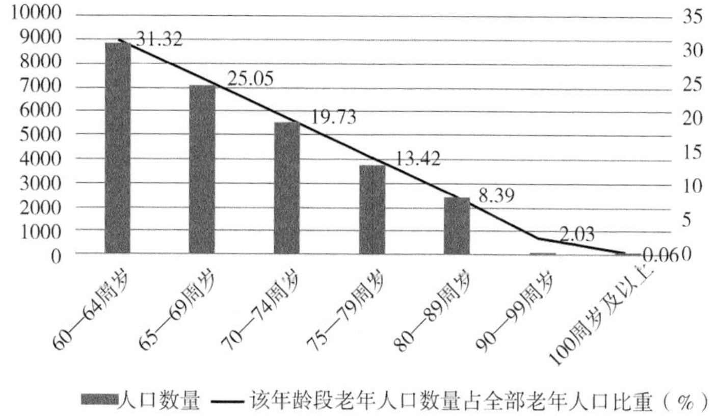

图 5　册亨县 2018 年不同年龄段老年人口分布及占比

从老年人的健康状况、养老模式、医疗保障等方面来看。根据 2018 年初对黔西南布依族苗族自治州 60 周岁及以上老年人的抽样调研结果显示，在被调查的 2037 名老年人中，能自己吃饭、穿衣、上下床、上厕所、室内走动、洗澡的健康老年人 1954 人，占老年人口的 94.53%；做不到上述 1—4 项的半失能老年人 74 人，占老年人口的 3.58%；1—6 项都做不到的失能老年人 39 人，占老年人口的 1.89%。选择机构养老和社区养老的 3 人，占老年人口的 0.15%；居家养老的 2064 人，占老年人口的 99.85%。

参加医疗保险的 1940 人，占老年人口的 93.9%。与家庭医生签约的 1678 人，占老年人口的 81.2%。65 岁以上老年人获得基层医疗卫生机构提供的一次性免费健康管理服务的 1038 人，占老年人口的 50.2%。虽然调查范围是黔西南布依族苗族自治州，但依然可以一定程度地推测册亨县老年人的健康状况、养老模式、医疗保障情况。

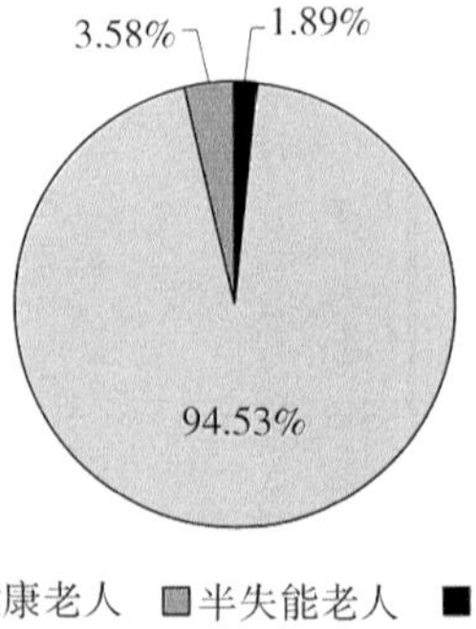

图 6　黔西南州健康、半失能及失能老人占老年人口的比重

三、册亨县推进养老服务业发展的主要做法

（一）建立健全养老服务政策体系

册亨县高度重视养老服务业发展，坚定不移贯彻落实国家、贵州省和黔西南布依族苗族自治州有关养老服务业发展的政策安排，把老龄事业发展纳入全县国民经济和社会发展规划，制订册亨县老龄事业发展“十三五”规划，同时把养老服务事业发展纳入册亨县民政事业发展“十三五”规划，明确提出建立健全社会养老服务体系，“十三五”时期将全面建成以居家为基础、社区为依托、机构为补充，功能完善、规模适度、覆盖城乡的养老服务体系。到 2020 年，全县社会养老床位数达到每千名老年人 35 张，其中护理型床位达 30%以上，服务能力大幅提升。制定《册亨县养老服务业发展实施意见》，强化政策与资金支持，明确养老产业的组织体制以及老年消费市场的培育和发展、服务体系建设、对民办养老服务机构扶持等办法。

（二）加强养老服务的基础设施建设

2018年6月，册亨县建成运营农村互助幸福园42个，床位168张。2018年全年主要完成丫他、坡妹、弼佑、双江敬老院，纳福、者楼日间照料中心及巧马镇纳贤村、者楼街道办者楼村、双江镇顶肖村和秧坝镇宜哨村4个农村幸福院的建设任务，农村幸福院配备电器、炊具、健身器材、娱乐器材、就餐桌椅，满足老年人的养老需求。同时，积极探索“公建民营”“医养结合”养老产业，成立册亨县源泉养护中心，采取试运营的方式，开展居家养老服务，目前设有床位10张，收养老人6人；成功引进湖南省海福祥健康养老产业有限公司对册亨县老年福利服务中心老年养护楼采取医养结合的模式向社会开放试运营，共设养老床位200张、医护床位60张，册亨县老年福利中心海福祥养老护理院为省级示范单位。

（三）鼓励社会资本投资健康养老工程

册亨县鼓励社会资本投资健康养老工程，通过招商引资，鼓励和引导社会资本通过独资、合资、合作、参股、租赁等途径，采取政府和社会资本合作（PPP）等方式，参与医疗、养老、体育健身设施建设和公立机构改革。将符合条件的培训疗养机构转变为养老机构。进一步放宽市场准入，凡是法律法规没有明令禁入的领域都要向社会资本开放并不断扩大开放领域，引进符合条件的企业落户册亨。成功引进黔西南布依族苗族自治州金谷子养生养老投资管理有限公司、贵州抱一建筑装饰有限公司、云南黔贵旅游发展有限公司等5家企业，对册亨县冗渡镇大寨村、坡鼐古寨、丫他板万古寨、岩架镇布依水乡渔港小镇及健康养老服务基地进行开发。

（四）加快健康养老项目建设

近年来，册亨县依托良好的生态环境和山清水秀、宜人宜居的气候条件，积极打造健康养老基地。健康养老服务基地和养老公寓总投资达2.7亿元，内设1200张床位，其中健康养老服务基地建设位于册亨县纳福街道，总投资14000万元，总建筑面积35000平方米，内设700张床位及养老设备设施；册亨县养老公寓建设位于册亨县岩架镇，总投资13000万元，总建筑面积25000平方米，内设500张床位；册亨县健康养老服务基地和册亨县养老公寓已完成基础工程，正在进入主体工程建设。冗渡镇大寨村、坡鼐古寨、丫他板万古寨、岩架镇布依水乡渔港小镇总投资1800万元，其中冗渡镇大寨村位于册亨县冗渡镇大寨村，总投资1500万元，占地总面积15570平方米；丫他板万古寨位于册亨县丫他镇板万村，总投资130万元，内设老年健康步行道、老年健康活动场所等配套设施。冗渡镇大寨村、坡鼐古寨、丫他板万古寨、岩架镇布依水乡渔港小镇已全部投入使用。

（五）妥善做好老龄事业发展相关工作

册亨县高度重视高龄老年人的基本生活问题，持续做好80周岁以上老年人高龄生活补贴发放工作。2018年共发放80周岁以上老年人高龄津贴202.74万元，覆盖2974位老人，平均每位高龄老人可以得到682元补助。其中80—89周岁的老年人共有2599人，发放金额155.94万元；90—99周岁的老年人共有360人，发放金额43.2万元；百岁老人共15人，发放金额3.6万元。具体发放情况见表3。

表3　册亨县2018年度80周岁以上老年人发放高龄津贴情况

乡（镇、街道）	发放人数（人）			发放资金（元）
	80—89岁	90—99岁	100岁及以上	
坡妹镇	745	86	3	557400
弼佑镇	159	27	1	130200
八渡镇	97	8	1	70200
百口乡	60	8	0	45600
巧马镇	146	16	0	106800
双江镇	212	25	1	159600
者楼街道	170	24	3	138000
纳福街道	87	5	0	58200

续表

乡（镇、街道）	发放人数（人）			发放资金（元）
	80—89 岁	90—99 岁	100 岁及以上	
冗渡镇	455	79	4	377400
丫他镇	126	31	0	112800
岩架镇	182	26	1	142800
秧坝镇	160	25	1	128400
合计人数	2599	360	15	—
合计金额	1559400	432000	36000	2027400

（六）提质改造城乡养老机构

2018 年册亨县完成双江镇敬老院主体及内部装修工程，完成双江镇敬老院、坡妹镇敬老院提质改造和 5 个农村幸福院建设前期工作。2019 年，册亨县城乡养老机构提质改造总任务为 2 个，分别为双江镇敬老院和坡妹镇敬老院提质改造工程，总投资 400 万元。目前，工程进入实施电梯安装、设备设施购置和内部管理改造等工作，预计在 2019 年底之前完成提质改造工程。其中双江镇敬老院提质改造工程项目总投资 200 万元，建设面积 3600 平方米，主要建设内容有室内环境改造工程、电梯设备、食堂厨房设备、家具等。资金来源为 2019 年省级城乡养老机构建设补助金，不足部分由地方自筹解决。

（七）不断提高城乡养老保险、医疗保险参保率

参加医疗保险率逐步上升，与家庭医生签约率较高，大部分 65 岁以上老年人获得了每年一次的免费健康体检。城乡居民养老保险、医疗保险参保任务完成率分别为 101%、99. 67%。

四、册亨县养老服务业面临的机遇和挑战

（一）面临的机遇

1. 党和国家高度重视养老服务业发展

随着老龄化社会的到来，养老服务业越来越受到党中央的高度重视，我国养老服务业的发展经历了从市场主导到社会主导的过程。2000 年，民政部提出了“社会福利社会化”政策，养老服务的社会力量参与日益活跃起来。2006 年 2 月，国务院转发了 10 个部委《关于加强发展养老服务业的意见》，该意见中“养老服务业”作为一个专业术语被明确提出来，它是指为老年人提供生活照顾和护理服务、满足老年人基层生活需求的服务行业。2008 年 2 月，全国老龄办、国家发改委、民政部等 10 个部委联合下发《关于全面推进居家养老服务工作的意见》，提出“居家养老服务是政府和社会力量依托社区，为居家的老年人提供生活照料、家政服务、康复护理和精神慰藉等方面服务的一种服务形式”。2011 年，《中国老龄事业发展“十二五”规划》提出，要构建“以居家养老为基础、社区服务为依托、机构养老为支撑，资金保障与服务保障相匹配，基本服务与选择性服务相结合，形成‘政府主导、社会参与、全民关怀’的服务体系”。同年 12 月，国务院办公厅又印发了《社会养老服务体系建设规划（2011—2015 年）》（国办发〔2011〕60 号），通过规划先行，提出发挥市场在资源配置中的基础性作用，打破行业界限、开放社会养老服务市场，采取公建民营、民办公助、政府购买服务、补助贴息等多种模式，引导和支持社会力量兴办各种养老服务设施。

2012 年，民政部下发了《关于鼓励和引导民间资本进入养老服务领域的实施意见》，吸引社会资本参与养老产业发展。2013 年是我国养老事业迅速发展的一年，新修订的老年人权益保障法将积极应对人口老龄化上升为国家的长期战略；同年，国务院印发《关于加快发展养老服务业的若干意见》（国发〔2013〕35 号）。2014 年，养老相关政策进一步完善，一批政策文件已经开始落地实施。4 月，国土资源部办公厅关于印发《养老服

务设施用地指导意见》，民政部、全国老龄办等出台了《关于加强养老服务标准化工作的指导意见》，民政部等印发了《关于做好养老服务业综合改革试点工作的通知》，财政部等印发了《关于做好政府购买养老服务工作通知》，国家发改委等10部门联合发布了《关于加快推进健康与养老服务工程建设的通知》。2015年，党的十八届五中全会通过的“十三五”规划建议明确提出积极开展应对人口老龄化行动。2016年5月27日，中央政治局集体学习专题研究应对人口老龄化问题，习近平总书记作了重要讲话；10月11日，中央深改组审议通过了《关于全面放开养老服务市场提升养老服务质量的若干意见》。2017年，国务院印发了《“十三五”国家老龄事业发展和养老体系建设规划》（国发〔2017〕13号）。2018年，国务院办公厅印发了《关于促进“互联网+医疗健康”发展的意见》（国办发〔2018〕26号）。养老服务体系建设已经上升为党的最高决策和国家长期战略，体制优势成为推动养老服务建设的强大动力。为加快养老服务业发展，国家陆续出台了一批政策措施，为册亨县养老服务业发展提供了强有力的政策支持。

2. 贵州省委省政府、黔西南布依族苗族自治州委州政府高度重视养老服务业发展

中央的高度重视和相关政策文件的出台，推动了全国各地养老服务业的发展。截至2018年，全国31个省区市均已出台本地区加快发展养老服务业的实施意见、养老服务专项地方性法规，各地陆续出台居家社区养老补贴、信息化平台、购买服务等措施以及高龄老人津贴制度、生活困难老人养老补贴制度。贵州省委、省政府也高度重视养老服务业发展，将其列入重要议事日程和为民办实事内容进行安排部署。省政府先后印发《关于加快推进社会养老服务体系的意见》（黔府办发〔2011〕99号）、《关于加快发展养老服务业的实施意见》（黔府发〔2014〕17号）（以下简称《实施意见》）、《关于支持社会力量发展养老服务业的政策措施》（黔府办发〔2015〕5号）。其中《实施意见》明确提出将“建立社会养老服务体系”作为重要的改革任务，并实化细化改革目标、路径、时限和考核目标，确保到2020年取得决定性成果。2014年、2015年省政府工作报告均把加强养老服务体系建设列入“十件民生实事”进行安排部署。为加快全省经济社会创新、协调、绿色发展，省委、省政府将以大健康为目标的医药养生产业作为五大新兴产业之一，将健康养老产业作为大健康医药产业的重要内容，并制定了《贵州省大健康医药产业六项实施计划》，明确了工作目标、任务、保障措施和具体推进的项目。2017 年 1 月，贵州省民政厅联合贵州省发展和改革委员会共同印发了《贵州省“十三五”养老服务体系建设规划》，明确提出到 2020 年全面建成以居家为基础、社区为依托、机构为补充、医养相结合的多层次养老服务体系，不断满足老年人多样化、多层次的养老服务需求。

黔西南布依族苗族自治州先后制发了《关于切实加强养老服务工作的意见》和《关于进一步加快推进养老服务业发展的实施意见》，并推行普惠型养老示范，推出了“公建民营、民办公助，公司+农户，酒店转型”三种养老模式，以“居家为基础、社区为依托、机构为支撑”的养老服务体系得到健康发展，基本形成了州、县、乡、村四级养老服务体系。2017年，黔西南布依族苗族自治州民政局印发了《“十三五”养老服务体系建设规划》，主要围绕“把黔西南打造成为全省养老基地，全国关注的养老市场”这一目标，突出抓好三大板块“政府兜底保障型养老、社区居家养老、社会化中高端养老”，着力构建三大平台“养老服务产业投融资平台、养老服务业发展平台、‘互联网+智慧养老’综合信息服务管理平台”的要求，坚持兜底保障、多元参与、统筹兼顾及改革引领的原则进行编制。重点突出“加强城市养老公共服务基础设施建设、推进居家和社区养老服务体系建设、加大养老服务机构建设力度、打造全省养老服务基地和全国关注的养老服务市场、全面推进医养融合发展、积极推动养老服务人才队伍建设、繁荣养老服务消费市场”七项建设任务及“居家养老服务综合支援、失能失智老年人关爱、养老服务人才队伍建设”三大配套工程建设任务。规划明确提出到 2020 年，黔西南布依族苗族自治州将全面建成以居家为基础、社区为依托、机构为补充、医养相结合的“大健康养老服务基地、区域性敬老院、社区日间照料中心”为基本框架的养老服务体系。

3. 养老服务业存在巨大市场潜力尚待挖掘

养老服务体系涉及面宽、产业链长，涵盖了照护、医疗、休闲、文化、地产、金融等领域，随着经济发展、收入增加、家庭养老功能弱化、老年人口代际更替和养老观念转变，消费需求将逐步升级，带动相关产业发展。据预测，贵州省老年人口的消费潜力将从2014年的1000亿元增长到2050年的3万亿元，市场潜力巨大。按照国际通行标准，贵州省在2003年迈入老龄化社会，“十二五”时期进入老年人口增长高峰期。截至2015年底，贵州省60岁及以上人口534.01万，高于全国1.78个百分点；全省65岁及以上人口360.01万，高于全国1.28个百分点。黔西南布依族苗族自治州有60岁以上老年人口43.95万，占总人口的12.50%。面对人口老龄化的严峻挑战和日益增长的多样化养老需求，黔西南布依族苗族自治州近年来共投入资金3.9亿元，新建公办养老机构40个、民办养老机构14个、示范性社区日间照料中心12个、农村幸福院211个。目前，黔西南布依族苗族自治州共有养老机构513个，床位11344张，每千名老人拥有养老床位达到30张。随着人口老龄化程度的迅速提高，老年人的生活照料、医疗健康、精神文化等需求也日益凸显。同时，随着社会经济的快速发展，城乡人民经济条件的改善与生活水平的提高、健康意识的整体增强、生活方式的全面改进以及人口老龄化的不断加速，使人们对健康养老产品和服务的需求急剧增长，为养老服务业的发展提供了广阔的市场空间。

（二）面临的挑战

1. 养老服务业城乡发展不平衡

受经济社会发展水平、公共资源配置、地方政府重视程度不同等因素的影响，册亨县社会养老服务发展的整体水平明显落后于经济较为发达的地区。与城市相比，农村地区养老服务基础差、起步晚，主要靠农村敬老院支撑，无论是养老服务设施还是养老服务的供给均严重不足，而且功能不完善、服务项目少、质量效益低、可及性差。专业化为老服务中介组织发展滞后，市场化运作机制尚未形成。全县养老床位中农村敬老院床位比例大，护理型床位比例低，大多数养老机构设施设备落后，服务水平不高，导致养老机构一床难求和床位闲置现象并存，结构性矛盾突出。

2. 养老机构服务与养老需求之间还存在较大的差距

目前的养老机构普遍只具备基本的生活服务设施，缺乏医疗保健和康复护理、紧急救援等功能用房和无障碍设施。大部分社区养老服务场所面积小，服务功能单一，只能为老年人提供上门家政服务，专业化为老服务中介组织发展滞后，市场化运作机制尚未形成。养老服务内容形式单一，主要提供简单的食宿服务。与此同时，在有关强制性规划和政策要求下，养老床位、社区日间照料中心、居家养老服务等设施建设逐步达标，但是服务质量低、服务方式单一等问题依然比较突出。

3. 养老机构经营发展困难

尤其是大部分民办养老机构是租赁房屋经营，主要依靠收取入住老人服务费用维持日常运营，租期短、装修改造和维护费用高，随着租赁费用和人工成本逐年递增，盈利能力下降，运营发展比较困难。据有关方面调研，48.1%的养老机构的运营状况为基本持平，32.5%的养老机构处于亏损状态，有盈利的仅占 19.4%。另外，养老服务机构的服务对象大多是失能半失能的高龄老人，极易发生老人走失、意外受伤等情况，养老机构的经营风险大。

4. 养老机构服务队伍专业化程度不高

由于劳动时间长、劳动强度大导致护理人员长期处于超负荷工作状态，而待遇又低，工作没有上升空间，养老机构护理员队伍很不稳定，甚至难以招到护理员。从收入来讲，多数民办养老机构护理员的收入都在每月 2000 元左右。从整个护理员队伍看，收入低、年龄大、文化程度低、培训少、劳动强度大、留人难，是一个共同现象。为了留住学历高、护理能力强的高素质护理员，就必须提高待遇，而这又不可避免地带来入住费用的增加。一些民办养老机构因为收费低，难以承受更高的人工成本，更没有能力招收医疗、康复、心理等高素质的专业技术人才。现有养老护理员人数少，养老机构中的医生、护士、营养师、康复师、心理咨询师、社会工作师等专业人才缺乏，无力开展康复护理、医疗保健、精神慰藉等多样化个性服务，行业发展后劲不足。

五、国内外养老服务业发展的经验启示

（一）重视养老服务专项建设规划的制订，并确保规划落地

江苏省无锡市在2009年出台了《无锡市养老服务设施布局规划（2009—2020年）》，首次明确了全市“9064”养老服务格局。为了加大推进规划的落实力度，规划又细分为近期（2009—2015年）规划和远期（2016—2020年）规划，还制订了三年行动计划（2010—2012年），对养老服务设施的规划布点、建设规模、土地供应、资金投入、时序进度等都进行了详细的安排。

（二）采用“公建民营”“民办公助”等模式发展养老服务事业

世界各国普遍重视发展民办养老机构，提供各种帮扶支持。新加坡在民办养老机构扶持方面，一是政府为投资主体，基本上会提供90%的建设资金；二是对养老机构各项服务的运作成本提供相应的津贴；三是实行“双倍退税”的鼓励政策，允许国家福利理事会认可的养老机构面向社会募捐等。由于新加坡政府周到的服务和配套优惠，每年都能吸引大量投资者，既保证了新加坡经济的稳健增长，也极大地缓解了人口老龄化对公共财政的压力。

（三）发展小型的专业养老机构，就近提供便捷的养老服务

日本很多城市都建立了居家养老服务的开放式平台系统，以小型化、专业化的机构服务形式，深入社区，为周边老年人提供生活照料、医疗健康、文化娱乐、心理咨询、家政等服务项目，同时积极提倡养老机构的入住老人与周边社区的非入住老人之间的互动。另外，养老机构还积极接受周边社区的义工服务。

（四）发展高档养老社区，满足老年人的高端需求

美国亚利桑那州的太阳城退休老年社区、日本的江东园老年社区、我

国台湾新北市淡水区润福生活新像馆，都是运作比较成功的高端养老社区项目。这些高端的老年社区，满足了部分高收入阶层或对老年生活品质要求比较高的白领阶层的养老需求，随着经济社会的发展，这种品质化的养老需求越来越迫切。

（五）重视对老人状况的评估，实现养老服务的公开公正透明

自 2000 年 11 月起，我国香港特区政府推行安老服务统一评估机制，采用国际认可的“长者健康及家居护理评估”工具，由专业人士组成的认可评估员对申请入住养老机构的长者的自理能力、健康状况、记忆与沟通能力、行为情绪、家庭状况等方面进行全面评估，根据评估结果决定老年人进入何种类型的养老机构。另外，自 2003 年 11 月起，社会福利署开始实施长期护理服务中央轮候册，从而使有限的服务资源集中给最有迫切需要的长者。

（六）注重护理人员队伍的专业化建设，提高服务人员素质

我国香港地区高度重视养老服务人员的专业化。1997 年颁布的《社会工作者注册条例》规定，非注册人员没有到福利机构专业岗位任职的资格。另外由香港资助工资的大学里大多开办社会工作专业，这些专业的学生在读期间学费得到政府资助。目前香港地区从事养老服务的人员约 3 万人，其中专业社会工作人员约占 50%。日本通过制定《福利人才确保法》，从法律上对福利人才培养和人才应享有的经济和社会地位予以保障。

六、完善册亨县养老服务业的政策建议

（一）开展养老服务需求评估

养老服务需求评估，就是对 60 岁及以上有服务需求的老人进行科学评估，其目的是希望通过评估能客观反映老年人的经济状况、身体状况、日常生活自理能力、精神状态等，并根据评估结果，决定给予何种等级的养老服务。评估分为首次评估（准入评估）、二次评估（跟踪评估）和持

续评估（复核和监督）。参考国内外已有的评估体系，可从如下几个方面对册亨县养老服务需求进行评估，一是经济状况，评估标准是养老金、财产性收入、子女补贴、亲友资助；二是生活自理能力，评估标准是进食、个人卫生、穿衣、如厕及排泄、移动等；三是认知能力，评估标准是近期记忆、程序记忆、定向能力、判断能力；四是情绪行为，评估标准是情绪、行为、沟通能力；五是视听能力，评估标准是视力和听力；六是精神需求，评估标准是自尊、期待、亲情；七是社会生活环境，评估标准是居住情况、家庭支持、社区生活、居住条件、安全卫生等；八是重大疾病，评估标准是正在治疗、结束治疗，疾病项目和程度以医院证明为准等。指标体系由一级指标 8 项、二级指标 28 项构成。每项指标分别设置程度等级。二级指标要通过调查，设置符合县域实际的具体评价标准。评估结果一方面可以为县委、县政府进行经费投入、机构布局、人才培养等决策提供参考，另一方面可以为本地提高养老服务的针对性提供依据。

（二）将养老服务体系建设纳入经济社会发展规划

推进养老服务业发展是一项长期的战略性任务，需要高度重视，将其列入重要议事日程，纳入国民经济和社会发展总体规划。根据老年人口的养老服务需求变化和册亨县养老服务的发展水平，需要对养老服务的对象、规模、设施、资金投入等方面进行统筹考虑、整体规划。根据养老服务需求评估，规划各地养老机构的建设，要像学校、医院网点建设一样布局养老机构的网点；安排社区养老服务的设施、经费和人员，确定服务对象、内容和服务方式；确定补贴对象和补贴标准；规划经费来源和投入机制。首先，制定加快推进基本养老服务体系建设的具体政策。其次，建立养老服务事业发展目标管理考评机制。最后，需加强管理、监督，严格执行行业准入制度，健全养老服务机构监管体系。同时，要加大养老服务业的政策支持力度，形成稳定的养老服务业发展投入机制。在对养老服务需求评估和成本调查的基础上，确定需要支出的公共养老服务费用，列入年度预算；根据经济和财政收入增长状况以及养老服务扩展需要，确定养老费用的年度增长目标。

（三）满足老年人多样化、多层次的需求

根据老年人不同的经济状况提供不同的服务。经济收入状况一般分为三类：无收入来源、中低收入、高收入。对无收入来源的老人，即农村五保老人和城镇“三无”老人，在政府财力允许的情况下，由政府无偿供养，并逐年提高供养标准，做到不低于最低生活保障标准，在低保标准的基础上逐年提高。对中低收入老年人提供低偿服务和志愿者服务，低偿服务应低于服务项目市价。对高收入老年人提供有偿服务，有偿服务应低于服务项目市价。根据不同年龄提供不同服务。依老年人年龄不同，对老年人的补贴由救济型、补缺型向适度普惠型发展。同时，对高龄老人提供部分无偿服务，对中龄老人提供低偿服务，对低龄老人提供有偿服务。根据不同身体状况提供不同服务。老人身体状况一般分为自理、半自理、失能。根据身体状况的不同，主要提供不同的生活照料和医疗卫生服务。建议生活能够自理的一般不提供生活照料方面的服务，为其定期提供体检，在社区设置医疗机构和活动场所，为他们提供医疗、娱乐、交流场所。对半自理老人主要提供生活照料方面的帮助，如送餐配餐、洗衣打扫、购物缴费、陪医助浴等，服务内容可根据需要不断扩展。为失能老人提供全方位护理服务，根据身体状况，可设置家庭病床，或将老人送入养老机构、医院进行护理。根据不同的居住方式和居住条件提供不同服务。居住方式包括与子女同住、与配偶同住、丧偶独居等，后两者为空巢老人。对空巢老人特别是身体状况不好的空巢老人，提供爱心门铃、平安铃服务。根据老人在自尊、期待、亲情等方面的不同需求，为老人提供心理咨询、散步聊天、读书读报、法律援助等方面的服务。根据老人社会参与的需求和意愿，为老人提供继续教育的服务和适度参与社会活动的机会。明确居家养老和机构养老的目标人群、服务内容。传统的居家养老依然是未来的主要养老方式，符合多数中国老年人及其家庭成员的意愿，不仅养老成本相对较低，而且方便家庭成员为老年人提供生活照料。居家养老的目标人群为居家生活而需要一定照料服务的老年人。服务内容主要是：上门的日常生活照料，如整理家务、个人护理、饮食服务等；托老服务、文体活动；组

织老人自助和互助活动；提供照料人咨询、轮换服务。政府部门应在老年人服务需求评估的基础上，确定社区基本养老服务项目。服务机构：在每个社区（村）设立社区老年服务中心（站），基本职责是：对老年家庭进行定期走访和服务需求评估；监督和支持家庭照料人履行赡养义务，组织志愿者服务和老年人互助。依托社区敬老院（所）和卫生机构，提供院外生活照料和医疗护理服务。社区基本养老服务采取政府和个人共同付费的方式。机构养老满足特殊群体的基本需求和其他老年人群的个性化需求。目标人群：农村五保老人和城镇“三无”老人，不能自理、需要长期照料的老人，自愿入住的健康老人。服务项目：在老年人服务需求评估的基础上，确定机构养老服务需求的规模和基本服务内容。目前机构养老的主要内容仍是日常生活照料和医疗护理。政府应对老年人的服务需求进行分类，确定各服务项目的价格，对政府提供无偿服务的项目保证经费来源。养老机构应分类建设和管理，五保和“三无”老人的养老机构应建在交通便捷之地，并对其他服务机构如医院等有所依托；满足个性化和健康老人需求的养老机构，可以建在郊区。

（四）积极推进智慧养老服务

依托贵州实施大数据战略行动，推行“互联网+养老”，加快社区居家养老信息网络建设，依托现有互联网基础设施，构建居家养老服务信息平台、老年人居家呼叫服务系统和应急救援服务网络，提供紧急呼叫、家政预约、健康咨询、物品代购、服务缴费、线上线下（O2O）等老年需求服务项目，发展智慧养老社区，推动养老机构智能化信息管理平台建设。建设以大数据为重点的安全看护、健康管理、生活照料、休闲娱乐、亲情关爱智慧养老服务云平台，加快构建养老服务体系创新发展平台，为养老服务体系建设提供终端服务，让更多的中龄以上的空巢老人能使用具有定位功能的平安铃。老人有服务和帮助需求时，不论此时人在何处，只要按一个键，信息中心就能收到信息。信息中心不仅可以在第一时间与老人的亲属取得联系，且信息中心应与 120、110 等社会服务信息平台联网，根据具体情况给予老人及时有效的救助和服务。建立养老服务需求数据库，对养老服务实施动态管理。

（五）加大养老服务机构建设力度

加强城市公办保障性养老机构和农村特困人员供养机构建设，农村特困人员集中供养率达到60%。在满足农村特困人员集中供养服务需求的前提下，鼓励、支持有条件的机构积极为农村其他老年人提供养老服务。鼓励个人举办家庭化、小型化的养老机构；社会力量举办规模化、连锁化、医养结合型的养老机构，满足不同经济水平、不同身体状况老年人的多样化需求。从老年人需求出发，重点建设康复护理型养老机构和床位，完善养老机构康复护理功能。优化既有养老机构的床位结构，降低空置率，提高养老机构康复护理型床位的设置比例及康复护理服务水平。推动机构、社区、居家等多种养老形态在社区中的融合发展，探索嵌入式养老机构、微型养老机构的建设，注重发挥其医疗、照护等为老服务功能在社区内的辐射作用。

（六）大力支持社会力量发展养老服务业

按照供求关系有序推动养老服务业的健康发展，提供多样性、差异化、全覆盖、满足广大人民群众不同需求的养老服务。鼓励民间资本在城镇社区建设老年人日间照料中心、老年人活动中心，为有需求的老年人，特别是高龄、空巢、独居、生活困难的老年人，提供集中就餐、托养、助浴、健康、休闲和上门照护等服务，并协助做好老年人信息登记、身体状况评估等工作。支持民间资本投资建设、运营专业化的养老服务设施。鼓励民间资本对企业厂房、商业设施及其他可利用的社会资源进行整合和改造，用于养老服务。鼓励、支持和引导社会力量参与养老基本公共服务供给，形成政府引导、社会主体和市场化运作的养老基本公共服务供给机制。

（七）打造面向全国的养老服务基地

充分利用册亨县独特的生态、气候、旅游、苗药、民族民俗文化等资源优势，抓住省委、省政府将打造健康产业作为战略性新兴产业的机遇，按照省政府下发的《贵州省健康养老产业发展三年实施计划》，细化年度推进任务，把医疗、气候、生态、康复、休闲等多种元素融入养老产业，培育发展集养老、康复、老年产品等为一体的特色产品，积极开展适合老年人特点的文化娱乐、体育健身、教育培训、金融理财、休闲旅游、健康养生服务、精神慰藉、法律援助等服务，争取把册亨县建设成为面向全国的养老服务基地。

（八）全面推进医养融合发展

本着互利互惠原则，构建医疗机构与养老机构的协作机制。制定医养结合试点工作相关标准、规范，促进医疗卫生资源进入养老机构、社区和居民家庭。围绕“小病不出养老院”的要求，提供快捷便利服务。积极推进以异地安置退休人员为主要目标的基本医疗保险跨省异地就医即时结算。推动医疗机构与养老机构的合作，开通预约就诊绿色通道。围绕“扶持和发展护理型养老机构”的要求，加大对护理型养老机构的支持力度，符合条件的享受民办医疗机构的优惠扶持政策，并在财政补贴等政策上予以倾斜。

（九）积极推动养老服务人才队伍建设

加大资源整合力度，整合为老人服务的各项资源，建设专业化和志愿者相结合的养老服务队伍。一是积极组织，培育壮大养老服务志愿者队伍，根据各自的特长，为老年人提供生活照料、医疗保健、精神慰藉等各种公益性服务。二是组建一支以低龄健康老年人为骨干的居家养老服务义工队伍，探索“劳务储蓄”或“以服务换服务”的互助服务形式，鼓励低龄健康老人照料高龄和生活困难老人。三是积极倡导邻里互帮互助，扩大居民互助服务队伍。四是制订养老服务从业人员培训规划，统筹落实培训资金，利用远程教育培训等方便实用的培训方式，开展定期培训，培养老年医学、护理、营养和心理等方面的养老服务专业人才。五是提高养老服务人员待遇，通过建立养老服务人员的专业职称评定和工资待遇增长机制，建立对养老服务人员的工资政策补贴制度、提高养老服务业的社会声望等途径提高养老服务业从业人员的待遇。

参考文献

［1］青连斌．我国养老服务业发展的现状与展望［J］．中共福建省委党校学报，2016（3）．

［2］张晓霞．江西基本养老服务体系建设的现状及完善对策［J］．江西社会科学，2011（2）．

［3］贵州省“十三五”养老服务体系建设规划．

［4］册亨县民政局 2018 年工作总结．

调研篇

B.6 贵州册亨县林业产业发展研究报告

谢艳锋①

摘要： 册亨县林业资源丰富，是黔西南布依族苗族自治州林业产值最高的县。在省政府实施的“一县一业”项目中，册亨县将林业产业作为主要发展产业。现代林业产业建立了以可持续发展理论为指导，以生态环境建设为重点，以产业化发展为动力，实现林业资源、环境和产业协调发展，生态效益、经济效益、社会效益高度统一的发展思路。“十二五”和“十三五”期间，册亨县开展实施珠防工程、退耕还林工程、速丰林建设工程、石漠化治理工程、低产低效林改造工程、植被恢复工程，促进了林业产业有效发展，生态环境得到改善，森林覆盖率达到68.62%。本文立足于册亨县林业产业发展的实际情况，分析了册亨县林业产业发展的条件、林业产业在册亨县发展中的经济地位、册亨县林业发展现状，包括森林资源、林业项目建设、林业扶贫、林业产业体系、森林旅游、林业生态体系建设、林业保障体系建设，在此基础上指出了册亨县林业产业发展中存在的突出问题，并根据问题提出了可行性的对策建议。

关键词： 林业产业　林业生态　森林旅游

册亨县隶属于黔西南布依族苗族自治州，位于贵州西南部，地处珠江水系红水河上游的南、北盘江夹角地带。册亨县是贵州省重点林业县之一，林地资源丰富，林业在册亨县经济社会中长期占有重要地位。国家“十三五”林业发展规划曾明确提出，“十三五”推进林业现代化建设的基

① 谢艳锋，贵州省社会科学院工业经济研究所实习研究员。

本要求之一，是要始终坚持把做强产业作为林业发展的强大活力。要通过发展林业特色和新兴产业，改造提升传统产业，增强林业发展活力，实现林业精准扶贫。2014 年，国家将贵州省纳入生态文明建设先行示范区，全社会普遍树立起尊重自然、顺应自然、保护自然的生态文明理念。2015 年 2 月 12 日，贵州省人民政府办公厅以黔府办发〔2015〕9 号印发了《绿色贵州建设三年行动计划（2015—2017 年）》，明确提出："努力把林业培育为生态建设的增长点、农民收入的增长点、产业发展的增长点。"党的十九大报告指出，坚持人与自然和谐共生。建设生态文明是中华民族永续发展的千年大计。必须树立和践行"绿水青山就是金山银山"的理念，坚定走生产发展、生活富裕、生态良好的文明发展道路。"十二五"期间，册亨县以珠防工程、退耕还林工程、石漠化治理工程和速丰林建设工程"四大工程"为载体，加快林业基地建设步伐，大力营造杉木、桉树、油茶、油桐、核桃、板栗等速生丰产用材林及特色经济林，林业产业得到较快发展；"十三五"期间，册亨县继续实施低产低效林改造、森林抚育建设、植被恢复等项目，同时进一步推进册亨县"一县一业"林业产业发展助推脱贫攻坚。因此，册亨县发展林业产业既是落实贯彻国家和贵州省相关政策精神的体现，又是自身的产业发展条件和资源优势选择的体现。册亨县林业产业的发展不仅对自身生态环境的改善具有重要意义，同时对促进册亨县经济发展、助推脱贫攻坚具有重要意义。

一、林业与林业产业

对于林业的概念，日常生产生活中都很熟悉，但学术界目前没有一个权威、统一的界定。不同的研究角度有不同的研究侧重点。从广义角度看林业包含的内容很丰富，包括木材生产、资源保护、森林野生动物等，从狭义角度看可以具体到与人类社会生活密切相关的林木生产经营活动、生态资源保护。综合来看，现代林业的内涵主要指对森林的直接利用；现代林业的外延主要表现在其生态效益、广义的社会效益和经济效益①。经济

① 张永利：《现代林业发展理论及其实践研究》，西北农林科技大学博士学位论文，2004 年，第 22—25 页。

效益体现在林业为人类社会生产经营提供的林木和林产品；生态效益体现在林业具有天然的防风固沙、水土保持、涵养水源、调节改善气候、净化环境等功能；社会效益主要体现在森林资源提供的旅游、休养，为人类提供身心健康方面的效益。

关于林业产业的划分，我国以三次产业划分为标准将林业归类于农林牧渔业，即第一产业，但划分为第一产业的林业仅包含森林资源培育业①。林木的采运、生产加工，林木资源的旅游、康养等效益分别归属为第二产业和第三产业。可见，林业产业是包含第一产业、第二产业、第三产业的复合产业。目前，对林业发展的主要方向定位是，现代林业的发展以可持续发展理论为指导，以生态环境建设为重点，以产业化发展为动力，实现林业资源、环境和产业协调发展，生态效益、经济效益、社会效益高度统一②，建立生态体系、产业体系、保障体系的林业发展总体系③。

综合以上研究，本报告对册亨县林业产业的研究内容不仅仅将林业局限于第一产业进行分析，而是包含经济效益、生态效益和社会效益三方面，其目的是促进册亨县林业经济的可持续发展。对林业产值的统计数据以统计年鉴中农林牧渔业的数据为准。

二、册亨县林业产业发展的条件

一方面，册亨县地处滇、黔、桂经济区的接合部，位于云贵高原向广西丘陵过渡的斜坡地段，是贵州西南与广西、云南经济交流的“桥梁”；另一方面，受印度洋暖湿气流的影响，册亨县形成常绿落叶阔叶混交林、常绿阔叶林、针叶林典型分布带，是珠江流域南、北盘江水系的重要水源涵养区和生态安全屏障。

---

① 耿玉德：《林业产业化研究》，东北林业大学博士学位论文，2002 年，第 20—25 页。

② 江泽慧：《现代林业与西部生态环境建设》，载《西安交通大学学报（社会科学版）》2000 年第 12 期，第 19 页。

③ 刘振露：《贵州省林业发展现状与现代林业建设对策》，载《农业现代化研究》2012 年第 5 期，第 535—538 页。

（一）地形地貌

册亨县位于贵州西南部，地处云贵高原向广西低山丘陵过渡的高原边沿斜坡、珠江上游南北盘江交汇的三角地带。最高海拔1634米，最低海拔375米，相对高差1259米，西北高东南低。册亨县地貌类型复杂多样，境内地形受复杂强烈侵蚀切割的影响形成三种地貌类型：碳酸盐岩溶地貌，主要分布于西北部；碎屑岩侵蚀地貌，主要分布于东南部和县城至巧马一带；河谷堆积地貌，主要分布于河谷地带。境内沟壑纵横，峰峦叠起，山地、坡地、丘陵、洼地、坝子河谷交错分布。在贵州省地貌区划中，册亨县属于“黔南山原，中低山峡谷盆坝区”，地势从西北到东南逐渐降低，北部及西北部为高原岩溶地貌，海拔多为1000—1200米；中部、东南部为低中山、低山侵蚀地貌，海拔多为900米；南部为深切河谷侵蚀地貌，海拔多在400—600米。

（二）气候

册亨县属亚热带季风气候区，是典型的干热河谷地区，气候的垂直差异十分明显。气候温和湿润，冬无严寒，雨量充沛，无霜期长，光照充足，但干、湿季节明显。主要灾害性气候有倒春寒、干旱、大风、冰雹。年均温度19.0—23.0℃，无霜期300天左右，≥10℃的年均积温5500—5800℃，年均降雨量1300—1350毫米。光、水、热同季，适宜杉木、桉树、油桐、油茶、小油桐、板栗等多种林木的生长。

（三）水文

册亨县属珠江流域红水河水系，南、北盘江干流区。过境河流有南盘江、北盘江、大田河，南、北盘江流至境内于双江口汇合称红水河。大田河是北盘江的一级支流，三条河境内流程224千米。境内最大河流秧坝河，流经秧坝镇、双江镇、百口乡注入南盘江。境内有大小河流39条（不含上述4条），总长541.5千米，流域面积2117.9平方千米，占全县总面积的81.5%。

（四）植被

册亨县植被在省内区划属“南、北盘江，红水河谷山地季雨林；常绿阔叶及疏林灌丛草地小区”。植被资源较为丰富，但由于破坏较严重，目前原生植被保存较少，大部分地区都已演替为次生植被，以常绿阔叶林、针叶林加上人工林的各种组合出现。由于土壤、气候的作用，植被分布的地域性差异十分明显。西北部低中山石灰岩：山地常绿阔叶林+次生林+人工林+疏林灌丛植被类型；中部低山侵蚀山地：次生常绿阔叶林+人工林+疏林灌丛+荒山草坡植被类型；南、北盘江下游低山河谷：山地常绿阔叶林+次生常绿阔叶林，针叶混交林+疏林灌丛+荒山草坡植被类型。

（五）石漠化情况

全县 25 度以上的坡耕地 5306.88 公顷。石漠化土地 2044.27 公顷，其中轻度 1058.91 公顷，占 51.8%；中度 906.07 公顷，占 44.32%；重度 0.70 公顷，占 0.03%；极重度 78.59 公顷，占 3.85%。石漠化地区土层薄，土壤保水性能差，植被稀少、盖度低，治理难度大，生态环境十分脆弱，是生态建设的攻坚区。

（六）旅游资源

册亨县境内优美的自然风光与独特的布依民族文化和厚重的历史人文景观相互交织融合，形成了极为丰富多彩的旅游资源。2010 年 11 月，册亨县被贵州省布依学会命名为“中华布依第一县”和“布依文化传承保护基地”。2014 年 11 月，布依转场舞、布依竹鼓舞成功申报世界吉尼斯纪录。

三、林业在册亨县发展中的经济地位

（一）生态文明建设的重要内容

党的十九大报告指出，建设生态文明是中华民族永续发展的千年大计。必须树立和践行“绿水青山就是金山银山”的理念，坚定走生产发展、生活富裕、生态良好的文明发展道路。册亨县是贵州省的重点山区林业县，是国家和贵州构建珠江上游生态屏障的重点生态区域，林业在生态文明建设中具有首要地位；册亨县大部分地貌为岩溶和侵蚀地貌，石漠化较严重，生态环境十分脆弱，发展林业产业是推动册亨经济社会可持续发展的必然要求。

（二）农民增收，脱贫攻坚的重要途径

林业产业是纵跨国民经济第一、第二、第三产业的复合型产业，涵盖面广，为社会创造经济效益的同时，也广泛吸纳了社会就业。册亨县集革命老区、民族地区和贫困地区于一体，城镇化率低、贫困率高，是跨省交界面大、少数民族聚集多、贫困人口分布广的连片特困地区，截至2018年末城镇人口占年末户籍人口比重为21.9%，贫困发生率为10.78%①，贫困人口集中在经济落后山区。境内居住着布依、苗、壮、仡佬等十多个少数民族。册亨县少数民族集中居住在交通不便的山区，经济落后，多数为贫困人口。

加快林业产业发展，不仅能通过用材林基地、特色经济林基地、林下经济及森林生态旅游等具体项目实施，增加山区农民和山区少数民族人民的收入，安置和增加农村闲置人员就业，带动当地森林生态旅游业发展，而且广大贫困山区林农能学习掌握林业产业经营管理知识与技术，提高劳动技能和社会生存能力，能使山区林农从根本上摆脱贫困，是确保册亨县实现精准扶贫、精准脱贫攻坚目标的重要途径。另外，增加少数民族人口经济收入，促进少数民族地区发展，有助于实现各民族共同富裕，建立团结、互助、和谐的社会主义民族关系。

（三）贵州省旅游“井喷”发展的基础构成

贵州省人民政府发布的《关于推进旅游业供给侧结构性改革的实

① 资料来源于2018年册亨县国民经济和社会发展统计公报。

施意见》(黔府发〔2016〕9号)推动贵州省旅游“大格局、大业态、大服务、大管理、大市场、大企业”改革创新，实现旅游业提质增效转型升级。通过推进供给侧结构性改革，不断做大旅游供给总量，做精旅游供给质量，做优旅游供给结构，提升旅游供给效率，推动旅游业“井喷”式增长。

册亨县有得天独厚的森林生态资源、自然地质地貌资源和民族生态文化资源。促进林业产业发展是发展册亨县森林生态旅游的基础，构建植被茂盛、群峰耸立、山水相间的自然景观与古老淳朴的布依民居和风情民俗相结合，独具特色的喀斯特地貌溶洞景观和文物古迹相结合，自然风景与民族文化相得益彰，有利于推进册亨县民族生态文化旅游发展，将册亨县建设成为黔西南布依族苗族自治州亮丽的旅游门户、“全国知名的布依文化特色旅游目的地”。近年来，册亨县旅游业发展迅速（如图1所示），2018年全年接待总人数为218.81万人次，比上年增长43.6%；旅游总收入17.34亿元，增长49.99%。林业产业的发展，能有效促进森林生态旅游的发展，也符合贵州省大旅游战略。

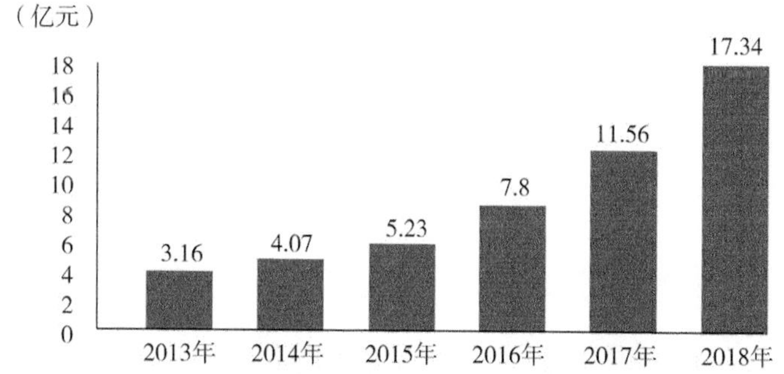

图1 2013—2018年册亨县旅游发展趋势

四、册亨县林业发展现状①

（一）森林资源概况

册亨县的林业范围为册亨县所辖的5乡9镇和巧马林场、秧坝林场、紫胶场3个国有林场及共青林场1个集体林场，共计18个单位的林地。册亨县林业机构健全，林业生产建设实行县、乡（镇）二级行政管理，现有14个乡镇林业站，负责各乡镇林业工作的管理和指导。国有林场经营管理面积10642.66公顷。近年来册亨县森林资源快速增长，生态建设成绩显著，林业产业加快发展，特色鲜明的森林文化体系得到丰富，林业机构和基层组织得到加强。截至2018年底，全县现有森林267万亩，杉木90万亩，桉树30万亩，油茶15.5万亩，核桃、板栗、花椒等特色经济林10万余亩，森林覆盖率68.62%。全县林业用地211818.88公顷，占国土总面积的81.6%。其中：乔木林地119948.33公顷，占林业用地面积56.44%；灌木林地57984.25公顷，占林业用地面积27.37%；疏林地503公顷，占林业用地面积0.24%；未成林造林地18077.53公顷，占林业用地面积8.53%；苗圃地0.09公顷，无立木林地10074.1公顷，占林业用地面积4.76%；宜林地5231.54公顷，占林业用地面积2.47%。全县有可造林地块面积15808.64公顷。全县公益林地面积72786.63公顷，占林地面积34.4%；商品林地面积138971.58公顷，占林地面积65.6%。

（二）林业项目建设情况

近年来，册亨县以珠防工程、退耕还林工程、石漠化治理工程和速丰林建设工程为主，进行了一系列造林活动。主要实施项目见表1。

① 现状描述中部分数据来自册亨县林业局提供的相关资料。

表 1　册亨县林业主要实施项目

年份	实施项目
2015	中央财政造林补贴项目造林 41765 亩；绿色贵州省三年行动计划县乡村造林 30012 亩；2015 年退耕还林还草工程造林 9400 亩；省级植被恢复结余资金造林项目造林 27315 亩；2015 年巩固退耕还林成果项目 10630 亩
2016	三年行动计划省级项目造林 34465 亩；中央财政造林补贴 25275 亩；州级植被恢复建设项目人工造林 8190 亩；县级植被恢复建设项目 9102 亩；重点防护林工程（珠防工程）1000 亩
2017	县级森林植被恢复建设项目 5140 亩；重点防护林建设（珠防第三期）项目 36000 亩；低产低效林改造项目 30000 亩；农业综合开发项目 200 亩
2018	第一批中央财政造林补贴油茶低效林改造 35000 亩；2018 年珠江防护林三期工程 4000 亩；册亨县 2018 年县级植被恢复 7912 亩；2018 年第二批中央财政造林补贴低效林改造 10000 亩；森林抚育 10000 亩

资料来源：册亨县林业局。

（三）林业扶贫

为深入贯彻落实省委、省政府的决策部署，册亨县围绕林木资源优势，确定以林业产业为“一县一业”主导产业，全力推进“3+3+3”林业产业扶贫模式（林业种植以杉树、桉树、油茶种植为主，林下经济以林下种植灵芝、林下生态养殖、林下生态旅游为主，林业加工以木材加工、灵芝加工、油茶加工为主）。一是大力实施造林。以种植杉树、桉树、油茶等商品林、经济林为主，引导贫困群众实施退耕还林、荒山造林等工程，带动贫困群众造林或流转土地造林。二是全力发展林企。以木材加工、灵芝加工、油茶加工为主，引进木材加工企业入驻工业园区，并在政策上、项目上给予优惠和扶持。三是探索发展林下经济。充分利用林地资源和森林生态环境，以林下种植灵芝、林下生态养殖、生态旅游为主，探索“合作社+农户”模式，在秧坝镇秧望村、福尧村，双江镇坝麦村发展林下种植灵芝 60 余亩，带动贫困农户 60 余户，户均可每年增收 1 万元以上。林下经济总产值达 1000 万元以上，覆盖贫困农户 100 户 400 余人。四是深化林权制度改革。推行林权抵押贷款制度，缓解林农和林企融资难题，促进林农增收、林企、林业的良性发展。2018 年新增林权抵押贷款 425 万元，全县累计办理林权抵押贷款3.71亿元。通过发展林业产业，带动从业人员约10万人，其中建档立卡贫困户达2.5万人以上。先后争取到建档立卡贫困户生态护林员1259名，带动1259户贫困户脱贫。

（四）林业产业体系建设

1. 林业产值

册亨县具有丰富的森林生态资源、自然地质地貌资源和民族生态文化资源，是黔西南布依族苗族自治州林业资源最丰富的县。册亨县从2010—2017年，连续8年林业产值一直位居黔西南布依族苗族自治州各县（市）之首；从增长趋势看，通过近10年来的发展，册亨县的林业发展明显快于其他县（市），产值优势更加突出，其他各县（市）林业产值与册亨县林业产值的差距逐渐拉大。2008—2017年，10年间册亨县林业产业年产值增长了2.94倍，2010年和2014年林业产值增长明显，分别增长66%、55%，截至2017年林业总产值为26039万元。册亨县历年林业产值与其他各县的林业产值对比情况见表2和图2。

表2　2008—2017年黔西南州各县（市）林业产业年增加值

（单位：万元）

年份	兴义市	兴仁县	普安县	晴隆县	贞丰县	望谟县	册亨县	安龙县
2008	6139	2810	3023	2113	4229	6337	6609	1834
2009	7494	3258	2024	2493	4359	6329	6746	5136
2010	5215	3564	1432	2789	1909	7294	11195	6915
2011	6080	3329	4767	3046	2119	10105	13651	9920
2012	5279	4553	9429	3480	2745	13728	15563	15284
2013	5334	6969	2423	3961	3587	14529	19298	11619
2014	5546	8500	2733	4278	3976	13372	29838	17943
2015	12066	9596	7511	7611	7236	11329	20332	11830
2016	14097	10588	8420	8611	9236	15329	22332	14923
2017	17822	12831	10886	12585	12086	19893	26039	17986

资料来源：《贵州省统计年鉴（2008—2018年）》。

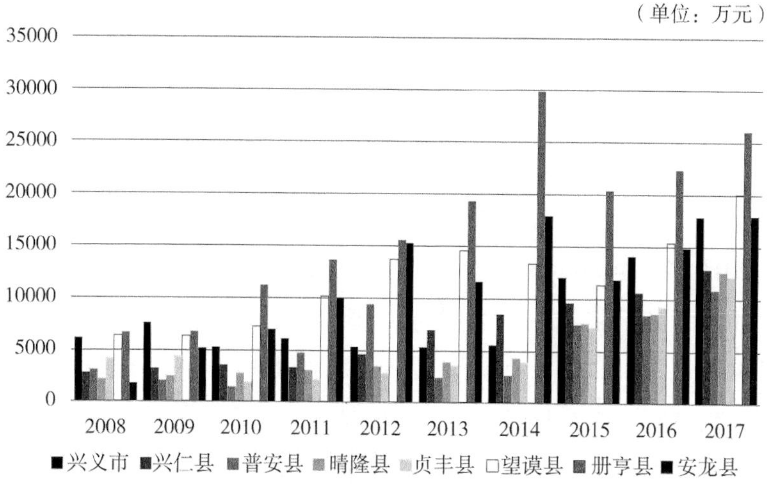

图 2　2008—2017 年黔西南州各县（市）林业年产业增加值

从册亨县自身经济发展来看，林业产值占农林牧渔总产值的比重一直处于 10%以上，2011 年占比达到 18.5%，占比较高。册亨县林业年产值与农林牧渔总产值趋势如图 3 所示。

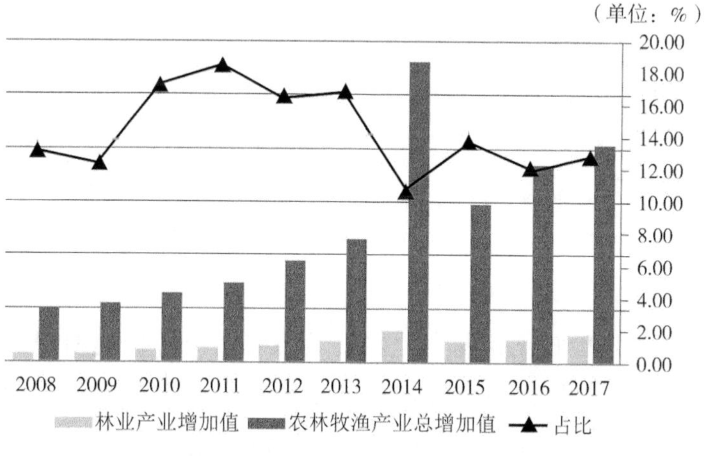

图 3　2008—2017 年册亨县林业年产值和农林牧渔年产值趋势

2. 林业第一产业经营现状

“十二五”期间，册亨县以珠防工程、退耕还林工程、石漠化治理工程和速丰林建设工程“四大工程”为载体，加快林业基地建设步伐，大力营造杉木、桉树、油茶、油桐、核桃、板栗等速生丰产用材林及特色经济林。“十三五”期间，按照“提升、做强、优化”的产业发展思路，以林地资源为依托，以提高林地生产力为核心，调整优化林木资源林种、树种结构，加强以杉木速生丰产林、桉树短轮伐期用材林为重点的用材林基地建设，大力发展特色经济林，提高林木资源质量和效益，巩固提升第一产业。册亨县已形成全省规模最大的桉树工业原料林基地、杉木速生丰产林基地。2016年，全县以杉木速生丰产用材林、桉树短轮伐期用材林为主的用材林104万亩，油茶、油桐、核桃、板栗等特色经济林35万余亩，基地林面积初具规模；2018年底，全县现有森林267万亩，杉木90万亩，桉树30万亩，油茶15.5万亩，核桃、板栗、花椒等特色经济林10万余亩。目前，第一产业初具规模，但基地林质量较差，突出表现为用材林每公顷蓄积量不高（为74.84立方米），森林经营水平有待提高。

（1）杉木用材林。册亨县杉木林总面积47624.15公顷，其中重点商品林占比69.25%，一般商品林占比30.75%。按地类分：乔木林地35368.17公顷，未成林造林地12255.98公顷。按龄组分：幼龄林占乔木林地的59.1%，中龄林占39.5%，近熟林和成熟过熟林占1.4%。按郁闭度分：0.2—0.5的6307.25公顷，占乔木林地的17.8%，大于0.5的29060.92公顷，占82.2%。杉木林总蓄积180.18万立方米，平均每公顷蓄积62.56立方米。“十三五”期间，通过造林地抚育、地产林改造、中幼林抚育提高杉木用材林质量，着力打造省级杉木速生丰产林基地，加强基地林管理，提升集约化经营水平，提高单位面积蓄积量，缩短木材生产周期。

（2）桉树短轮伐期用材林。册亨县现有桉树短轮伐期用材林面积13856.79公顷，其中重点商品林12941.48公顷，一般商品林915.31公顷。按地类分：乔木林地13027.25公顷，未成林造林地829.54公顷。按龄组分：幼龄林占乔木林地的88.4%；中龄林占11.6%。按郁闭度分：0.2—0.5的7809.99公顷，占59.9%，大于0.5的5217.26公顷，占40.1%。现有桉树蓄积94.58万立方米，平均每公顷活立木蓄积85.16立方米。“十三五”期间，通过人工造林、低产林改造、造林地抚育提高桉树工业原料林质量；通过荒山绿化和坡耕地退耕还林，进一步扩大桉树林面积。大力发展以桉树为主短轮伐期工业原料林，以建设短周期、短纤维纸浆原料林基地为重点，兼顾人造板、林化原料林基地建设。

（3）油茶。册亨是贵州重要的油茶产区之一，具有300多年的栽培经营历史。现有油茶种植面积5132.30公顷，主要分布在弼佑镇、双江镇、八渡镇、秧坝镇，四个镇共占全县油茶林面积的65.9%。全县年产茶籽约4265吨，年产茶油360吨，年总产值约2340万元。册亨县的油茶种植方式以农户分散种植为主，集约化规模化生产程度低，种植方式比较原始，很少有农户对油茶林进行科学管理，如定期施肥、剪枝和疏密。油茶林普遍存在密度过大、抚育管理缺乏、病虫害严重等问题。由于经营粗放，油茶产量较低，产品质量也有待进一步提高，现阶段农户种植油茶的经济效益并不理想，很大程度上制约了农户种植油茶的积极性。“十三五”期间，册亨县对油茶产业加大扶持力度，实施新造茶林和油茶低产林改造，通过加强科技攻关，完善配套设施，提升油茶特色产业。

册亨县目前有成形的油茶加工企业2家，其中贵州马岭河植物油有限公司是州级龙头企业，册亨县三月三植物油公司是县级龙头企业。贵州马岭河植物油有限公司每年可加工油茶籽800吨，年产优质茶油200吨。该厂生产的“马岭河牌”精制茶油具有一定的品牌知名度。由于原料不足，目前只有贵州马岭河植物油有限公司长期进行茶油生产加工，三月三植物油公司大部分时间处于停产状况，为满足生产加工需要，需到省外收购油茶籽。

针对目前的油茶生产状况，需要加大油茶基地建设，进行新造茶林和油茶低产林改造，同时根据油茶主产区基地和现有加工业布局，调整优化加工区域和产品布局，培育龙头企业，加快淘汰落后产能，提升产品品质，以册亨茶油地理标志申报获国家质检总局受理为契机，争创优质品牌。

（4）油桐。油桐籽具有出油率高的特点，册亨县有着悠久的油桐栽培历史，生产的桐油质量好、品质优，是出口创汇的优质农特产品。但是，目前油桐生产的效率不高。2016年全县商品油桐林面积27340.9公顷，近几年平均年产油桐籽26037吨，平均每亩产油桐籽只有63公斤。册亨县目前有桐油龙头企业2家。近年来，由于国内桐油价格长期低迷、油桐籽单位面积产量不高等因素的影响，册亨油桐产业明显下滑，部分农户开始弃桐种林（杉木、油茶等）或改种粮食作物，油桐种植面积呈现减少趋势。

针对油桐的生产现状，需要完善油桐生产的风险管理，通过低产油桐改造与抚育管理提高油桐籽单位面积产量，提高种植油桐的效益，保证桐油加工企业基本原料供应。同时，政府要制定鼓励政策，采取企业+基地+农户等形式稳定发展油桐林基地，遏制油桐面积过快减少。

（5）林下经济：森林食品、药品。册亨县比较丰富的中药材主要有灵芝、金银花、小花清风藤、天麻、茯苓等，利用中药材资源积极发展森林食品、药品生产，有利于提高林下经济效益，促进林业产业快速发展。目前利用中药材资源开发森林食品的龙头企业有一家：册亨灵芝酒厂。此外，还有“复方介骨灵”“四块瓦接骨膏”“复方介骨灵酊剂”等布依地方中药。

可见，在丰富的中药材资源以及布依族民间文化条件下，册亨县中药材研制、开发具有很大的发展潜力。但是目前，对于中药材生产、培育、加工、研制并未形成产业化和规模化。在林业产业建设和规划过程中可以将林业发展和林下经济产业发展共同考虑，发挥中药材丰富资源和布依民族医疗技术优势，做大中药材医疗保健行业。

3. 林业第二产业经营现状

册亨县林业第二产业生产以木材加工为主，目前形成规模的主要有两大方面的生产：木材加工进行家具生产；加工生产人造板。发展林业第二产业是充分利用县内资源优势，直接将林木资源转化为经济效益的方式。目前，林业第二产业基础比较薄弱，精深加工企业少，生产初级产品多，精细产品少，林产品整体缺乏竞争力，“大资源、小产品、低效益”矛盾比较突出。主要表现为：一是木材加工业总规模小。全县年加工木材10.11万立方米，年产值约1.5亿元。二是企业规模偏小。目前年生产规模1万立方米以上企业只有3家，大多数企业规模小，生产初级半成品多。三是产品科技含量不高。大多数企业生产设备陈旧，生产工艺落后，由于技术水平低，产品质量不稳定，生产效益较低。

（1）木材加工与家具生产。全县主要木材加工企业有福林木业有限责任公司、奇松林业发展有限责任公司，福林木业有限责任公司坐落于册亨县巧马工业园区，是一家集森林培育、木材精深加工、家具制作、销售为一体的综合性民营木材加工企业，已逐步建成投产4个车间15条生产流水线。目前，公司可年处理木材20万立方米，年产家具5万套。年成品出库除福林木业有限责任公司、奇松林业发展有限责任公司等少数企业外，多数木材加工企业规模小，生产效益低。初级半成品多，且企业生产设备陈旧，生产工艺落后，由于技术水平低，产品质量不稳定，生产效益较低。

从木材加工与家具生产来看，虽然福林木业公司作为龙头企业具备一定的生产能力和生产规模，但是大部分企业规模小，生产能力较差，构成了册亨县总体林木加工能力不足。林木生产规模、产能、效益存在较大的改进空间。林木加工生产需要在工艺设计、新产品开发等方面进行提升，加大定制材、干燥材、刨光材、装饰材等附加值较高的产品生产，提高产品档次。充分利用龙头企业的经营优势，联合小企业共同发展，形成规模效益。

（2）人造板。册亨县人造板生产企业以奇松林业发展有限责任公司为龙头企业。奇松林业公司是林板一体化人造板加工企业，是一家以速生丰产林培育，精深加工林板商品材的企业，也是全省林业加工行业中投产量最大的企业，2016年经贵州省级龙头企业认定和监测评价专家组评审以及省林业厅厅长办公会审议通过，奇松林业发展有限责任公司被评为贵州省“省级林业龙头企业”称号，胶合板年产10万立方米。

林木加工企业的发展，既是对优势资源的有效利用，也有效地促进了经济发展。在后续的发展过程中，需要进一步扩大生产规模，引进先进技术，进行新产品开发，提高产品质量，建立品牌效应。

4. 林业第三产业现状

册亨县具有得天独厚的自然景观资源、地质地貌资源、历史文化资源、民族民间文化资源，生态旅游发展潜力大，但目前以森林旅游为主的林业第三产业发展滞后。2015年全县旅游收入5.23亿元，其中森林旅游收入1.75亿元，占旅游总收入的33.5%；2016年全县旅游收入7.4亿元，森林旅游业占全县旅游收入的1/3左右。“十二五”期间，册亨县以“创建生态文明县、打造册亨绿色品牌”为目标，着力培育旅游产业，积极挖掘良好的生态环境、绮丽的自然风光、原生的布依民族文化等丰富的旅游资源，相继启动了岩架新寨布依风情园、者楼浪沙城市生态园、布依文化生态园等旅游景点建设。册亨县内主要自然景观有平寨古榕树群、“金州十八景”之一的洛凡燕子洞、板其寒泉洞和天然温泉、板街水晶溶洞、冗渡睡美人峰、夯达瀑布群、龙井天坑、联丰木耳洞等；人文景点有册亨县烈士陵园、坡妹烈士陵园等。在“民族文化与生态旅游县”定位下，册亨县旅游建设重点以民族文化保护开发为主，而以森林公园为主，以自然保护区为辅的森林旅游业则明显滞后。“十三五”期间，加大了森林旅游的发展，2016年8月，册亨万重山省级森林公园通过贵州省林业厅批复；2017年，申请建立的贵州册亨北盘江国家湿地公园（试点）已通过国家林业局批复。

目前，在全面保护册亨县重要生态区域基础上，强力推进贵州册亨北盘江国家湿地公园、册亨万重山省级森林公园建设，加强中华布依生态文化园、板其村风景名胜文化旅游保护区、赖子山森林生态保护区（猕猴）、洛央村桫椤保护小区建设。依托自然景观资源和布依民族生态文化，构建以森林公园、湿地公园为主体，自然保护区（小区）、森林人家等相结合的森林观光休闲、健身康养体系。预计2020年，全县森林生态旅游收入达到5.37亿元，年均增长25%以上。重点建设册亨万重山省级森林公园、贵州册亨北盘江国家湿地公园、中华布依文化生态园、万重山山水生态旅游休闲度假区、赖子山自然保护区、洛央桫椤保护小区等项目。

（1）册亨万重山省级森林公园。册亨万重山省级森林公园位于册亨县西北，森林公园由万重山风景区、布依大寨风情区、古榕园生态休闲区组成，公园规划面积达到1155.7公顷。公园森林覆盖率达67.2%，森林景观优美，重峦叠峰，风光秀丽。区域内具有独特的高原自然风光，喀斯特地貌类型齐全。地表有峰丛、溶丘、天生桥，地下有洞穴、石笋、地下河等，多种喀斯特个体形态在不同区域有规律地组合，形成千姿百态的喀斯特地貌类型，自然景观丰富优美，且有深厚的布依文化底蕴，是一个集观光、休闲娱乐、生态体验为一体的游览区。森林公园内野生动植物资源丰富，共有维管束植物 173 科 605 属 1090 种。有国家一级重点保护野生植物 1 种，国家二级重点保护野生植物 8 种。野生动物有 291 种。有国家一级保护野生动物 1 种，国家二级保护野生动物 19 种。万重山森林公园是融森林资源保护、森林健身康养、山地休闲度假、布依生态文化体验为一体，具有地域特色、主题突出的森林公园。

（2）贵州册亨北盘江国家湿地公园。北盘江国家湿地公园地处册亨县境内北盘江流域。北起岩架镇支流洛凡河，南至册亨县双江镇的双江口，西起岩架镇洛凡村燕子洞，东至册亨县与望谟县县界，公园总面积 2335.58 公顷。园区建设有利于保护园内的湿地资源、珍稀动植物资源、生物多样性及其赖以生存的生态环境，保持园区内的湿地生态系统和自然景观的完整性，建立形象突出、布局合理、管理科学、设施完善和运营灵活的多功能、多效益的国家湿地公园，树立黔西南州生态环境建设以及民族团结和区域经济社会协调发展的典范。北盘江国家湿地公园建设，有助于展示北盘江流域独特的景观资源和布依民族文化，促进册亨县旅游发展和生态经济协调发展。

（3）中华布依文化生态园。中华布依文化生态园包含平寨千年古榕树群、浪沙城市生态公园游览区等景区。园区内最高山峰坡豪山海拔 928.8 米，最低处位于景区南部的纳湖溪沟出水口，海拔 593.8 米。景区地势呈北高南低，山峦重叠、支脉绵延，森林覆盖率 80%以上，中华布依文化生态园以布依族原生态文化资源为基础，以“山地运动、山上避暑、山下避寒”为特色，将布依族歌舞观赏和民族习俗体验与山地观光、户外运动、休闲度假相结合。

（4）万重山山水生态旅游休闲度假区。万重山山水生态旅游休闲度假区位于册亨县纳福街道的秧庆村，该地距离册亨县城 15 千米，平均海拔 1400 米，地处土山和喀斯特地貌相连接之间，山体景观复杂多变，自然地貌独特，气候凉爽宜人，辖区内有海拔高大（1498 米）的“西南天山”。度假区建有观峰长廊、滑草场、民族表演舞台、布依主题休闲餐厅等相关的旅游配套设施，是一个集游览观光、休闲健身、康老养生为一体的旅游胜地。

（5）赖子山自然保护区。赖子山自然保护区地处册亨县者楼镇秧坪村赖子山组，赖子山自然保护区是册亨县人民政府批准的县级森林生态保护区，保护对象为野生动植物与森林生态，面积 3512.6 公顷。已列入贵州省自然保护区名录。赖子山自然保护区为典型喀斯特地貌，保护区内峰丛林立，植被茂盛。据初步调查，赖子山自然保护区有国家二级保护动物猕猴、白腹锦鸡、雀鹰、苍鹰、石蛙等，有国家二级重点保护野生植物红椿、十齿花、花榈木等。

（6）洛央桫椤保护小区。洛央桫椤保护小区地处册亨县达秧乡洛央村，核心保护区域位于洛央村境内的一条山沟内，面积约 10 公顷，沟里古木参天，老藤盘根错节，绿树成荫，遮天蔽日。据调查，保护小区内有国家二级重点保护野生植物桫椤、红椿、榉树等。

（五）林业生态体系建设

随着物质生活的日渐满足，人们对生态环境的需求越来越高，而随着经济社会发展生态环境保护的压力越来越大，重要的生态区域面临的威胁越来越严重。林业建设是生态环境改善的重要内容。册亨县虽然森林资源丰富，但是区域内大部分为脆弱的喀斯特地貌，西南部地区石漠化非常严重，此外，县内分布广泛的连片贫困区，土地资源紧缺，人与自然争土地的问题较为普遍。“十二五”期间，册亨县以“创新、协调、绿色、开放、共享”五大发展理念为指导，树立“尊重自然、顺应自然、保护自然”的意识，实施了一系列生态保护措施：加强生态林业建设、实施石漠化综合治理工程、珠江上游防护林工程、退耕还林工程、扶贫生态移民工程、公益林建设和保护工程、自然保护区保护建设工程。加强荒山造林绿化、加强造林地抚育与管护、狠抓森林防火和森林虫害防治。“十三五”期间，开展贵州册亨北盘江国家湿地公园建设、万重山省级森林公园建设、城镇生态绿屏建设（荒山绿化、坡耕地退耕还林、封山育林）等项目。

1. 退耕还林工程

对大于 25 度、粮食产量低而不稳的陡坡耕地，按照国家批准的生态退耕规划和贵州省的相关政策逐步退耕。铁路、主要公路两侧、水库及主要河流保护区15—25度不宜耕种的坡耕地，符合退耕条件的逐步退耕。2016—2018年实施退耕还林约3646.30公顷。此外，退耕还林中的贫困人口可获得中央财政补助资金，在退耕还林的同时，实现贫困人口的脱贫。

2. 生态林建设与珠防工程

实施防护林体系建设、石漠化治理与天然林保护等重点生态修复工程，稳步增加公益林面积，进行中幼林特别是新造林的抚育，扎实推进低效林改造，全面提高造林成效、森林质量和生态功能，全面提升林地生产力和林木生长量，统筹安排部分山区贫困人员专职从事公益林管护、森林防火与湿地管护等，让贫困人口从生态建设与修复中共享改革发展成果。加快实施重大生态工程建设。加强县境西部和北部等岩溶地区石漠化综合治理，完成石漠化治理面积287.5平方千米，提高植被覆盖度。加强珠防林工程建设，通过营造林方式对县内剩余的宜林荒山、25度以上坡耕地区域全部实施绿化。加大人工造林和公益林管护力度。建立健全生态建设与保护责任制，依法依规严肃整治各种破坏生态环境的行为。

（六）林业保障体系建设

林业生态体系的建设和林业产业体系的发展，依赖于完善的林业保障体系。林业保障体系建设包括政策支撑体系、资金投入保障体系、制度保障体系、人才管理队伍保障体系、技术支撑保障体系等。本报告主要从政策支撑体系和资金投入保障体系予以说明。

1. 政策支撑体系

国家层面上，2016年中央一号文件发布了《关于落实发展新理念加快农业现代化实现全面小康目标的若干意见》；此外，针对林业发布了《中共中央国务院关于加快林业发展的决定》。由于贵州处在长江和珠江水系上游分水岭地带，生态区位十分重要，但生态环境十分脆弱，生态修复难度很大，《国务院关于进一步促进贵州经济社会又好又快发展的若干意见》把贵州定位为长江、珠江上游重要生态安全屏障，明确提出了到2020年石漠化扩展势头得到根本遏制、环境质量良好的奋斗目标。

省级层面上，贵州省政府制定出台了《绿色贵州建设三年行动计划（2015—2017 年）》（黔府办发〔2015〕9 号）、《贵州省人民政府关于推进旅游业供给侧结构性改革的实施意见》（黔府发〔2016〕9 号）、《关于推进全省林业产业发展的实施方案》《贵州省人民政府关于切实做好造林绿化工作力争 2020 年全省森林覆盖率达到 60%的意见》等文件，提出到 2020 年，全省森林面积达到 15840 万亩，森林覆盖率达到 60%，意见明确继续实施《贵州省县乡村造林绿化规划（2014—2017 年）》和《绿色贵州建设三年行动计划（2015—2017 年）》，全面完成宜林荒山造林绿化和 25 度以上坡耕地和重要水源区 15—25 度坡耕地退耕还林和种植结构调整。此外，颁布并实施了《贵州省森林防火条例》《贵州省义务植树条例》《贵州省生态文明建设促进条例》等涉林地方性法规，制定了《贵州省林业生态红线保护党政领导干部问责暂行办法》，依法治林的法律法规更加完善。

2. 资金投入保障体系

册亨县林业产业发展的资金投入体系主要包括，以项目覆盖的新一轮退耕还林工程、珠防工程、抚育林建设、封山育林项目、低产低效林改造项目、石漠化综合治理工程、植被恢复工程、巩固退耕还林成果项目、中央造林补贴专项等林业重点工程，资金投入一般以中央财政补贴和地方配套形式、中央财政专项、省级资金与县级配套等形式。2018 年第一批中央财政造林补贴项目油茶林改造，以中央财政补贴资金为主，省级资金配套为辅；册亨县 2018 年中央财政森林抚育补贴项目，以中央财政补贴资金为主，县级资金配套为辅。2018 年，县林茂公司与国开行签订借款合同，在全省率先启动金融贷款推动国家储备林建设。

由于现阶段林业产业体系建设不完善，以及林业公益性属性较大、投入与产出之间不太匹配等原因，目前林业产业的发展投入资金以各级政府财政资金投入为主，尚未建立多元化的融资体系。构建以国家和省财政专项资金、专项补助资金、社会资本、金融资本的融资体系，多渠道、多层次筹集建设资金是林业产业发展的重要保障。

五、册亨县林业发展存在的问题

册亨县林业资源丰富，近年来得到快速发展，产业体系初具规模，但产业发展存在产业发展的水平不高、效益较差、产业处于低水平扩张的初级阶段等突出问题，主要表现在以下几个方面。

（一）林业产业的地位和作用认识不足

1. 对林业产业经济效益认识不足

中国传统以来以农耕和牧业为主要的农业生产方式，在大部分老百姓的认知里，农业生产以种植业和畜牧业为主，而对林业生产的认识不足。林业发展过程中缺乏科学的规划，林业在经济生产过程中，生产周期较大，前期投入多，经济产出直观效益不明显。此外，市场经济供需波动和价格波动以及自然灾害的存在，人们对市场风险和生产风险存在一定的警惕心理。目前，林业产业链建设不完整，产业没有形成规模，林业产业的经济效益更难以实现。从而导致老百姓对林业生产的积极性不高，对林业投入不足。

2. 对林业产业生态效益认识不足

目前，大部分老百姓的生态意识不足，对生态环境建设不了解、不关心、不参与，普遍认为生态环境的建设是政府的事情。在对林业生态效益作用认识不足的情况下，容易造成乱砍滥伐、破坏林业生产等现象。大部分贫困山区，由于生产条件恶劣，土地资源缺乏，老百姓在生产过程中容易出现开荒耕种等现象。而对于部分特色经济林，如油桐、油茶等经济林，单纯地关注经济效益，一旦经济作物的市场供需波动、市场价格波动，就容易造成经济林大片砍伐，种植面积下降的情况。

（二）林业第一产业组织化水平不高

册亨县虽然林业资源丰富，但林业产业发展起步较晚，规模较小。目前，林业产业粗放型经营现象普遍存在，“低、小、散”状况明显，集约化水平较低，总体效益不高，尚处于传统林业生产模式占主导的阶段，现代化林业产业还未全面形成。林业生产总体水平较低，竞争力不强。林业基础设施建设较为滞后，林区公路、森林防火通道有效使用率有待进一步提升，林地使用质量不高，林业生产条件比较差，林业产值与森林资源拥有量不相符。农民组织化程度仍然比较低，林产品开发技术和市场出路有限，难以发展高效林业。此外，由于受地理条件的限制，册亨县在林业产业发展上主要是发展杉木和桉树，在其他林产业方面没有新的突破，大资源、小产业的现状仍然存在，林业产业发展单一。

1. 油茶林低效、荒芜问题突出

林业产业规模效应突出，特别是经济林，由于需要高投入高强度经营，更是需要集约化和规模化支撑。目前，册亨县油茶林分散经营、管理粗放、小农经营严重，不符合规模化、集约化生产的要求。油茶林经营以农户经营为主，由于分散经营面积有限，单位面积的产出效益低，农户从经营茶林得到的收入较少，不足以维持家庭的基本支出，很多农户选择外出务工谋生，导致很多油茶林杂草丛生、荒芜严重。另外，油茶退化严重，茶籽产量低，全县 13.5 万亩油茶林近 2/3 以上属低产低效林，管理粗放，品质低下，平均产值低。据调查，册亨县现有油茶每公顷茶籽产量 585.6 千克，比较效益低。由于品种杂乱，加上经营不善，急需培育改造油茶 9 万亩。

2. 用材林经营粗放

第一，大部分林地均为农户个体经营，受传统习惯影响，造林后森林基本上处于自然生长状态，缺少抚育、施肥、管理等经营措施，亟须加大森林经营力度，提高林业组织化程度。第二，用材林经营方向不符合高效产业林建设。册亨县用材林以杉木、桉树为主，全县杉木、桉树面积 117.9 万亩，其中用材林 104.06 万亩，在用材林资源中，一般用材林占用材林资源的 80.53%。其轮伐期较长，不符合高效利用林地资源的要求。第三，杉木、桉树林分平均蓄积低，林分质量较差。杉木林分平均蓄积 5.6 立方米/亩、桉树林分平均蓄积 5.36 立方米/亩。第四，册亨县目前杉木种源达到成熟林分后，林木逐步枯梢，材质黑心化、空心化比较普遍。在更新造林时，应逐步改变杉木种源，改善杉木材质。因此，用材林在组织模式、经营方向、种源选择方面都亟须科学规划设计。

（三）林业第二产业基础薄弱，林产品加工技术水平较低

林业第二产业以林木加工为主，从全县生产规模来看，第二产业基础比较薄弱，工业规模偏低，林业产业总产值小。虽然存在两家林业龙头企业——福林木业公司和奇松林业公司，但与全县的生产能力和资源拥有量不相符。经济效益总体水平不高，“大资源、小产品、低效益”矛盾比较突出。木材加工业总规模小，目前年生产规模 1 万立方米以上的企业只有 2 家，大多数企业规模小，生产初级半成品多。

从产业生产方式来看，生产组织方式为粗放型，精深加工企业少，生产初级产品多，精细产品少，产业链短，林产品整体缺乏竞争力。从生产水平来看，产品科技含量不高。大多数企业生产设备陈旧，生产工艺落后，由于技术水平低，产品质量不稳定，生产效益较低。因此，第二产业林木加工的组织模式、生产能力、技术水平都有待提高。

（四）林业第三产业发展滞后

目前，森林旅游业占全县旅游收入的 1/3 左右。册亨县具有得天独厚的气候资源、自然地质地貌资源、历史文化资源、民族民间文化资源。但由于缺乏森林旅游的整体规划和配套设施建设，以森林公园、自然保护区支撑的森林旅游业则明显滞后。

（五）林业产业结构缺乏统一规划

林业第一产业用材林培育与林业第二产业林木生产加工，本质上为相互联动发展。第一产业缺乏规模化生产和精细化培育会制约第二产业林木加工产品的质量；同时第二产业生产能力不足、生产效率低下会导致森林资源开发利用效益不高，单位面积森林创造直接经济价值下降。反之，第一产业能为第二产业提供丰富、高质量的林木原材料会促进第二产业生产能力和生产质量的提升；第二产业产能的提升会促进第一产业的发展。产业发展随着市场供求变化波动较大，优势产业少，产业链不长，产业竞争

力不强。目前，林业第一、第二、第三产业发展均不理想，林产品商品化率较低，产地市场不完善，市场辐射能力弱，品牌建设管理落后。这需要在整个林业发展过程中，将林业第一、第二、第三产业进行统一规划，有机联系地促进发展，而不能将第一、第二、第三产业割裂开来发展。

（六）生态建设形势依然严峻

册亨县属于珠江水系上游，具有重要的生态建设地位；同时，县内喀斯特地貌生态环境较为脆弱，石漠化严重。巩固生态建设取得的成果和继续加强生态建设的挑战依然严峻。一是对矿山和库区生态修复，草山草坡绿化造林，小河流和生态保护，以及推进交通沿线、旅游景区、城镇周边和河流两岸的绿化带的投入资金缺口大，投入的人力、物力比较有限。导致大面积规模化造林落实难度大，影响生态建设的整体推进。二是在人工造林、林权归属、林业执法以及林业管理方面的体制机制有待进一步理顺。三是在对石漠化进行积极治理的过程中暴露出技术支撑较为薄弱的问题，尤其是石漠化治理项目监测和评估亟待加强。

六、加快册亨县林业发展对策建议

以可持续发展理论为指导，以生态环境建设为重点，以产业化发展为动力，以全社会共同参与和支持为前提，广泛地参与国际交流与合作，实现林业资源、环境和产业协调发展，环境效益、经济效益与社会效益高度统一，是现代林业的发展思路。册亨县森林资源丰富，具有发展林业产业的优势，但也面临重重困难，要做大、做强林业产业依然任重道远。针对册亨县林业发展目前存在较为突出和紧迫的问题，提出以下几方面政策建议。

（一）坚守生态环境底线，建设珠江上游生态屏障

根据现代化林业产业发展的思路，以生态环境建设为重点，产业化发展为动力，坚守生态环境建设是林业发展首要任务。册亨县位于珠江水系上游，要充分发挥林业在生态保护与建设中的主体功能，通过实施生态建

设和环境保护，以保护建设森林、湿地、荒漠化生态系统和维护生物多样性为核心，以林业重点工程建设为载体，进一步实施天然林资源保护工程、珠江防护林建设工程、封山育林工程、退耕还林工程、石漠化治理工程、通道绿化等生态林建设工程，扩大森林面积和提高森林覆盖率，加快构建功能完善的珠江上游区域性生态屏障和南北盘江流域生态体系，使生态环境保护能力显著增强，全面遏制土地石漠化和治理水土流失，增强生态系统防灾减灾能力。

（二）注重规划统筹，创新体制机制

在规划统筹上，结合册亨县实际，把林业产业发展列入全县经济发展规划，将林业、农业等建设项目、资金打捆，整合发展项目，重点向现代林业生产、加工、供应、销售等整个产业链和龙头企业、专业合作组织倾斜。林业产业是一个纵跨第一、第二、第三产业的复合型产业，第一、第二、第三产业之间相互关联，相互促进，因此，册亨林业发展规划要将林业第一、第二、第三产业作为一个有机构成的整体进行考虑，在促进册亨县林业产业发展，制定产业政策时要兼顾第一、第二、第三产业相互促进、协调发展。在体制机制创新上，开展政策性林业贷款担保业务，探索建立多种形式的林业担保机制，对林业种植业保险实行保费补贴试点。推进利益联结机制建设，发展订单产业，鼓励龙头企业实行保护价收购林产品，引导农户以土地、资金、技术、劳动力等形式入股，建立多元化发展模式，增强内生动力。

（三）提高林业生产组织化水平

针对林业经济作物粗放型、分散化经营问题和林地经营规模小、林业产业效率不高等问题，根据现代林业的发展要求，需要走集约化生产、规模化生产、科技化生产的道路。一是引进先进生产技术和管理技术，逐步提高生产经营组织化水平，产生规模效应，增强抵御风险的能力；二是培育生产大户，将林地流转到具有一定资金和生产能力的生产大户或者掌握一定生产技术的专业大户，根据流转的土地进行分红的模式；三是大力扶

持多元化、多形式的农民专业合作组织发展，采取经济、行政等措施，推动承包权和经营权分离，将经营权集中到合作社，由合作社进行规模化经营；四是针对集体林权制度改革后，限制了社会资本对林业的投入问题，可以引进林业公司，由公司生产经营，以林地进行分红，通过专业大户、合作社、公司经营三种方式建立起适合现代林业要求的高投入、高产出的商品林经营机制。

（四）改善林业发展基础设施

一是加强信息化建设。健全的林业信息化管理和运行机制，加快完成林业信息化基础平台建设，以森林资源和基础信息数据库为核心，建成多级联动、安全稳定的森林资源监测与评价管理信息系统，实现森林资源数据的年度监测与评价。二是加强基层林业站建设。积极向上争取，全面推进林业站标准化建设，通过软硬件的规范提升，基本实现办公信息化、制度规范化、服务高效化、管护机制化。三是加强林区道路建设。继续加大对林区道路、森林防火通道、森林步道建设，改善林区基础设施条件，发挥林区观光优势，提高森林经营质量和森林保护能力。

（五）加大资金投入力度，建立多元化融资渠道

资金投入是林业产业发展和生态环境建设最重要的保障。资金筹措要本着“政府主导、部门牵头、社会参与，市场运作、融资配套、业主实施”的原则，多渠道、多层次筹集建设资金。一是以项目覆盖为保障，积极向中央和省级层面争取财政项目资金。通过实施新一轮退耕还林工程、珠防工程、石漠化综合治理工程、植被恢复工程、巩固退耕还林成果项目、中央造林补贴项目等林业重点工程，引导群众调整林业产业结构，使林业发展规模化、产业化、集约化，全面扩大造林面积，提高造林质量，保障生态建设成果；争取国家和省财政专项资金，如退耕还林补贴资金、中央财政补贴造林资金、中央财政补贴森林；积极争取抚育资金、公益林管护资金、省阔叶林发展专项补助资金等。二是建立林业产业发展基金。通过以奖代补等形式对林业产业建设进行补助，引导龙头企业和社会民间

资金投入建设，对龙头企业、专业合作组织进行财政贴息担保。实行市场化运作，通过招商引资、项目推介、鼓励合作等多种措施，大力引导、支持非公有制经济主体投资林业产业。可以遵循“谁所有、谁受益、谁投资”的原则，制定优惠政策，采取市场化运作的方式吸引社会资本投入。三是引入金融资本。一方面积极争取金融贷款，加大国内、国际金融机构对林业优惠贷款的争取力度，协调县内金融机构出台并落实符合林业特点的信贷产品和优惠政策，搭建银企合作和信贷担保平台；另一方面组织政府、其他相关机构、企业成立林业经营公司，尝试发行公司债券进行融资。

（六）做大做强特色林产品和优势资源加工

一是发展木材精深加工。依托丰富的人工林、次生林等森林资源及其资源再生能力，加快杉木、桉树基地林建设步伐，建设区域性木材精深加工基地。引导企业开发新产品，增加产品品种，加大定制材、干燥材、刨光材、装饰材等附加值较高的产品生产，提高产品档次；引进林木加工先进技术，对林木加工制造工艺进行优化；促进企业扩大生产规模，培育新创建企业，扩大册亨县林业总产量规模，提升林业产值。同时，利用农林产品加工和农林资源废弃物等原料促进活性炭生产和木材精深加工。打通大型林木精深加工企业的投产、运营、销售产业链，形成林木加工优势产业。通过产业优势吸引周边县市木材资源，带动物流、仓储、交易平台等服务产业的发展，将册亨巧马工业园发展成为黔西南乃至贵州省西南部最大的木材交易集散中心。二是抓好油茶加工业。册亨县茶油是贵州省著名绿色品牌之一，茶油的食用价值高，消费者对天然绿色食品的巨大需求为油茶产业创造了巨大的市场和良好的前景。发展油茶优势产业，要以政策补贴、促进油茶集约化生产等方式稳定扩大油茶生产面积，保证原材料的供给；同时扶持好现有油茶加工企业，抓住油茶作为健康养生的绿色产品市场需求越来越大的时机，鼓励支持企业通过改进工艺，扩大产量，提高质量，增加销售总额，提高效益，积极发挥带领作用，促进资源培育业发展，为兴林富民作出贡献。

（七）强化技术指导，提高经营效益

支持林业技术人员深入农村，围绕产业发展开展现代林业实用技术培训和技术推广，建立林业产业示范基地、示范村和示范户，引导林农全面采用标准化种苗培育、苗木栽培、果枝修剪、嫁接施肥等实用技术与规范化措施，科学营造杉木速生丰产用材林、桉树短轮伐期用材林和特色经济林，加强抚育管理，提高商品林基地经营效益，有效增加林农森林经营收入，实现林业提质增效。

（八）加大宣传力度，提高林业生态意识

现代林业产业发展的重点是改善生态环境，不仅具有经济效益还有生态效益和社会效益，因此，林业产业具有一定公益属性。林业产业发展，进而促进生态环境改善又是一项复杂而伟大的工程，不仅需要政府牵头建设，更需要社会各界全民参与。因此，必须要加大植树造林、退耕还林、生态保护等宣传力度，提高人们的生态意识，发动社会各界力量参与植树造林等林业生态改善事业。

B.7 关于加快贵州册亨县糯米蕉产业发展调研报告

王顺勇[①] 岑启根[②] 依然岚[③]

摘要：由于香蕉种植在我国农业结构中的比重不断增加，经过几年的发展，糯米蕉这一独具特色的产业已经成为册亨县脱贫致富的一大支柱产业，农民经济增收的主要来源。如何提升糯米蕉种植的标准化、如何提高糯米蕉的产量和品质，变成了现阶段技术部门急需解决的问题。本报告从蕉园的发展历史、发展现状、技术管理、经验做法等方面对糯米蕉产业在册亨县发展的可行性进行分析、提出建议和应对方案，助推产业的发展，从而助推册亨县的脱贫攻坚。

关键词：糯米蕉产业发展

册亨县是贵州省 14 个深度贫困县之一，脱贫攻坚、同步小康任务艰巨。平均海拔 500 余米，年平均气温 18—19.2℃，年降雨量 1350—1450 毫米，无霜期 320—340 天。优越的地理条件和气候资源特别适宜发展糯米蕉产业助推脱贫攻坚。近年来，册亨县按照“上规模、强龙头、创品牌、带农户”的思路，依托南北盘江低热河谷地区自然条件优势，采取“公司+基地+合作社+农户”模式，大力发展糯米蕉产业，探索走出一条绿色生态的产业扶贫新路。

① 王顺勇，册亨县农业农村局农艺师。

② 岑启根，册亨县农业农村局农艺师。

③ 依然岚，册亨县农业农村局助理农艺师。

一、册亨糯米蕉：一个新兴产业

（一）册亨县种植糯米蕉的历史回顾

册亨县南北盘江自古生长有野生香蕉，2015年册亨县就开始引进香蕉试种，栽培品种主要是西贡蕉、威廉斯，到了2016年以西贡蕉、威廉斯为主栽品种，面积逐年增大，香蕉种植取得了较好的成效。香蕉种植初具规模，成为册亨县农民增产增收的一大支柱产业。2017年全县香蕉种植面积达到6.15万亩，挂果面积3万亩，产量达到400吨，产值160万元。实现了山上产水果，田间出菜粮。农民收入稳定增长，生活明显改善。在合作社和协会的带动下，单产逐年得到提高，品质逐渐上升，经济效益更显著，产品得到省内外广大消费者的喜爱，产品供不应求，农民过上富裕的生活。产量从低到高，产品质量从优质向无公害产品方向发展。册亨县生态香蕉种植主要表现为：周期短、见效快、易管护，效果十分显著，农户种植积极性高，是册亨产业结构调整的突破口。近年来，为配合实施新一轮西部大开发，促进农业增产、农民增收，县委、县政府把香蕉产业列入全县“六大产业”来抓，从战略的高度调整农业产业结构，加大对香蕉产业的投入力度，香蕉产值在种植业总产值中所占的比例逐年上升。目前，以兴贵合作社为香蕉核心示范基地的册亨县香蕉种植产业已初具规模，标准化程度不断提高，产品质量进一步优化，市场竞争力明显增强，香蕉产业已成为册亨县南北盘江低热河谷地区农民脱贫致富奔小康的重要支柱产业。册亨县“十三五”农业发展规划，计划发展香蕉种植10万亩，至2020年，以南北盘江为核心的标准化精品水果示范基地，辐射全县水果标准化种植，集农、科、教、技、工、贸于一体，使册亨县南北盘江精品水果示范基地逐步成为科研、示范、生产、教育、培训、科技成果转化等多功能的农业现代化基地、优质种苗培育繁殖基地和优势农产品生产基地，发展成为农业科技现代化、运作机制市场化、农业经营产业化、农业生产专业化的农业现代化载体，形成现代农业的样板，以点带面，促进册亨县农业现代化建设迈上新台阶。

（二）册亨县糯米蕉产业的发展现状

1. 种植规模及规划布局

香蕉在册亨县已有上百年的栽培历史，主要以农户自发种植为主，面积零星分散，管理技术落后，加上无龙头企业带动，发展较缓慢。2015年，岩架、双江等乡镇从广西引种示范成功后，香蕉产业得到迅速发展。2016年，全县种植面积2.5万余亩，挂果面积近0.8万余亩，产量1万余吨，产值2000万余元。种植规模大小不一，面积从几亩到百亩不等。主要分布在南北盘江的岩架、双江、百口、八渡、巧马5个乡镇海拔375—700米的地区。目前，册亨县有香蕉种植大户18户，农民专业合作社15家，通过招商引进贵州省双宇农业旅游开发有限公司在双江镇建设香蕉示范基地，带动周边农民种植，贵州篱篆农业发展有限公司在岩架镇新建香蕉加工厂，日吞吐量10吨，解决了册亨香蕉产业销售难的问题。册亨县计划“十三五”期间发展香蕉产业10万亩，主要布局在南北盘江低热河谷地区的岩架、双江、百口、八渡、巧马。

2. 主栽品种

册亨县香蕉栽培品种主要有西贡蕉、威廉斯、小米蕉、本地芭蕉等，其中西贡蕉种植面积比较大，占总面积的60%，小米蕉占20%，其余占20%。种植密度为每亩100—110株，单产每亩1000—1500公斤。发展香蕉产业见效快，一般在15—16个月可以收成，还可以保护水源，防止水土流失，具有很好的生态环境保护作用。

3. 利益联结机制

以公司流转土地建立基地，种植大户租地种植，农户土地入股和自己种植等种植模式为主，逐步形成“公司+基地+合作社+农户”等生产经营方式。以贵州省双宇农业旅游开发有限公司为例，2019年先在双江镇八望村建设500余亩的香蕉丰产园示范基地，示范带动周边农民种植。今后逐渐探索实行“五统一”管理，即统一种苗、统一技术指导、统一管理、统一收购、统一销售。由企业提供优质香蕉种苗，统一按保护价收购，统一包装出售，最终组成香蕉种植联合体，形成产业化效应，带动农户增收和区域经济发展。目前，通过“黔邮乡情”电商平台，已经发货8000余单，销售量20余吨，产值6万余元，预计2019年底实现150余吨的销售量，产品主要销往北京、上海、广州、贵阳等城市。香蕉产业投入成本低，管理简单，见效快，是适合留守妇女、老人从事的农业产业。以2017年收购价每公斤3元计算，亩产值6000元，减去每亩基本投入1500元，实现纯收入4500元。

二、册亨糯米蕉：大有可为产业

（一）规划引领：制订糯米蕉产业发展规划

1. 具有独特的自然条件

香蕉品质决定于所生长的环境、气候和栽培管理技术等多种因素，其最佳生长环境是纬度、海拔低，雨量充足、阳光适宜。册亨县香蕉种植区位于南北盘江低热河谷地区，海拔375—700米，年平均气温19.2℃，无霜期345天，年降雨量1336毫米以上，年日照1514小时，属典型的亚热带季风气候，具有香蕉种植的各种优势条件，所生产的香蕉果形好，内含物质丰富，深受广大消费者的喜爱。

2. 具有丰富的热区土地资源

册亨县有国土面积2598平方千米，全县土地面积50万亩，海拔在1000米以下的热区土地面积22万亩，其中，适合种植香蕉面积7万亩以上。这些地区土地肥沃，土层深厚，土类土种丰富，主要有红壤、黄壤、黄红壤等，pH值4.5—6.8，有机质含量达1.9%—6.5%，能满足香蕉生产对土壤养分的需求。

3. 具有较好的区位优势

册亨县东隔北盘江与望谟毗邻，南隔南盘江与广西田林、乐业、隆林三县相望，西北与安龙、贞丰两县相接。距贵阳320千米、昆明370千米、南宁390千米，到贵州、广西、云南三省（自治区）省会（首府）均在4小时车程以内，到兴义机场1小时车程。南昆铁路、汕昆高速公路、余庆至安龙（望谟至安龙段）高速公路穿境而过，南北盘江红水河水运中通道建成通航和岩架港口的建成投用，集航空、水路、铁路、高速公路为一体的立体交通网络基本形成，册亨将成为沿海和腹地紧密相连的枢纽，珠江上游的黄金水道，是黔西南州乃至贵州西部、攀西六盘水地区南下的“桥梁”，独特的交通区位优势为农产品走向国内外市场提供了便利条件，区位优势日趋明显。

4. 具有良好的群众基础

册亨县种植香蕉历史悠久，有种植香蕉的传统，尤其是位于南北盘江畔的岩架、双江、百口、巧马、八渡等乡镇，群众有种植香蕉的经验，对香蕉的种植、抚育、管理等方面都积累了丰富的经验，涌现出一大批种植大户和技术能手。贵州双宇农业旅游开发有限公司利用丰富的热区资源，依托贵州省热科院专家技术支持，实施双江镇八望村香蕉丰产园示范基地建设，带动周边群众大力发展香蕉种植，为进一步发展香蕉产业奠定了坚实的群众基础。

（二）组织保障：组织领导和技术措施

1. 组织领导

（1）成立项目实施领导小组。为确保项目的顺利实施，保证项目有条不紊地进行，成立以县委书记、县政府县长为组长，县政府分管副县长为副组长，县农业、财政、发改、扶贫、交通和供电等相关部门主要领导为成员的项目实施领导小组，负责项目的组织领导、检查、协调和监督工作。领导小组下设办公室，负责处理日常事务工作。领导小组负责项目建设的总体工作，具体职责是：

①监督项目基金的使用，合理有效地使用项目基金。

②随时检查项目建设质量、总进度及建设目标。

③组织协调并处理项目执行中需要协调、处理的重大问题。

④对项目承担单位及项目负责人进行目标考核与信用评价。

（2）成立项目实施技术服务小组。成立以县农业局分管副局长为组长，农业局业务骨干、实施乡镇农业服务中心主任及项目实施主体主要负责同志为成员的项目实施技术服务小组，负责项目实施的技术指导和服务。实施技术服务小组具体职责是：

①负责项目前期的宣传发动工作，确保项目建设的实施进度。

②负责项目建设规划设计工作。

③负责栽培技术资料编写及发放工作。

④负责配套技术研究、培训和技术指导。

（3）明确实施主体。项目将贵州华实农业开发有限公司作为项目实施主体，实行公司化运作，当地农户可用土地参与入股分红，用工优先。主要职责是：组织生产、经营、销售；负责项目资料收集整理、总结，迎接上级检查验收。

2. 技术措施

以贵州省农委、黔西南布依族苗族自治州农委为技术依托单位，同时承担单位技术力量雄厚，掌握栽培技术，当地农户已有多年香蕉种植经验，技术水平较好，技术支持有保障。在实施过程中，按照黔西南《无公害农产品生产操作规程》实施，以病虫害防治为重点，推广物理防治和生物防治；严格选择生产基地、选用优良品种、规范化种植、平衡配方施肥、病虫害综合防治、适时采收处理等技术组合配套；实行全程质量管理，严格执行无公害生产管理制度。

（三）品牌战略：申请册亨糯米蕉地理标识

册亨糯米蕉地理标识 2018 年 12 月已经通过农业农村部的专家评审。

（四）发展路径：推进糯米蕉产业发展的措施

1. 突出规划引领，彰显产业特色

近年来，册亨县按照“上规模、强龙头、创品牌、带农户”的思路，依托南北盘江低热河谷地区自然条件优势，采取“公司+基地+合作社+农户”模式，大力发展糯米蕉产业，探索走出一条绿色生态的产业扶贫新路。制订糯米蕉产业发展规划，明确到 2020 年建成 10 万亩糯米蕉基地。

2. 加大资金投入，夯实基础配套

与贵州华实农业科技开发有限公司合作投资 2600 万元在册亨县岩架镇

建设占地36亩集分级包装、冷链配送、市场交易、数据平台为一体的糯米蕉产业中心；引进贵州篱篆农业发展有限公司投资2800万元在岩架镇建设占地41亩的糯米蕉片、糯米蕉粉等系列产品糯米蕉深加工厂。糯米蕉产业中心和加工厂建成后，解决了糯米蕉的销售和蕉农务工的问题，增加了农户的收入，助推脱贫攻坚步伐。

3. 强化科技服务，促进产业升级

加强培训，组织种植大户、专业合作社成员及部分村干部赴广西香丰种业有限责任公司进行考察学习，邀请中国热带农业学院、省农科院、省农委、州农委技术专家对糯米蕉种植户全覆盖培训和指导，不断提升种植和管理水平。建立利益联结机制，明确企业、合作社、村集体、农民在产业链、利益链中的环节和份额，帮助农户稳定获得订单生产、劳务用工、反租倒包、政策红利、资产扶贫、入股分红等收益，推进资源变资产、资金变股金、农民变股东“三变”改革，充分激活农村资源要素。目前，已组建糯米蕉专业合作社28个，3047户贫困户入股专业合作社，带动贫困户种植糯米蕉1.6万亩，实现2240户8960人脱贫。

4. 加大招商引资，突出规模效应

引进贵奥投资集团公司投资1.5亿元，在高洛新区建设500亩糯米蕉大数据农耕园，果蔬育苗中心、糯米蕉品种试验基地；引进贵州双宇农业开发有限公司投入300余万元，在双江镇八望村建成600亩糯米蕉标准种植示范园；引进广西龙州家通农业公司投资2800万元，正在岩架镇、双江镇建设2000亩糯米蕉种植标准示范基地。

5. 加强市场拓展，创立品牌形象

选优品种，通过多方考察、对比、试种，确定独具特色的糯米蕉，由专业合作社统一发放蕉苗给农户栽种，经验收合格后，每亩补助资金550元。提升品质，坚持安全、健康、高品质的绿色生态理念，用农家肥作为肥料，不添加催熟剂，采取统一品种、统一经营、统一管理、统一收购、统一销售方式，标准化种植，精细化管理，规范化采收，严把上市关口，确保糯米蕉品质。在打造品牌方面，2017年注册“册亨县南北盘江金爪蕉”和“册亨县南北盘江糯米蕉”两个商标品牌；2017年获无公害产地认证；2018 年中国产学研促进会授予“中国糯米蕉之乡”的美誉，2018 年被上海大世界基尼斯总部授予“大世界基尼斯之最”的美誉，2018 年地理标识通过了农业农村部的专家评审，全力打造“中国糯米蕉之乡”品牌。并抢抓东西部扶贫和中国联通帮扶等机遇，通过黔邮乡情、电商到村里、京东、网易考拉等平台上线销售糯米蕉 32 万单。

三、近年来册亨糯米蕉产业发展成效

（一）面积变化

2016 年以前糯米蕉累计种植面积 1 万余亩。

2016 年推广种植 1.5 万亩，累计推广种植 2.5 万亩。

2017 年推广种植 2.5 万亩，累计推广种植 5 万亩。

2018 年推广种植 1.8 万亩，累计推广种植 6.8 万亩。

2019 年推广种植 1.5 万亩，累计推广种植 8.3 万亩。

2020 年规划种植 2 万余亩，累计推广种植 10 万余亩。

（二）产量变化

2016 年以前，累计挂果面积 300 亩，产量 300 吨。

2016 年，累计挂果面积 3000 亩，产量 4500 吨。

2017 年，累计挂果面积 1.5 万亩，产量 22500 吨。

2018 年，累计挂果面积 2.5 万亩，产量 37500 吨。

2019 年，预计挂果面积 3 万亩，产量 45000 吨。

（三）产值变化

2016 年以前，产值 30 万元。

2016 年，平均售价每公斤 2 元，产值 900 万元。

2017 年，平均售价每公斤 2.4 元，产值 5400 万元。

2018 年，平均售价每公斤 2.6 元，产值 9750 万元。

2019 年，预计平均售价每公斤 3 元，产值 13500 万元。

（四）收入变化

2016 年以前，覆盖群众 500 余户，户均收入 600 元。

2016 年，覆盖群众 1200 余户，户均收入 7000 元以上。

2017 年，覆盖群众 2500 余户，户均收入 21000 元以上。

2018 年，覆盖群众 3400 余户，户均收入 28000 元以上。

2019 年，预计覆盖群众 4500 余户，户均收入 30000 元以上。

四、册亨糯米蕉产业发展存在的问题和不足

（一）基础设施滞后，产业定位模糊

册亨糯米蕉生产地理条件特殊，区域分布零星，基础配套设施条件较差，还存在交通运输、信息传播、水利灌溉等能力不足问题。

（二）品种结构单一，精加工后缺失

目前，糯米蕉生产还存在主导品种缺乏，生产品种杂乱，栽培管理粗放，科技支撑能力不足，一些果园不能按期投产，产量不高，品质欠佳，商品率较低等问题。

（三）政府财力有限，招商引资乏力

通过示范种植支出核算，基本标准园从建园到投产一般需 2 年时间，每亩糯米蕉直接生产成本合计达 5000 元以上，除一些企业和种植大户具备相应投资能力外，一般农户仅靠政府每亩 500—800 元的产业补助资金投入严重不足，导致果园创建水平较低，只种不管、失管弃管等现象突出。

（四）组织化程度低，龙头带动力弱

由于龙滩电站建成投入使用，下闸储水，海拔 375 米以内的良田被淹没，现在册亨县南北盘江低热河谷地区适宜种植糯米蕉的区域基本都是坡地，加上国家生态保护政策的实施，不能开荒砍树进行连片生产，基础设

施薄弱，糯米蕉生产管理成本比较高，缺失资金投入，龙头企业带动效果也就不够明显。

（五）科技支撑不够，标准化建设不足

虽然香蕉在册亨县种植的历史悠久，但都是粗放型管理，正式大面积推广种植才几年时间，生产管理技术还没有全部完善，虽然邀请了大专院校、科研单位的技术人员进行了系统的培训，但由于是山地种植，很多技术还是不能够照搬照用，并且册亨县是民族地区，文化程度又不是很高，所以接受新技术也相对要慢一些。受地理条件、技术、资金等因素的影响，要规模化、标准化地生产还有一个过程。

五、关于册亨县打造糯米蕉产业大县的几点思考

（一）充分认识糯米蕉产业的优势

由于册亨县特殊的地理条件、昼夜温差大等特点，生产出来的糯米蕉软、糯、香、甜，口感特别好，深受广大消费者的青睐，并且册亨县适宜发展糯米蕉产业的土地资源有 20 万亩左右，人口 23 万，其中农业人口有 8 万多，劳动力丰富，占据了天时地利人和的发展优势。

（二）进一步明确糯米蕉产业的发展定位

册亨县将充分利用好得天独厚的气候、土地等资源优势，大力发展糯米蕉产业，力争到 2020 年建设 10 万亩以上的糯米蕉基地，打造册亨的绿色品牌和中国糯米蕉之乡及最大的糯米蕉生产县。

（三）着力转变糯米蕉产业发展的思路

从 2019 年开始，整合更多的资金，投入糯米蕉产业基础设施建设中，从而提高糯米蕉的产量和品质，增加群众的收入，助推脱贫攻坚。

（四）加快解决制约糯米蕉产业的“瓶颈”

标准化、规模化、市场竞争力差是制约糯米蕉产业发展的“瓶颈”，

在以后的发展中，册亨县将大力引进有资金、有技术的企业，流转土地建设高标准的核心示范基地，从而带动群众发展。

（五）实施五大工程加快推进糯米蕉产业发展

1. 龙头企业引进工程

到目前为止，册亨县已经引进了 3 家糯米蕉生产企业和 1 家糯米蕉深加工企业。在未来的糯米蕉产业发展中，将引进更多的企业入驻册亨。

2. 实施主体培育工程

册亨县到目前，已经引进糯米蕉生产企业 3 家，3 家生产企业的基地规模都在 2000 亩以上，并且有自己的育苗基地，已组建糯米蕉专业合作社 31 个，3047 户贫困户入股专业合作社，带动贫困户种植糯米蕉 2 万余亩，实现了 2240 户 8960 人脱贫。有 100 亩以上糯米蕉种植基地的大户 36 户，其中 1 户已经种植 1000 余亩。

3. 实施市场营销工程

充分利用大数据和黔邮乡情线上销售，让更多的消费者品尝到册亨糯米蕉。

4. 实施品牌提升工程

册亨县将用 3 年时间完成“三品一标”的申报评审，全力打造“中国糯米蕉之乡”品牌。

5. 实施宣传推广工程

册亨县将充分发挥媒体的宣传效应，邀请更多的媒体到册亨宣传报道，力争做到家喻户晓。

参考文献

［1］韦绍龙，黄素梅，韦莉萍，韦弟，李朝生，覃柳燕，田丹丹，张进忠，周维，龙盛风，杨柳．香蕉抗（耐）枯萎病新品种桂蕉 9 号的选育及其高产栽培技术［J］．南方农业学报，2016，47（4）：530-536.

［2］汪军，潘江禹，毛超，戴青冬，刘一贤，张建华，郭立佳，黄俊生．土壤物理因素和栽培方式对淡紫拟青霉 E7 在香蕉根际定殖和促生作

用的影响［J］．果树学报，2013，30（2）：274-280.

［3］牟海飞，吴代东，邹瑜，林贵美，张进忠．香蕉寒害及防寒栽培技术研究进展［J］．南方农业学报，2012，43（7）：965-970.

［4］许林兵，黄秉智，吴元立，黄永红，董涛．中国香蕉枯萎病地区栽培的多样性生产成本与效益分析［J］．热带农业科学，2010，30（9）：38-44，48.

B.8 指尖脱贫：贵州册亨县刺绣产业发展报告

黄德林[①] 杨胜娇[②]

摘要：据2010年全国第六次人口普查数据显示，我国布依族人口总数为287万[③]，其中贵州省布依族人口为251.06万[④]，占全国布依族人口的87.47%。贵州布依族主要分布在黔南、黔西南两个布依族苗族自治州。另外，在云南、四川、广西等省区以及越南、缅甸等国也有零星的布依族散居。但是，除贵州省以外的布依族人口总数仅占布依族人口总数的12.53%。1965年12月，册亨县成为全国唯一的布依族自治县。1982年4月，因成立黔西南布依族苗族自治州，于是撤销册亨布依族自治县，设立册亨县。2018年册亨县总人口24万，其中布依族人口数18.6万，占全县总人口数的76%。全县70%的布依族家庭妇女都掌握刺绣、手工民族服饰等技艺，2016年获中国民协授予"中国布依族刺绣艺术之乡"称号。

近年来，册亨县委、县政府依托文化资源优势，积极响应实施"锦绣计划"，布依族妇女用自己的指尖编织着致富小康梦，实现了民族文化传承与创业就业脱贫的融合发展。本报告主要从册亨县布依族刺绣产业现状分析入手，分析册亨县指尖脱贫的主要做法及实践成效，并直面存在的困境和产业发展"瓶颈"，为此而提出相关对策建议。

---

① 黄德林，贵州省社会科学院社会研究所所长，研究员。

② 杨胜娇，册亨县云娇布依特色染织刺绣有限公司总经理。

③ 国务院人口普查办公室、国家统计局人口和就业统计司编：《中国2010年人口普查资料》（上），北京·中国统计出版社，2012年版，第199页。

④ 贵州省统计局、国家统计局贵州调查总队编：《2012贵州统计年鉴》，北京·中国统计出版社，2012年版，第40页。

关键词： 指尖脱贫　刺绣产业

2019年是册亨县脱贫攻坚决战之年，其中指尖脱贫是县委、县政府脱贫决战的重要环节，全县刺绣产业发展依托“锦绣计划”的实施，紧紧围绕县委、县政府深入实施脱贫攻坚行动的总体部署，把大力发展妇女特色手工产业作为服务扶贫开发大局、服务妇女脱贫需求的重要举措，坚持以易地扶贫搬迁妇女、贫困妇女为主体，以促进贫困家庭脱贫致富为目标，以提高妇女手工技能为重点，加快推动册亨县地方特色的刺绣、编织、民族服装服饰和旅游商品等手工产业实现新的发展。

一、布依文化优势：中国布依族刺绣艺术之乡

册亨县布依族传统的民间工艺种类繁多，特别是纺织、扎染、刺绣、花椒布很具特点。翻开布依族的历史，便是一部男善耕种、女善纺织的历史。《北史·僚传》曾记载，魏晋南北朝时期，布依族先民已“能为细布，色至鲜净”。隋唐之时，布依族先民已开始使用葛麻等植物纤维制作葛布、斑布、竹布。明清后纺织业在布依族地区日渐发达。以后每家每户都有一台自己制作的纺车和织布机，便于妇女自纺、自织、自缝、自用，自给自足。

（一）刺绣工艺品

布依族妇女会做许多精工制作的工艺品。其中尤其擅长蜡染、扎染技术。而居住在册亨县境内的布依族妇女，除蜡染之外，且擅长扎染。扎染又称“叠染”“折染”。制作方法与蜡染相同，但花纹不同蜡绘，而是用白布按照自己所需要的花纹折叠、扎好，用粗麻线铺成花绘，再把麻线包缝好后放进染缸里浸染，折线之后即呈现出花纹。花纹有蝴蝶、花枝等，图案素雅、美观，可作门帘、床单使用。布依族崇尚土布纺织，其传统纺织技艺伴随族群生活一直在当地布依族的村村寨寨中流传。据咸丰《兴义府志·物产志》记载：“棉花，按今府亲辖之南境，及兴义县贞丰州册亨之南境沿红水江之地，皆种棉花……按绵布、线布、麻布全郡皆产。”说明

册亨布依族很早就熟练掌握并流传自种棉花和纺织的技术。布依族土布纺织技艺是用当地种植的优质棉花作原料，通过自制纺车和织布机等纺织工具生产布匹的传统技艺。包括擀花抽线、挽线、染线、浆线、牵线、织布等流程。布依族土布纺织包含纺、染、织等一体，是布依族农耕社会条件下的产物。布依族土布纺织技艺在历史的长河中由布依族妇女传承发展，是中国少数民族服饰文化中不可或缺的一部分。布依族土布纺织是前人实践经验的总结，蕴藏着朴素的物理学与化学的科学认知，体现了布依民族的精神文化内涵和审美心理。用布依族土布制作的服饰更是布依族文化符号的象征。布依绣，布依语称“绡哇”，是册亨布依族妇女崇尚的一种传统美术工艺。布依族女性爱美，喜欢用刺绣图案点缀美好的生活。她们从小练就一双能织会绣的巧手，成为衡量她们聪明贤淑的重要方面。从明弘治年间算起，布依绣已有 500 多年的历史了。采取素绣和彩绣、直绣和剪贴绣绣法运用平针、破针、绕针、辫针、挑花等，合理地在针织底料上布局图案，让内容丰富的布依绣展现出茁朴而灵秀的个性之美。布依绣具有花纹栩栩如生，技艺精巧，色调和谐的特点，刺绣的图案有人物、花草、飞鸟、虫蝶、动物等，图案都是用几种颜色绣出，有写实的，有写意的，也有各种几何图案。布依绣的艺术价值突出。一针一绣艺、一线一梦境，传达了情感表达、婚姻生活习俗等。丰富的布依文化信息，是反映布依族风土人情的重要载体。

布依绣——绣片。底色一般是用黑色作底，也有白、蓝、红等。同一个图案，不同的绣娘绣，会有几十个或上百个不一样的成品图，因为每个绣娘的配色不一样，完全是根据她们多年的经验和对事物的审美视角来绣的。

布依绣——绣花鞋。鞋表面靛染土布，内衬红色市布，绿色市布绲边，下五彩丝线锯齿纹，鞋帮满绣八瓣缠枝花卉、蝴蝶等图案，寓意有福有禄，吉祥如意。

布依绣——鞋垫。图案精致，美轮美奂，一般热恋中的布依男女使用，多数体现为女方赠送给自己心仪的对象而制作的手工绣品。也可以作为礼品馈赠友人和亲朋，表现了布依妇女的心灵手巧和勤劳致富的一面。

布依绣——传统民族服饰。布依绣是布依族人“穿在身上的家园”，寄情于里，一针一线蕴藏着一种母性慈爱和责任心，具有民族地域性、文化内涵丰富性、艺术审美性、生活实用性的主要特征。

布依绣——现代服饰。以刺绣图案做点缀，使其保留了东方女性的柔美，又不失女性的天真活泼。

布依绣——绣框。布依绣源于生活，图案多以表现布依族人与大自然的和谐，刺绣风格自然真实、大方、明快，构图讲究饱满、对称均衡，具有浓郁的布依民族特色和厚重乡土味，代表作品有：《龙凤呈祥》《富贵花开》《蝴蝶飞舞》《年年有鱼》等。总之，布依土布制作工艺流程复杂，每道工序均由手工完成，其细腻程度和要求之高为其他类手工技艺劳动难以比拟，主要有如下程序：自种棉花—擀花抽线—挽线—染线—浆线—牵线—织布。目前，刺绣产品主要有：土布猫头鹰、小猪、手工盘扣公文包；土布点缀包；土布扎染眼镜盒；土布拼接、刺绣钱包；冬暖夏凉的抱枕；头巾。然而，受社会大环境的影响，机械化时代的极大冲击，传统布依绣因费时费力，很多布依族年轻女性不愿学，或放下多年练就的刺绣技艺，年老艺人又逐渐减少，布依绣正面临传承断代、后继乏人、日趋消亡的境地。为传承布依民族文化而生的企业——中华布依锦绣坊（云娇公司），它是以布依手工刺绣产品为主，从传统民族服饰到现代文化风格，把布依民族文化元素与当下时尚服饰风格有机结合，进一步展示中华布依第一县独具民族特色的文化风貌。

（二）云娇布依特色染织刺绣有限公司

册亨县云娇布依特色染织刺绣有限公司（以下简称云娇公司）是一家致力于将布依族土布制作、蓝靛染色、民族刺绣等特色手工技艺与现代时尚元素相结合，专业生产设计布依族民族文化服饰产品的公司，现主营产品有布依土布、民族服饰、绣品绣件、家装布艺、旅游小商品等。公司成立于 2016 年 4 月，位于中国布依族刺绣艺术之乡册亨县纳福广场中华布依锦绣坊内，总部基地占地面积 2754.11 平方米，分为服务接待区、织娘工作区、绣娘工作区、靛染工作区、布依文化展示区、设计工作室、产品营销区；另设有11个乡镇刺绣工作室，均占地400—600平方米。公司注册资金100万元，现有绣娘、织娘2048人，从业人员主要是当地易地搬迁的布依族妇女。云娇公司的成立，为册亨布依族民族手工艺品走向市场打开了重要窗口，为民族手工技艺的传承提供了可行性发展思路，一定程度上缓解了易地扶贫搬迁进城群众就业难压力，创新了布依文化传承模式，促进布依文化发展。

公司创始人，岑南云、杨胜娇。为完成妈妈的心愿，姑姐与弟媳走上了比翼齐飞的创业之路。杨胜娇的婆婆罗建英老人，是册亨当地深孚众望的刺绣巧手，同时是者楼镇红旗村老年纺车大学校长。多年来，组建文体协会，致力于带领群众增收致富，为册亨老一辈手工艺人搭建一个展示精湛技艺平台的同时，依托布依族传统服饰、刺绣、靛染等古老手工技艺，推动布依民族文化传承，立志将深爱的布依民族手工技艺推出贵州、推向世界。

长期以来，当地布依族村寨的妇女多数选择外出打工，随着手工艺从业人员日趋减少，年老的手工艺人相继去世，年轻人又不愿意学习这些古老技艺，渐使传统工艺基本退出村落经济舞台。由此，布依族土布制作、蓝靛染、刺绣等民族手工技艺的传承生态面临着失传的严峻考验。姐妹俩心想，一边是作为布依族妇女自幼瞻仰的本领，一边是母亲多年的坚持和心愿，热爱又为什么不去做呢？于是，杨胜娇和岑南云一拍即合。2014年，她们开办了生产设计布依族传统服饰的家庭作坊，并以两人的名字取义命名为云娇布依特色染织刺绣作坊，以收购和寄卖的方式将周边乡镇妇女阿妈们的手工艺品变成商品，原来绣绣花也能养家，阿妈们脸上露出了久违的自信和幸福。从那时起，姐妹俩发动广大布依族农村妇女发展手工艺品，下定传承民族手工艺的决心。

近几年来，蓝靛制作工艺、布依服饰等手工技艺被列入贵州省省级非物质文化遗产名录，加之黔西南布依族苗族自治州的民族文化旅游也火热开展起来，这让姐妹俩看到了这一民族手工技艺的存活生机。“面向市场，给她们带来收入，改变她们的家庭收入结构，才能把技艺在更多人中传承下去。”杨胜娇说。艺术具有实用价值的时候，才有代代相传的生命力。

就是抱着这样朴实坚定的决心，“云娇作坊”迎来一个又一个机遇，迎来一个又一个挑战。2016 年 8 月，应中国香港演艺文化艺术中心、香港地区民间艺术交流协会的邀请，杨胜娇、岑南云带领红旗村艺术团 26 位手工艺人携节目《穿上阿妈的绣花衣》亮相 2016 中国香港第五届国际文化艺术节，并一举夺得全场最高荣誉“特金奖”殊荣，现场来自世界各地的友人对这一民族手工技艺惊叹不已之时，也对册亨布依族产生了浓厚的兴趣，纷纷表示一定要亲自到册亨看看。2016 年艺术节之后，一方面来自北京、上海、广州、深圳和东南亚等地的订单络绎不绝，另一方面大批量生产、产业化规模等给正处在起步阶段的“云娇作坊”带来了不小压力。在这一关键节点，册亨县委、县政府于 2016 年 9 月引进“云娇作坊”进驻地方民族文化产业重点扶持示范点——中华锦绣坊，并在广告宣传、原材料、设备、人才的引进等方面给予了重大支持。于是册亨县云娇布依特色染织刺绣有限公司在管理、经营方面开始走向现代化。现在，很多打工妇女开始不再外出，重新拾起了针线篮子。一边传承着精湛的民族手工技艺，一边带动着民族文化产业的发展，一个有制作、有收购、有加工的完整市场营销网络渐渐形成。“我们经营的不是产品，是有高附加值的艺术品，我们应该为这么好的艺术品提供‘走出去’的窗口和平台，让更多的人来了解、关心、保护传统手工艺。”岑南云说。在传承和市场的作用下，布依族手工技艺水平之高，市场之广阔，完全超出了单纯的传统文化，传承与创新、研发与经营相结合，已表现出更强的生命力，作为一种文化产业展示在世人面前。

（三）绣娘的故事

2019 年全国“两会”期间，黔西南布依族苗族自治州州长杨永英在与代表讨论、交流时，在接受《人民日报》、新华社、中央电视台等媒体采访时，拿出独具特色的布依族绣花衣服、绣品、手袋等扶贫产品进行展示、推介，讲述“布依品牌”“布依故事”。杨永英说道：如今，在册亨县的中华布依锦绣坊，每天都有 100 多名绣娘在工作，辐射带动 2000 人实现增收。关于册亨县绣娘的故事，本报告就一些具有代表性的绣娘作如下分述。

杨胜娇 女，布依族，出生于1983年，贵州省册亨县人。杨胜娇曾经从事过交通运输行业、养殖业、种植业等工作，不管在哪个行业，杨胜娇都会把自己的生意经营得风生水起。在一次与婆婆罗建英老人聊天的过程中，罗建英老人谈到布依服饰文化发展的困境，当地布依族村寨的妇女多数选择外出打工，随着手工艺从业人员日趋减少，年老的手工艺人相继去世，年轻人又不愿意学习这些古老技艺，渐使传统工艺基本退出村落经济舞台。因此，历经500年发展的布依族土布制作、蓝靛染、刺绣等民族手工技艺的传承生态面临着失传的严峻考验，再过几年，这些优秀的民族文化只能在博物馆里才能找到它们布满灰尘的身影。婆婆的叹惜，深深触动了杨胜娇的内心，她不想看到这样的局面再发展下去，同时也在想自己能为文化的传承与复兴做哪些事。经过长时间的思想斗争，作为布依儿女的她，自幼就习得母亲亲手教授的刺绣、织布和传统布依族服饰的制作等传统手工技艺。布依服饰的复兴与发展是妈妈多年的坚持和心愿，她也自幼就对布依族服饰的制作产生浓烈的兴趣，所以她抱着“既然热爱就应该放手去做，并且要把它做好、做大!”的决心和经过多次家庭商谈，她决定暂时放下自己手头的工作，把工作重心调整到帮助婆婆复兴民族服饰文化的工作上来。于是在2014年，她和小姑岑南云还有婆婆合办了生产设计布依族传统服饰的家庭作坊，并以两人的名字取义命名“云娇布依特色染织刺绣作坊”，以收购和寄卖的方式将周边乡镇妇女阿妈们的手工艺品变成商品。让绣娘们绣花也能养家，看到阿妈们脸上露出久违的自信和幸福，从那时起，她就下定决心重振自己引以为豪的布依族服饰文化，帮助布依族姐妹们用手艺在自己家门口挣钱养家。

随着队伍的不断壮大和布依文化的兴起，她准备打造自己的文化品牌，推广自己的文化产品，但一直苦于作坊生产的产品质量和数量都很难得到保证，作坊陷入了发展的“瓶颈”。经过和婆婆、小姑多次商量，决定成立由册亨县从事民族服饰生产的个体户和刺绣爱好者组成的布依刺绣协会。协会致力于帮助爱好刺绣的广大劳动妇女搭建一个交流的平台，提升自己的刺绣技能，共有成员61人。协会选举她为布依刺绣协会的第一届会长，她通过加大对坊内的绣娘和协会成员的培训来保证作坊的产品质量和数量。同时她深知艺术具有实用价值的时候，才有代代相传的生命力，所以她想在打造自己文化品牌的同时，把自己的产品文化价值输出去，进一步把市场打开。2016 年 8 月，应中国香港演艺文化艺术中心、中国香港民间艺术交流协会的邀请，杨胜娇带领红旗村艺术团 26 位手工艺人携节目《穿上阿妈的绣花衣》亮相 2016 中国香港第五届国际文化艺术节，并一举夺得全场最高荣誉“特金奖”的殊荣，现场来自世界各地的友人对这一民族手工技艺惊叹不已之时，也对册亨布依族产生了浓厚的兴趣。这一次展出让她看到了文化复兴的力量和文化产品未来广阔的发展空间。为了适应市场的需求，她决定给作坊的员工进行系统的技术培训，为此她找到培训学校的老师商谈培训计划，经过历时 2 个月的培训，员工的工作技能得到了很大的提升，绣娘绣出精美的作品，织娘织出精美的布匹。同时她也深刻地意识到，作坊在新产品的设计与研发上也面临着严峻的挑战，所以她必须打造自己的设计团队，因此她在册亨本地和黔西南布依族苗族自治州内招募大量的设计人员，但是很多人不了解布依族的民族服饰，经过一轮又一轮的筛选，整个招募工作进行下来才招到 2 个多年从事布依族服饰生产的资深设计师，加上她组成 3 人的设计团队，专门负责传统的布依族服饰的设计与研发，她也成为设计团队的中坚力量。

为了公司的发展和帮助更多的布依族姐妹发家致富，杨胜娇找到县发改局和县扶贫办，表明自己的合作意愿。经过多次的洽谈之后展开深度合作。在 2016 年 4 月，政府引进云娇布依特色染织刺绣作坊进驻中华布依锦绣坊，成立云娇布依特色染织刺绣有限公司，她作为公司的总经理，不仅肩负着公司未来发展的重任，身后也跟着上千的布依族姐妹，顿时压力倍增。就是抱着“发展实业，带动布依姐妹一起创业”的决心，她跟云娇迎来一个又一个的机遇，也迎来一个又一个的挑战。传统的织布机织出来的布不适合做成沙发套件和床上四件套，她就联系制作织布机的师傅研发新款的织布机，通过长时间对传统织布机的不断改进，新的织布机不仅在摆幅上是传统织布机的一倍，并且工作效率也得到了大大提高，织出来的布匹比以前宽了一倍。在很长的一段时间里，经过蓝靛染色的布匹又粗又硬，而且很容易掉色，为了攻克这个技术性难题，她联系一所又一所的高校商谈合作，为它们提供丰厚的资源，让它们帮助云娇攻克掉色难题。最终与天津工业大学达成合作意向，历经一年的研究，基本把横亘在公司未来发展之路上的掉色难题解决了。为了打造纯手工土布，她带领公司的员工开辟了90多亩的荒地种植棉花。即使在她面前的是一个又一个难题，她也无所畏惧，因为她的身后有一帮为了民族文化的传承与发扬和她一样无所畏惧的布依姐妹。

为了进一步打开宣传的突破口，为公司接到更多的订单，在2017年3月，应黔西南布依族苗族自治州和北京依文集团打造的旅游推介会的邀请，杨胜娇带着和她一起打拼的姐妹、公司的10架织布机和一系列文化产品参加中国时装周的展出，来自世界各国的友人被精美的布依服饰所震撼，在场的700多家媒体为之做在线转播，现场的多家企业纷纷表示愿意合作，现场拿下多个订单。为了进一步扩大公司的生产规模，从北京回来之后，在县委、县政府和县妇联的大力支持下，动员册亨县各个乡镇有一定染织和刺绣基础的布依族妇女参与定期培训，参与培训合格就可以留在公司参与日常的生产工作。她考虑到大部分人都是留守妇女，结合实际情况，将生产分为定点生产和居家生产，这样很多当地留守妇女既能在家看着娃，也能挣钱养家。

目前，云娇在她的带领下，公司定点生产员工有398人，居家生产1800多人，其中易地搬迁户有44户，精准扶贫户有107户。除此之外，她积极与乡镇10多家类似云娇的锦绣坊展开合作，带动册亨县各个乡镇3000多名妇女就业和参与民族文化的传承与复兴中。

毛正元　女，口齿清晰，说得一口流利的普通话，很难想象她现年已85岁高龄了，是中华布依锦绣坊德高望重的指导老师。因为年幼丧父，年纪轻轻的她就跟着母亲学习做家务，成为家里的顶梁柱。12岁跟着母亲学习织布、染布、绣花，习得一身精湛的技艺。年纪已长，孩子们不同意让她再下地干活，闲来无事的她只能不停地绣花纺花，直到家里的房间都被绣品堆满，她开始苦闷地发问：孩子们怎么还不回来？一年前，她得知村里很多妇女都去了县里的中华布依锦绣坊工作，在亲戚的介绍下也来到锦绣坊。这里的工作环境深深地吸引了她，原来绣绣花也能养家。但又担心，自己年纪太大，不会被聘用。而现在，毛正元老人在锦绣坊任职，她的工作牌上写着：中华布依锦绣坊指导顾问，在锦绣坊，她是宝贝级的人物，深受年轻织娘、绣娘以及企业上下职员的爱戴和尊敬。纺花抽线、织布、绣花，只要她会的手艺，别人来讨教，她都有问必答，将自己的刺绣技艺毫不保留地传授给年轻人，老人说“就是唠唠家常，没想到年轻人愿意听啊”。

依树枫　女，24 岁，是湖南女子学院服装设计专业毕业的大学生，纺线、擀棉、织布、绣花，样样在行，从小就生活在布依寨子中，每逢喜事佳节寨中的妇女们聚在一起染布、绣花时，总少不了好奇地跟在大人后面的她，在这样的文化渲染下，早已对布依手艺谙熟于心，还在读大学期间，她在假期或者实习期间都在锦绣坊从事刺绣工作，她进入锦绣坊设计师工作室参与服饰设计研发工作，创新是设计之灵魂，用传统推动时尚，用时尚激活传统，是保护本民族服饰文化，使其重新焕发生命力的重要途径和方法。这些年来调研组每次到锦绣坊调研都会与她进行交流，从她自信的谈吐中，让调研组看到布依族刺绣在传承民族传统文化和发展地方文化产业中的美好前景。

李海记　女，46 岁，现在中华布依锦绣坊的织布区担任织娘。从前一直跟着村里的伐木队上山帮人砍树，孩子寄养在叔叔家里，每周下山看一次。这样的生活，二十年如一日，山上的生活居无定所，交通闭塞，蚊虫非常多，有时候遇上雨季连续两个月也没有活儿，但有的时候还得赶工，每天早出晚归，即使这样她的收入也只是勉强维持一家人的正常开销。这样常年劳累的她在 2015 年生了一场大病，不仅一家人的生活来源没有了，还欠了亲戚不少钱，一家人陷入了困顿之中。病愈后的她不再上山砍树，只好在家待业，但是生活也迎来了更大的难题，儿子和女儿的学费和生活费从哪里来？两个孩子前后都辍学出去打工。在家待业了一年的李海记通过亲戚介绍得知中华布依锦绣坊大量招聘绣娘、织娘，而且免费进行岗前培训。大病初愈的她怀着忐忑不安的心情前来培训，经过一个月的培训，李海记能熟练地操作本公司改良版的织布机，培训一个月后，她拿到了上岗证。相比于之前上山伐木，工作轻松了不少，在绣坊的收入也比伐木时增长了一倍。在当地政府的关注下，外出打工的女儿也决定回学校读书，因为她家的特殊情况，她的学费可以减免，并且在生活上给予一定的补贴。这个忧心忡忡的母亲心中的石头终于落下了。

黄莲 女，39岁，中华布依锦绣坊的缝纫区主管。家中的老人和自己身边的朋友都热爱绣花，在年幼时期就对布依族的刺绣技艺产生浓烈的兴趣，在自己的书包上绣满各色各样的花纹图案，常常三五好友一起探讨绣花技艺，交流心得，赛赛谁的作品更好。在上初二时，她就已经准备好自己的嫁妆了。在21世纪初期，她跟着丈夫两人外出到广东的深圳、广州、东莞等地打工，在电子厂的生产车间加工电子产品，工作繁重又琐碎，常常加班到深夜，但是除去生活开销，到手的工资还是很低，还要忍受别离之苦。2012年春节回到家乡，看到当地政府对传统手工技艺越发重视，夫妇两人决定留在家乡发展，并从弼佑乡来到县城工作。在册亨县举办的布依族风情节的绣娘大赛上，她的作品脱颖而出，并连续拿下县里各届刺绣大赛一等奖。2016年，代表册亨县参加州级、省级、国家级等手工艺技能大赛，并揽获各类大奖。“绣花如做人，一针一线地绣，不焦躁，也不要骄傲，我们人也是一样的，眼下的路要一步一步走，这样才能走得更远，也能走得更久。”这是母亲常常对黄莲说的话。现在，她平时除了管理生产之外，还要到各乡镇的刺绣工作室授课，教授色彩搭配、针法绣艺技能。未来，她还要走得更高更远，但无论她走得多高多远，她从来没有忘记过母亲的谆谆教诲，把自幼学会的技艺通过自己勤劳的双手让它变成一种发家致富的途径。

岑德兰 女，68岁，12岁开始学习布依纺织染布绣花技艺，是位和蔼爱笑的老人，现因年纪大了眼睛也渐渐看不清东西，但为了传承而始终在坚守技艺，家中有三子，现与三儿子居住，可三儿子患有青光眼只得四处寻医，留老人一人在家，从前在家主要以做鞋垫赚取收入，可算是委屈了这位纺、染、绣都精通的民间艺术家了，她对绣花的热爱超出我们的想象，一针一线极尽完美，落针如流水，连贯快速，笑脸盈盈坐地绣花的样子仿佛一位少女。2019年，在朋友的引荐下进入锦绣坊，在这里不仅收入得到提高，还结识了来自各个乡镇的志同道合的人，不仅丰富了自己的生活也丰富了本民族文化，当这位老人说起自己为了传承本民族纺布技艺而远至北京、香港地区时，眼中不时散发出自豪的目光，在这位布依老人的心中，那一针一线早已入住心底，扎根灵魂，她说为布依文化尽自己的一份力是她此生之骄傲。

韦贵萍 女，44 岁，18 岁时为赶织嫁妆，母亲口传心授，韦贵萍习得所传。聊及自己做嫁妆，韦贵萍认为这是每个布依族少女贤惠的标志，韦贵萍认为老祖宗留传下来的东西不应该在进入 21 世纪后就被抛弃、忘却，所以她想将自己的手艺传授给女儿，让民族之火通过母女之手继续发光、发热。韦贵萍十分疼爱自己的孩子，在坊内包吃包住的情况下仍然十分节俭，为的就是儿女们能过上更好的生活，望子女成才，为本民族添彩。在进坊之前韦贵萍在家中自己纺织而作的布匹，基本都用于自家自产自用，到了坊内，不仅收入得到提高而且一有时间就带女儿过来一同学习纺布技艺，生活慢慢好了起来，女儿也因坊内的气氛渐渐爱上纺织，说起女儿的变化，韦贵萍满脸的欣慰与感动。

黄仕寒 女，50 岁，来自弼佑乡的精准扶贫户，进坊之前在家中做纺布，赶集的时候拿出去零售，因为当地赶集一星期一次，生活过得十分拮据且收入不稳定，加上家中丈夫去世 8 年，两子各自成家均外出打工很少归家，黄仕寒还带有一孙儿一起生活，在解决自己生活的同时还得照顾好 8 岁的孙儿，进坊后与众多绣娘一同工作后，许多生活经历相似的老乡给予她许多帮助与安慰，现在的她性格也开朗了许多，在谈及生活的时候还是会有些许惆怅，但是在锦绣坊这个大家庭里她也收获到了人生中的另一份阳光。

二、决战脱贫攻坚：布依族妇女指尖脱贫

如今，册亨县布依族刺绣不单是布依族妇女的手工艺术，更是少数民族地区的特色致富产业。近年来，册亨县把锦绣产业作为脱贫攻坚主导产业，推行“锦绣计划”，大力发展民族特色手工业，引导广大妇女通过民族民间手艺就业创业，通过妇女灵巧的双手决战脱贫攻坚。

（一）刺绣产业发展的政策导向

册亨县政府根据《贵州省黔西南州人民政府办公室关于实施妇女特色手工产业锦绣计划的意见》（州府办发〔2013〕137号）精神，2013年，册亨县制定了《关于实施妇女特色手工产业锦绣计划的意见》。自2015年推进“锦绣计划”以来，册亨县委、县政府高度重视，投资100万余元，建成12个锦绣坊、143家布依手工作坊，把分散的绣娘集中起来刺绣、纺织。其中纳福的中华布依锦绣坊、大寨村秧弄锦绣坊、岩架的云宇锦绣坊运营突出。到2019年，从事特色手工产业的妇女达到3000人，带动150户搬迁贫困户577名妇女脱贫。全县妇女特色手工技能完成培训计划100人次，极大地增加了绣娘收入，妇女们“织着布、绣着花、看着娃，也能养着家”，有效地实现了政策“输血”与技能“造血”并举的脱贫效果。到2020年，将通过与学院、企业的合作，引进一批设计师对册亨土布进行改良、产销培训等，打造册亨土布研发园。全县妇女特色手工产业产值达到5000万元，从事特色手工产业的妇女将达到10000人。

（二）刺绣产业发展的现实需要

在册亨县农村，妇女通常处于两难境况，外出务工则无法照顾老人小孩，留守在家则难以支撑家庭各项开支，“锦绣计划”的实施，有效解决了这个问题，让留守妇女实现居家灵活就业，成为农村家庭经济发展的中坚力量。在全县各级党委、政府和干部的全力推动下，册亨县妇女群众的发展内生动力被全面激发，发展倍增愿望被充分调动。通过推广“公司+协会+绣娘”“能人+基地+绣娘”等模式，引导妇女集中到锦绣坊或居家灵活就业，以传帮带的方式，传承发展布依民族特色手工技艺。册亨县立足自身实际，认真贯彻落实省、州脱贫攻坚政策，抢抓“锦绣计划”实施机遇，结合民族文化传承和易地扶贫搬迁就业需要，投资建设了中华布依锦绣坊项目，大力发展民族特色手工业，不断加大培训力度，扶持绣娘成长，引导广大妇女通过民族技艺在家实现就业创业，助力脱贫攻坚。以册亨县百口新市民居住区为例，百口新市民居住区已搬迁入住妇女1155人，其中有劳动能力妇女 948 人。组建册亨县乜秀布依特色染织刺绣专业合作社，此合作社占地面积 2000 多平方米，在百口安置区 3 号楼，由云娇特色染织刺绣有限公司、翠丽民族服饰、昆莲民族服饰、原生态锦绣坊及建英民族服饰 5 个就业扶贫车间组成，并由云娇布依特色染织刺绣有限公司运营，负责生产管理、人员管理、产品营销等工作，建立合作共赢、责权利发展、利益联动分享机制，按市场导向的组织机构模式与企业温情化管理模式经营，主要生产布依特色染织、刺绣服饰、床上用品、工艺品等。合作社还根据岗位需求，开展“以岗定培”的方式，为册亨返乡务工者、易地搬迁户提供绣花、织布、纺线、缝纫等就业岗位 1000 余个。目前该合作社共有 300 余名搬迁妇女就业，其中，建档立卡贫困户有 48 人，居家生产绣娘、织娘 131 人。还有 32 户搬迁妇女创办家庭手工坊，搬迁妇女实现在家中就业。

（三）刺绣产业促进脱贫攻坚

1. 有利于带动农村广大妇女就业增收

册亨县积极探索产业发展模式，推广“公司+农户”“公司+协会+农户”“能人+基地（合作社）+农户”等龙头引领发展模式。2016 年建成全国“合作社+农户”旅游扶贫示范项目——秧弄民族锦绣专业合作社，为布依绣娘提供传承手艺、就业发展的平台，切实发挥能工巧匠带头引领作用，使刺绣产业在冗渡镇大寨村得到整村、整寨、整乡推进，布依刺绣产品集中连片进入市场。2016 年，县级财政投入近 1000 万元建设中华布依锦绣坊，投资 62 万元升级改造了冗渡镇大寨村秧弄锦绣坊。引进本地的云娇公司入驻锦绣坊，扶持公司发展壮大，并协调银行提供 200 万元的贴息贷款作为公司的前期启动资金。公司进驻后提供 1000 个就业岗位，带动 2000 名妇女增收。现中华布依锦绣坊可容纳 400 名妇女集中进行生产，解决了妇女的就业问题，又传承和保护了传统布依文化，还提供了旅游参观的基地和场所，拓宽群众收入渠道，将刺绣产业打造成为脱贫攻坚的“新引擎”。“锦绣计划”作为大众创业、万众创新的重要抓手，充分发挥册亨县 2 万名绣娘的潜在优势，让民族民间工艺品市场主体在促进就业创业、带动群众增收致富、助推文化旅游发展、促进产业转型升级中更具活力。

2. 指尖技艺转化为指尖经济加快脱贫步伐

将指尖技艺变为指尖经济，带领群众绣出了致富新思路、脱贫新进程。目前，全县共有布依小作坊143家，锦绣坊15家，绣娘2万人，其中掌握高级绣技的绣娘1500余人，以布依妇女为主。全县全年“锦绣计划”经济总产值4000万元，带动绣娘在家灵活就业3000余人，人均增收5000元。“锦绣计划”的实施，使布依文化及民族手绣文化得到了保护、传承、创新和弘扬，越发为外界所熟知。册亨县委、县政府高度重视布依传统文化宣传，通过举办节庆活动、赛事，外出展演等方式，积极向外界推介布依特色手工产品，打造“山水布依·手绣册亨”特色品牌。截至2018年，册亨县共举办了四届刺绣大赛，并组织布依文化表演队伍到北京、香港等地进行文化交流展示，成功与香港地区三千文化等企业合作，成功让布依民族手绣文化走进了北京时装周，登上了世界舞台。到2019年上半年，从事特色手工产业的妇女达到3000人，带动150户搬迁贫困户577名妇女脱贫。全县妇女特色手工技能完成培训计划100人次。预计到2020年，通过与学院、企业的合作，引进一批设计师对册亨土布进行改良、产销培训等，打造册亨土布研发园。全县妇女特色手工产业产值达到5000万元，从事特色手工产业的妇女达到10000人。例如“秧弄民族锦绣专业合作社”吸收了17户精准扶贫户妇女为社员，带动周边具有纺线、织布、手绣技能的妇女122人就业。搭乘乡村旅游快车，运用电商等渠道，该合作社就已生产销售民族服饰及饰品4200套（件），实现产值180万元，带动周边蓝靛种植、纺线、织布等贫困户200余人增收。如今，“锦绣计划”已成为帮助农村留守妇女、失业失地妇女、残疾妇女、单亲家庭妇女以及中老年妇女就地就近灵活就业的重要渠道之一，为农村家庭女性劳动力返乡创业就业创造条件，有利于改善农村老人空巢、儿童留守的现状，对促进家庭关系和谐、儿童成长健康起到了极为积极的作用，是农村家庭所愿、妇女事业所需、扶贫大势所趋。

三、发展瓶颈：布依族刺绣产业发展的制约因素

（一）企业带动不强，规模发展不足

册亨县基础设施落后，资源分散，贫困程度深，发展难度大。由于专业生产企业、专业合作社较少，多为个体户分散生产，规模化、标准化生产转型较难，规模优势、规模效益难以形成，优质企业带动乏力。当前，“公司+协会+绣娘”“能人+基地+绣娘”的经营模式覆盖面不宽，产供销一体化销售网络不健全，产业化、规模化、市场化经营水平不高，抗市场波动能力不强，尚未形成“小商品、大产业”“小企业、大集群”的发展模式。

（二）宣传力度不足，尚未产生品牌效应

册亨特色手工企业以小型专业合作社为主，注册资本较低，规模较小，发展后劲不足，成长空间不大，尚未培育出具有特色的、影响力的著名品牌。册亨县依靠举办节庆活动、赛事，外出展演等方式，使布依文化得到了一定程度的宣传，但是由于宣传方式单一、宣传广度不够、精髓展示不足、媒体报道较少等原因，导致很多人对册亨布依文化和布依刺绣的认识仅仅停留在表面，文化认同不深，更谈不上被布依传统文化所吸引，塑造品牌形象仍然任重而道远，知名度和影响力亟待提升。

（三）绣娘结构不优，人才储备不足

受多方面因素影响，册亨人民受教育程度较低，拥有高学历、高知识的绣娘少之又少，随着“锦绣计划”的深入实施，绣娘文化水平有限、审美情趣不足、时尚品位不足、缺乏现代设计经营理念的“短板”日益显现。且现阶段绣娘以中老年妇女为主，年轻妇女对传承绣娘技艺缺少文化自觉，随着老一代绣娘的逝去，绣娘队伍势必出现青黄不接的局面，刺绣、蜡染等技艺也将面临后继乏人的困境。

（四）资金投入不足，扶持力度不够

册亨县是贵州省深度贫困县之一，财政收入低，接受中央、省财政转移支付额度大，更多的资金都运用在各种大型基础设施项目上，“锦绣计划”投入相对较少。发展资金不足，扶持力度不够，成为制约民族特色手工业又好又快发展的主要因素。2016 年，县委、县政府投入 1000 余万元实施“锦绣计划”，但由于“锦绣计划”尚处于起步阶段，资金大多用于锦绣坊的硬件建设，对企业的扶持、产业的发展投入较少。

（五）销售网络不全，产品销售渠道不畅

布依文化产业发展要带来长效化收益，关键是要打通产品上行通道，不断开拓市场。然而，由于销售网络尚未健全，电商优势发挥不充分、互联网市场拓展不足、实体店的体验式互动营销模式有待健全完善等原因，册亨县手工艺产品大多是自产自销，或靠游客零星购买，接收大批量订单较少，销售量不足，利润低薄，在很大程度上制约着民族手工产业的发展壮大。

四、册亨县布依族刺绣产业发展的对策建议

册亨县布依族刺绣产业经过近五年的努力，目前产业已经初具规模。但是，册亨县布依族刺绣产业的分散性、品牌效应、宣传包装、人才培养、资金保障等仍然存在不少问题，调研组经过实地调研，对册亨县布依族刺绣产业发展提出如下建议。

（一）在资源整合上发力，加快壮大产业规模

一是充分发挥锦绣联席会、妇联、锦绣协会的组织优势，正确引领手工产业协会和合作社的建设，依法引导，科学培育，推动手工产业规范化发展。二是组建由政府主导、部门推动、企业与学校联合开办的校园工厂，建立民间工艺品实训基地，形成产学研展销一体化生产基地。三是将零散的个体或民间作坊进行资源整合，为企业争取有关项目扶持提供信息

和指导，帮助企业协调问题和解决困难，推动手工产业向市场化、规模化迈进，实现大企业、小企业、个体作坊联动发展。帮助引进先进设备、技术和市场经营管理理念，不断强化产品创新，努力提升产品质量和文化内涵，不断提高生产效率和产品质量，合力推动企业发展壮大。

（二）在宣传展示上发力，倾力塑造品牌形象

一是要用好用活布依文化年、全国少数民族刺绣大赛、民族民间工艺博览会、民族民间工艺品设计大赛、能工巧匠选拔大赛、绣娘选拔大赛等富有地方特色的赛事活动，以赛代训、以赛促学，为广大妇女搭建展示才艺、提升能力的良好平台。二是要深度挖掘布依族民族服装服饰文化资源，带动布依族服装产业创新发展，将册亨多彩的民族文化资源转化为新兴工业产业资源，打造布依文化创意代表性品牌。要通过“实体店+电子商务”的方式，拓展市场空间，提升民族手工产品的品牌影响力及核心竞争力。三是要汇聚各方支持，进一步优化平台发展、壮大企业主体。要重点扶持带动性强、覆盖面广、发展前景好的手工企业，充分发挥“领头羊”作用，引领众多专业合作社蓬勃发展。四是聘请专业设计师，将布依传统工艺更好地与时尚结合，不断创新产品设计，拓展产品谱系，推动产品多样化、时尚化。推动手工产品外观、材料升级换代，实现从传统型、收藏型向时尚型、实用型转变；从同质化、单一化的低档产品向中、高端产品发展，打造设计独特、工艺精湛、地域特色明显的妇女手工精品。五是在北京、上海及港澳地区等人口密集的地方开展布依手工纺织刺绣产品推介活动，让更多的国际国内消费者认识、喜欢布依特色手工产品，争取更多的订单，帮助广大妇女就业增收。六是加强品牌培育，打造贵州名匠、名创、绣娘、布依绣等知名品牌，推动形成一批具有影响的自主知识品牌。扶持妇女特色手工产品开发、生产工艺创新及包装设计，申报注册一批发明专利、实用新型专利和外观设计专利。七是通过“赛会合一、以赛代训、以会创业、以展聚财”等方式，为妇女搭建展示才艺、就近就业、传承文化的优质载体。组织优秀绣娘及产品参加深圳文博会、宁波国际服装节、贵州省文博会、兴义山地旅游大会等，把布依刺绣、土布产品

推向国内国际市场。

（三）加大培训力度，增强创业能力

一是整合资源，把妇女特色手工技能培训纳入“阳光工程”“锦绣计划”“雨露计划”“科技致富二传手”“新市民培训”“职业技能教育培训”等项目统筹安排，培养一批妇女民族民间手工艺传承人。充分利用好东西部协作资源，在浙江纺织服装职业技术学院培训绣娘。开设县职业中学锦绣技能培训班，计划每年招收学员200名，培训合格后向浙江纺织服装职业技术学院、北京服装学院、上海东华服装学院、苏州工艺美术职业技术学院等地选送深造学习。二是每年培养知识型、艺术型、技能型绣娘骨干50人，培养省级、国家级刺绣艺术大师5人。鼓励绣娘参加“民间艺人”“非物质文化遗产传承人”“中国工艺”“美术大师”等申报评选，每年申报“非物质文化遗产传承人”县级100名、州级20名、省级5名。制定出“刺绣大师”评定标准，每年组织评选并表彰。组织鼓励绣娘参与国内、国际交流，开阔视野，提升影响力。三是将妇女特色手工技能培训纳入职业技能培训范围，开展技能培训与水平评定，打造一支知识型、艺术型、技能型的绣娘队伍。在民族职业技术学校增设刺绣、蜡染、民族服装服饰等特色手工专业课程，同时扩大职中女生招生比例，为充实绣娘队伍打下坚实基础。

（四）加大资金投入，提升扶持力度

一是设立妇女特色手工产业“锦绣计划”专项资金，具体额度、出资渠道和管理办法由县妇联、县工科局、县财政局确定，资金主要用于培训、基地建设、参展宣传推介和活动赛事等。统筹使用好宁波、中国联通、保利集团帮扶资金。二是县直各单位2018年还未使用的资金立即整合投入“锦绣计划”，由县“锦绣计划”专班提出意见研究使用，2019年资金投入使用计划均向“锦绣计划”倾斜，并将“锦绣计划”作为2019年项目申报的重点加以谋划。三是加大妇女小额担保贷款贴息、中小企业贴息、少数民族特需商品贴息、扶贫贴息对“锦绣计划”的贴息支持力度。

鼓励金融机构、农业担保公司创新业务品种，简化服务流程，降低各种服务费率，为妇女特色手工产业企业提供贷款、担保支持和优质服务。用足用好支持微企发展“3 个 15 万”政策，每年扶持妇女特色手工微型企业不少于 5 户。

（五）注重产品质量，健全销售网络

一是要推动手工产品外观、材料升级换代，实现从传统型、收藏型向时尚型、实用型转变；从同质化、单一化的低档产品向中、高端产品发展，打造设计独特、工艺精湛、地域特色明显的妇女手工精品。二是要充分利用电子商务销售平台布局快、影响面广、销售成本低等特点，组合包括刺绣、蜡染、民族服饰等布艺优秀手工品牌和产品，引入外部优秀团队，嫁接淘宝、京东等主流电商平台，开辟电商市场。同时争取在县汽车站、火车站及乡村旅游景点开设“锦绣计划”实体店，并逐步向其他地区推进，将民族文化产业做实、做大、做强。

（六）加大扶持力度，合力促进刺绣业发展

一是在政策上扶持。要紧跟省、州步伐，紧抓发展机遇，努力争取相关政策和项目的扶持，用好用足政策，鼓励更多妇女参与民族手工产业，着力减轻企业及绣娘各方面负担，让绣娘顺利从“兼业”过渡为“专业”。二是在资金上扶持。要落实好妇女小额信贷政策，为有意愿从事民族手工产业行业的妇女提供资金上的扶持。同时积极向上级争取专项基金，适度倾斜本县资源，积极帮助合作社申报有关项目资金，加大对合作社的投资和帮扶力度，为促进民间手工制作业健康快速发展保驾护航。三是税收支持。税务部门要加强对妇女特色手工企业纳税指导，帮助企业用好用足税收政策，凡是符合国家税收优惠政策规定的，应减则减、应免则免。纳税项目有裁量区间的，原则上按“减缓、从宽、下线”执行。凡国家出台由县级税务机关掌握幅度的税收优惠政策，坚持优惠最大化原则，最大限度地助推妇女特色手工产业发展。四是奖励扶持。建立健全妇女特色手工企业和人才奖励机制，对在妇女特色手工设计、研发、管理、营销等领域作

出突出贡献的企业带头人、“领头羊”给予奖励，对在“锦绣计划”中创立品牌有重大贡献的企业和个人给予奖励，并纳入“册亨名创”“册亨名匠”“三八红旗手”及妇女岗位建功等先进评选表彰。

参考文献

[1] 册亨县人民政府．助推锦绣计划　为脱贫攻坚添砖加瓦．2016-12.

[2] 册亨县妇联．册亨县锦绣计划三年行动方案（2018—2020 年）．2018-10.

[3] 册亨县妇联．锦绣计划助力脱贫攻坚．2019-3.

[4] 杨再会．引领绣娘发展指尖经济　实现巧手脱贫．2016-8.

[5] 云娇布依特色染织刺绣公众号相关文章．

B.9 贵州册亨县易地扶贫搬迁特殊人群流动现状及服务管理工作措施调研报告

韦 军[1] 罗梦怡[2]

摘要：为进一步有效推进特殊人群服务管理工作，夯实特殊人群管控工作基础，册亨县委政法委组织全县乡（镇、街道）、相关部门集中调研了特殊人群底数、易地扶贫搬迁等情况，根据调研情况，深入分析整理，形成全县特殊人群服务管理工作建议，为下一步工作决策提供参考依据。

关键词：易地扶贫搬迁　特殊人群　服务管理

一、全县及易地扶贫搬迁搬出地六类特殊人群基本情况

通过调研，册亨县辖 12 个乡（镇、街道），共有六类特殊人群 6466 人。其中流散外出（本县以外）724 人。全县六类特殊人群从 12 个乡（镇、街道）原住地流动搬出 1778 人，占人口总数的 27.49%。其中，者楼街道搬迁出 76 人，纳福街道搬迁出 82 人，八渡镇搬迁出 115 人，巧马镇搬迁出 87 人，岩架镇搬迁出 142 人，百口乡搬迁出 112 人，弼佑镇搬迁出 390 人，双江镇搬迁出 82 人，丫他镇搬迁出 153 人，秧坝镇搬迁出 118 人，坡妹镇搬迁出 140 人，冗渡镇搬迁出 281 人。

---

① 韦军，册亨县委政法委副科级干部。

② 罗梦怡，册亨县委政法委工作人员。

二、易地扶贫搬迁入住安置区六类特殊人群基本情况

从全县12个乡（镇、街道）原住地流动搬出的1778人六类特殊人群入住县内16个安置点和县外5个安置点。其中，搬迁入住县内高洛新区安置点797人，新锦家园安置点54人，亨达大市场安置点5人，百口小区13人，福水安置点31人，布依小镇70人，百福安置点22人，百锦安置点14人，册欣商城安置点7人，巧马镇安置点76人，秧坝镇安置点112人，双江镇安置点80人，坡妹镇安置点81人，冗渡镇安置点281人，丫他镇生态移民点4人，坡妹田湾安置点10人等共1657人；搬迁入住县外义龙步马安置点41人，义龙万屯安置点37人，兴义马岭安置点7人，义龙新区安置点21人，其他安置点15人等共121人。

三、具体措施和主要做法

（一）加强领导，部署安排，确保工作有效开展

为加快推进特殊人群服务管理工作，册亨县多次召开会议研究讨论，达成共识。结合册亨实际，制订工作方案，对全县的特殊人群服务管理工作进行安排部署，通过制定和完善特殊人群服务管理政策，建立对特殊人群的社会关怀帮扶体系，进一步健全和完善特殊人群服务管理工作机制，切实解决特殊人群的实际困难，妥善处理特殊人群的合理诉求，从源头上减少不安全、不稳定、不和谐因素，有效维护全县社会大局持续稳定。

（二）协调推进，履职尽责，确保各项工作取得实效

1. 精神障碍患者服务管理工作

（1）精神卫生服务能力建设。册亨县康宁精神病医院正式投入使用，填补了册亨县精神专科疾病防治空白，解决了全市精神疾病患者看病难、住院难的问题，具有里程碑的意义。设置床位20张，精神科执业（助理）医师8人（目前，因棚户区改造政策，现停业整顿中）。各乡（镇、街道）

成立严重精神障碍患者综合管理小组与关爱帮扶小组，覆盖率 100%。各成员单位建立信息共享机制，每月实行患者信息交换和“一例五单”制度，每季度召开协调会议。各乡（镇、街道）卫生院明确有 1 名专兼职人员从事严重精神障碍随访管理工作。初步实现了县、乡两级防治体系日趋常态化和制度化。

（2）加大宣传力度，提升精防人员素质。在全县范围内大力普及精神卫生知识，本年度截至目前共发放宣传单页 500 余份，进行现场咨询活动 20 余次，宣传覆盖了农村及城镇居民、离退休老人、公务员、企事业单位人员及流动人口等各类群体，累计接受宣传达到 1000 余人次。

（3）积极多方协调，确保资金到位。组织各成员单位开展 1 次精神障碍患者协调工作会议，共实现 3 级患者信息交换工作 5 次。由县卫健局与兴义安宁、永安精神病医院合作，制订了《册亨县 2019 年严重精神障碍患者治疗管理分片包干工作方案》，确保精神疾病患者得到排查、诊断、送医治疗和康复。2018 年，县人社部门拨付专项工作经费 16 万元，用于严重精神障碍患者治疗工作。县卫健局拨付 100 万元，用于重性精神病患者管理服务规范项目（包括重性精神疾病患者居民健康档案管理、健康体检、康复指导、信息更新、随访记录）。按照项目管理办法严格资金管理、合理使用，确保项目专项资金专款专用。

（4）积极开展排查，提高服务管理水平。2019 年共开展两次排查工作，累计对 295 名疑似精神障碍患者开展了诊断及危险性评估工作，其中排除人数 12 人，待排查 4 人，确诊新增患者数 54 人，诊断复核人数 225 人。

（5）强化随访管理，提高重性精神疾病患者生活质量。各乡（镇、街道）卫生院按照有关要求，建立健康档案，并落实专人对在家居住的重性精神疾病患者进行随访治疗和康复指导。截至 2019 年 5 月底，未发现严重精神障碍患者肇事肇祸事件发生。

（6）进一步落实以奖代补工作。严格落实以奖代补工作，对全县三级以上严重精神障碍患者 156 人签订监护协议，严格对患者的监护管理，按时对居家病人进行随访，督促病人服药，对患者家属进行家庭护理教育，提高了监护人对患者的监护能力。2018 年监护协议到期兑现奖补政策资金 153560 元。

2. 吸毒人员服务管理工作

（1）深入开展吸毒人员“大排查”。严格落实“重嫌必检”工作措施；加强吸毒线索摸排；强化重点场所部位排查；强化基层走访摸底排查；加强各警种之间协调配合；加强毛发检测等技术运用；完善举报奖励制度；准确采集信息，及时录入系统。

（2）深入开展吸毒人员“大收戒”。严格按照《吸毒成瘾认定办法》的有关规定，对吸毒成瘾严重人员一律予以强制隔离戒毒。禁毒办成员单位充分发挥职能优势，积极参与吸毒人员戒毒管理和后续帮扶管控工作。按照省、州“清隐”行动工作方案要求，确定期限，不得提前解除强制隔离戒毒。切实加强病残吸毒人员收戒工作，严防病残吸毒人员流散社会，扰乱社会治安秩序，按照应收尽收的原则，做好吸毒人员收戒工作。

（3）深入开展吸毒人员“大管控”。一是按照《全国社区戒毒社区康复工作规划（2016—2020 年）》的要求，持续深化社区戒毒社区康复“8·31”工程，建立社区戒毒社区康复领导小组，按照要求配齐配强禁毒社工，确保社区戒毒社区康复工作有办事机构、有专职人员、有工作场所。二是将吸毒人员全部纳入网格化服务管理，落实网格化管理人员，按照生理脱毒、身心康复、就业安置、融入社会“四位一体”的工作要求，实现吸毒人员网格化管理全覆盖。三是严格社区戒毒社区康复工作流程，按照全省“五统一”的标准和“贵州省吸毒人员社会化服务管理平台”的要求开展工作。四是加大对社会面吸毒人员的清理和对复吸毒品人员的查处力度，及时查处再次复吸毒品人员，不断提升戒断巩固率，延长操守期。五是积极推进政府购买社会服务，培育和加强禁毒社工参与戒毒康复管理，按照“8·31”工程五年规划要求，确保 2019 年禁毒社工比例占整个禁毒工作队伍的 30%以上。六是全面落实吸毒人员出所“无缝衔接”工作机制，社区戒毒社区康复执行地提前到戒毒场所做好对接，核实在戒人员戒毒状况和戒毒表现，做好戒毒康复人员交付执行、社区康复人员出所接回、变更社区戒毒社区康复执行地人员送交执行等工作，确保“无缝衔接”接回率达100%。七是对吸毒成瘾严重、多次复吸被强制隔离戒毒、在社会面上难以保持操守的社区戒毒社区康复人员实行集中康复，按照“自愿为前提、康复为中心、生产为平台、教育为手段、治疗为保障、回归为目标”的原则，对多次被强制隔离戒毒人员实行为期不超过3年的集中戒毒康复，最大限度地减少吸毒人员对社会的危害。

（4）深入开展吸毒人员“大帮教”。一是充分运用自愿戒毒措施，鼓励具有医疗资质的机构和民间组织建立自愿戒毒医院，为自愿戒毒人员提供戒毒场所，切实开展自愿戒毒服务工作。二是按照《贵州省社区戒毒社区康复人员就业促进办法》要求，坚持政府主导、企业参与、社会协同、关怀救助的原则，统筹辖区各禁毒成员单位充分发挥自身职责，认真做好戒毒康复人员心理辅导、行为矫正、就业安置、关怀救助等工作，鼓励戒毒康复人员自强自立，帮助树立戒毒信心、回归社会的信心。三是充分运用系统思维，综合施策，把深入推进禁毒人民战争与扶贫攻坚战略深度融合，科学、充分运用自愿性、强制性、混合性等政策工具，将禁毒工作各项措施嵌入扶贫政策，最大限度地帮助涉毒贫困人员同步脱贫，以脱毒保障脱贫成果，以脱贫巩固脱毒成效。全县各乡（镇、街道）结合自身区位优势、自然环境、毒情形势和禁毒工作实际，切实加强对符合条件的脱毒贫困人员的就业培训和政策扶持，动员社会各方面力量积极参与禁毒扶贫工作，确保早日实现涉毒贫困人员脱毒脱贫。

3. 有严重不良行为未成年人服务管理工作

根据州综治委《关于进一步加强有严重不良行为未成年人教育转化工作的通知》及相关文件要求，结合册亨实际，认真开展有严重不良行为未成年人服务管理工作。一是根据不良行为未成年人的具体情况，非在校生采取村组干部与家长或监护人共同教育、转化；在校生首先采取家校相互配合、教师一对一帮教工作，从学习上、生活上、思想上全面转化学生。二是将有严重不良行为未成年人送贞丰仁智学校进行教育转化。三是教育转化经费列入财政预算，并拨给县委政法委，由县委政法委按标准据实支付给贞丰仁智学校。

4. 刑释解戒人员服务管理工作

一是加强刑释解戒人员衔接工作机制建设。强化公安派出所、司法所与家庭、村居之间的对接联系，完善对刑释解戒重点人员的无缝对接机制。二是加强对重点人员的衔接管控。在建立辖区刑释解戒人员信息库的基础上，强化对重点人员管控，建立刑释解戒重点人员数据库，健全完善帮扶措施，防止脱管失控，最大限度地降低重新违法犯罪率。三是加强刑释解戒人员就业安置。建立刑释解戒人员就业、劳动技能培训绿色通道，免费提供就业介绍、技能培训等服务；落实最低生活保障或采取临时救助措施，加强对生活困难和丧失劳动能力的刑释解戒人员的安置，使其能融入社会。

5. 留守儿童服务管理工作

一是建立健全留守儿童关爱体系。成立留守儿童工作领导小组，制订留守儿童工作方案，落实儿童基层工作队伍建设，全县共配备儿童督导员、村（居）专（兼）职儿童督导员 144 名，使册亨县的儿童关爱工作更加精准细化。二是建设标准化留守儿童之家。按照硬件“五有”、软件“五全”标准做好建设工作。2014 年至今，全县共有 47 所标准化留守儿童之家。标准化留守儿童之家的建成，为优化留守儿童学习、生活环境提供更好的保障，使他们感受到学校就是温暖的大家庭，亲情就在身边，从而获得自信、自尊、自爱的力量，得到健康快乐的成长。三是完善青春课堂。巧马镇完善挂牌“青春课堂”一个，在各个留守儿童之家都设立有“青春课堂”的关爱内容和功能，使留守儿童、困境儿童关爱工作水平得到提高。四是恢复“12355”青少年服务台正常运行。全县共有 107 所中小学，其中 38 所安装了电话，用于工作联系和开通留守儿童联系父母的亲情电话；青少年服务台的正常运行，不仅维护了未成年人关爱保护的职责，还搭建了社会各界、学校联系留守儿童、困境儿童和家长的关爱桥梁。五是加大对留守儿童、困境儿童的走访关爱活动。2019 年“六一”儿童节，在全县范围内共走访关爱留守儿童 2961 人次，临时救助未成年人 253 人次，临时救助留守儿童、困境儿童家庭的老人和妇女共计 231 人，共计经费 8 万余元。

6. 艾滋病患者服务管理工作

一是建立健全艾滋病防治工作目标管理机制。册亨对艾滋病防治工作高度重视，将其列入政府的工作日程，成立册亨县防治艾滋病工作委员会，由县人民政府分管县长任防治艾滋病工作委员会主任。定期召开委员会会议，明确各部门责任，做到各司其职，各负其责，齐抓共管，协同作战。初步形成了政府领导、部门协作、全社会参与的艾滋病防控体系。

二是全面落实防控经费。2018 年，为确保各项艾滋病防治工作的落实，县政府从财政经费中预拨了 2 万元作为艾滋病工作经费，中央资金拨付 9.6 万元主要用于项目的倡导、宣传教育、治疗、随访管理等方面，确保了艾滋病防治工作正常开展。

三是加大预防和控制宣传力度。制作大量宣传资料，如艾滋病宣传贴画、折页、中小学生艾滋病防治手册、笔记本、宣传笔、围腰、雨伞、手提袋等。开展各种形式的艾滋病宣传工作。以文化科技卫生“三下乡”、春节活动、麻风病宣传日、“3·24”结核病宣传日、“4·25”免疫接种日和“6·26”禁毒日等卫生防病宣传为契机，对广大群众特别是农民工、农村人口、流动人群、妇女、老年人群进行多种形式喜闻乐见的宣传教育。开展医务人员及教师的艾滋病防治业务培训。紧紧依靠广大医疗卫生人员和教师骨干开展艾滋病防治教育宣传，2019 年培训医务人员及村级卫生人员 3 次，共 200 多人，教师骨干 1 次 20 人。

四是开展青少年学生艾滋病讲座。坚持经常性宣传教育和重点宣传教育相结合，深入乡镇及城区学校共 5 所初高中学校开展艾滋病防治知识讲座。

五是严格开展随访管理工作。免费抗病毒治疗定点医疗机构工作。册亨人民医院是全县艾滋病抗病毒治疗定点医院，属于二甲医院，2019 年按照现住址统计随访管理患者和病人接受抗病毒治疗比例为 94.53%，医院制定抗病毒治疗工作职责，设立独立诊疗门诊，共有 3 名医护人员，其中有 1 名医生兼职负责治疗工作，2 名护士兼职负责随访管理及资料整理工作。每两个月上报追踪失访患者信息。疾控随访管理工作。报告存活且可随访的感染者接受抗病毒治疗工作，至今册亨县随访管理的艾滋病感染者及病人无肇事肇祸事件发生。转介治疗工作。2019 年度疾控及医院病人成功转介率均超过 90%。

六是落实“四免一关怀”政策工作。为困难的5例艾滋病感染者和病人申请了最低生活保障。为治疗困难的患者发放交通补助，每人每年100元。免费为病人提供抗病毒治疗药物、CD4检测及病毒载量检测。

四、相关建议

（一）在精神障碍患者服务管理工作方面

1. 健全政府牵头部门联动保障机制

建立联席会议制度和定期会商制度，完善精神残疾筛查、登记、监测、预警、救治、救助、服务和管理机制，形成政府组织领导、部门齐抓共管、政策信息资源共享、社会组织广泛参与、家庭尽力尽责的精神卫生综合服务体系。建议将重度精神残疾患者绝大多数纳入低保保障体系，减轻患者及家庭负担；降低精神残疾患者住院门槛费，提高住院报销比例；县级建立贫困精神残疾患者社会保障专项基金，对在各种保障政策执行完毕，经济负担仍然较重的重性精神残疾人，进行兜底保障，达到“救治一人、保障一家、稳定一方”的效果。

2. 大力加强精神卫生专业机构和精神康复机构建设

县级综合医院尽量创造条件开设精神科或心理咨询门诊，积极支持县级设立精神医院分院或积极支持鼓励外地和本地的社会资本在册亨创办民营精神卫生专业医疗机构，落实社会办医疗机构各项优惠政策，将符合条件的民营精神卫生专业医疗机构纳入医保定点范围，享受与公立医疗机构同等待遇，保障其进行专业治疗或辅助治疗，以方便精神残疾人就近治疗、康复，早日回归家庭、回归社会。

3. 加大重性精神残疾人管控，严防肇事肇祸行为发生

一是健全三级管控网络。建立健全县、乡镇、村（社区）三级救助管理网络，完善应急处置机制和预防预警措施，开展重性精神残疾人肇事肇祸行为危险性评估，建立监护人、村委会、派出所民警密切联系机制，定期召开工作例会，开展情况通报，做到早预防、早发现、早救治管控、早回归家庭、早回归社会。二是落实日常管控责任。患者所在乡镇、村卫生机构要根据健康档案，定期指导督促监护人或患者本人按时服药，提高患者服药依从性，稳定病情。对精神残疾人家庭监护人发放“家庭关爱卡”，写上村（社区）医生、治保主任、民政（残联）干事、包片民警、定点医院等相关联系电话，一旦需要采取预警措施，实行“五方联动”，构建就诊就医“绿色通道”。

（二）在吸毒人员服务管理工作方面

进一步提升对吸毒人员的发现、查处、收戒、管控效能，依法做到应查尽查、应戒尽戒、应收尽收。不断巩固吸毒人员管控工作成效，有效防控吸毒人员肇事肇祸风险，持续降低吸毒人员在违法犯罪群体中的占比，进一步提升戒断巩固成效。科学戒治，提升社区戒毒康复工作水平，抓好戒治挽救。加强与企业的交流，做好戒毒康复安置点人员的管控工作，深入实施“8·31”社区戒毒社区康复工程，真正形成政府统一领导、有关部门齐抓共管、乡镇（街道）具体实施、社会力量广泛参与的社区戒毒社区康复工作格局。要坚持不懈做好吸毒人员排查登记工作，严格落实“重嫌必检”工作机制，最大限度地发现社会面隐性吸毒人员，确保底数清、情况明。要推进“阳光工程”建设，要坚持集中安置、分散安置、自主创业、自谋职业、公益性岗位安置相结合的安置模式，按照《贵州省社区戒毒社区康复人员就业促进办法》的要求，创新吸毒人员就业安置工作机制，落实吸毒人员帮扶救助工作措施，尽力帮助他们重树信心、重返社会。

（三）在有严重不良行为未成年人服务管理工作方面

1. 进一步提高对未成年人思想道德建设重要性的认识

充分认识加强和改进未成年人思想道德建设的重要性和紧迫性，切实加强对未成年人思想道德建设的领导，要形成党委统一领导、相关部门各负其责、全社会积极参与的领导体制和工作机制，抓好日常工作落实。

2. 加强警教共建，综合治理，有效遏制未成年人违法犯罪

加强综合治理，将未成年人健康成长和预防犯罪工作作为创建“平安

册亨”“平安乡镇”活动的重要内容。开展警教共建活动，深入落实法治副校长和辅导员制度，并组织相关单位，有计划地深入中小学开展法治宣传、法治讲座。

3. 切实加强对城乡网吧的管理

加大管理力度，政府牵头，协调文化、公安、执法、工商、通信等部门，统一指挥，统一行动，综合执法。采取得力措施，坚决制止未成年人进入网吧。加大监督检查和处罚力度。加强网络场所的安全管理，加大网吧管理法律法规的宣传，在社会上设立并公开举报电话，动员全社会的力量对网吧进行监督。

4. 加强对“空白地带”未成年人的管理和教育

相关部门积极参与，建立未升学毕业生思想道德教育跟踪管理制度。由教育局建立初中毕业未升学学生档案，对他们的姓名、年龄、居住地、毕业后的去向等详细资料进行统计，并协调公安、村委会经常与家长、本人联系沟通，了解他们的思想动态和生活状况，一旦发现不良苗头，能够及时采取措施。劳动和社会保障局实施劳动培训，充分发挥共青团组织的作用，吸引和凝聚未成年人，提高就业本领，帮助其就业。

（四）在刑释解戒人员服务管理工作方面

1. 发挥主体优势，调动社会力量

一是发挥司法所的主体作用。目前，社区矫正及安置帮教工作是在县司法局的指导下，以乡镇司法所为主体开展的。为增强司法所做好两项工作的责任感和使命感，使两项工作真正落到实处，要把两项工作列入司法所重点考核内容；要分层次培训，提高司法员业务水平；要积极争取政府财政支持，不断改善司法所办公条件；要配备足够的工作人手。

二是充分调动社会力量。聘请具有法学背景的高素质社会志愿者，对社区矫正和安置帮教工作人员进行业务培训，对矫正对象和回归人员予以帮教，对社区开展两项工作理论进行研讨等。广泛发动组织社会力量参与两项工作，为矫正对象和回归人员提供社会辅导、心理矫正、帮助教育、技能培训和临时救助等各项服务。

2. 切实解决难题，加大工作力度

一是各部门要鼓励刑释解戒人员在社区服务业的岗位就业，特别是政府开发的面向社区居民生活服务、企事业单位后勤保障和社区公共管理的就业岗位以及清洁、绿化、公共设施养护等公益性岗位上实现就业。二是加大职业培训，打破刑释解戒人员进入劳动力市场的“瓶颈”。劳动行政部门给予优惠政策，使刑释解戒人员能够享受到一次免费烹饪、电工等各类职业技能的培训，努力做到培训和考证相结合，培训和用工相结合，有的放矢地进行职业培训。三是强化就业指导。从实际出发，引导刑释解戒人员转变就业理念，自谋职业、自主创业，通过非全日制、临时性、季节性工作等灵活多样的形式实现就业。四是创办安置基地。司法行政机关与劳动和社会保障部门要共同扶持过渡性安置实体或基地，重点解决刑释解戒人员就业前的过渡性安置，基地人员必须做到对刑释人员不另眼看待，待遇一视同仁，生活上主动关心。

（五）在留守儿童服务管理工作方面

一是建议为留守儿童办公室配备专职、专业的工作人员，比如心理咨询服务、专业的社会工作者等，以便从精神、心理等层面做到对留守儿童、困境儿童更好关爱和引导。二是建议划拨专项留守儿童、困境儿童工作经费，配备专用宣传车辆，更好地宣传关爱留守儿童、困境儿童工作，做到人人皆知，不留盲区，让更多的儿童感受到党的温暖和关怀。

（六）在艾滋病患者服务管理工作方面

1. 加大艾滋病知识宣传力度

多渠道、多方式开展预防艾滋病的大众宣传教育活动，扩大民众获取艾滋病知识的渠道，电视、广播等媒体要加大艾滋病公益宣传力度。卫生、公安、工商等部门要将经营性娱乐服务场所作为宣传教育工作的重点，对经营者进行开业前艾滋病性病防治知识培训及考核，对从业人员定期进行艾滋病性病防治知识的教育培训，定期对高危人群进行健康教育；教育部门在学校要从小对青少年进行宣传和教育，全面普及艾滋病知识，减少人群中的危险行为。同时卫生、妇联、共青团等要密切配合，对广大妇女、青少年开展广泛深入细致的宣传教育工作。

2. 加大艾滋病防治经费投入

县政府要在财力、人力、物力等方面继续加大投入力度，将艾滋病防治经费纳入财政预算，并随财政收入的增长而增加防治资金。

3. 积极做好切断病源工作

阻断血液传播，继续加强血浆、输血等管理。高度重视性传播艾滋病问题，加强社会管理，依法打击卖淫嫖娼。加大禁毒、戒毒工作力度，依法从重从快严厉打击毒品犯罪活动。同时，要开展高危人群艾滋病监控和管理，使艾滋病快速扩散势头得到有效控制。

4. 建立完善艾滋病初筛监测体系

建立健全监测网点，做到合理、切实发挥网点功能作用。在二级以上医院、血站建立艾滋病初筛实验室，并对检验人员进行专业培训。统一检测试剂，规范检验程序，明确检测对象，建立有效、规范化的艾滋病监测网络，真实反映册亨县疫情，控制传染，减少无症状感染者的传播机会。

5. 消除医疗机构对艾滋病患者的歧视

卫生行政部门要加强对各医疗机构的监督考核，使艾滋病患者有病可治、有医可求。

案例篇

B.10 贵州册亨县新市民的社会适应性研究报告

刘凌冰[1]

摘要： 册亨县2016—2018年实施易地扶贫搬迁后，在8个安置点形成了8.754万新市民，促进新市民适应新市民居住区的生产生活成为易地扶贫搬迁后续工作的重点。本研究以新市民的生产适应、生活适应、文化心理适应为理论框架，以易地扶贫搬迁后续工作的五个体系为分析重点，总结册亨县促进新市民社会适应的政策措施，分析册亨县新市民在社会适应过程中的困境，在此基础上提出提升新市民社会适应能力的对策建议。

关键词： 易地扶贫搬迁　新市民　社会适应

“十三五”期间，贵州省计划实施易地扶贫搬迁188万人，其中建档立卡贫困人口150万，占全国搬迁计划的15%；整体搬迁贫困自然村寨10090个，同步搬迁人口38万。册亨县按照“以搬迁县城为主，中心集镇和跨区安置为补充”的原则，从2016—2018年，3年时间搬迁8.754万人，占农村总人口54%，搬迁建档立卡贫困人口47992人，涉及整寨搬迁327个自然村寨。其中，2016年实施搬迁12419人，2017年实施搬迁13675人，2018年实施搬迁61446人，搬迁安置县城及跨区域搬迁义龙新区5.5万人，工业园区及中心集镇安置3.2万人。册亨县易地扶贫搬迁的8.754万移民，在生产上脱离了农业，在生活上离开了农村，在身份上不再是农民，移民进入新市民社区以后成为新市民。

2月23日，全省易地扶贫搬迁后续工作推进委员会印发《中共贵州省委贵州省人民政府关于加强和完善易地扶贫搬迁后续工作的意见》，意见

① 刘凌冰，贵州省社会科学院实习研究员。

强调易地扶贫搬迁后续工作要着力构建基本公共服务体系、培训和就业服务体系、文化服务体系、社区治理体系、基层党建体系。易地扶贫搬迁后续工作的目标是促进新市民适应新的生产生活环境，即能够从农业转移到非农产业，并适应非农产业的生产活动，能够从农民转变为新市民，并适应新市民社区的生活方式和社区文化。

一、人口迁移与社会适应性

（一）人口迁移

人口迁移理论的观点主要有三种。“第一，‘推力—拉力’理论，赫伯尔在1983年第一次系统总结了‘推拉’理论概念，认为人口迁移是由于迁出地的推力（或排斥力）和迁入地的拉力（吸引力）共同作用的结果。第二，新古典经济学理论，人口迁移被认为是劳动力供给与需求的区域差异引起的劳动力在不同区域间的调整。第三，发展经济学中的人口迁移理论，刘易斯将一国经济分为农业部门和工业部门，劳动力是从农业部门不断向工业部门流动，托达罗认为城乡预期收入差异是发展中国家农村人口迁移规模继续增大的主要原因。”①严酷恶劣的自然生态条件，使得在生态贫困区实施就地扶贫难度大，即使依靠各种外界力量实现脱贫，受基本自然生存条件及自然灾害等影响，也极易返贫。易地扶贫搬迁工程实质上是跨区域的人口迁移，通过人口迁移，实现生计空间再造和空间资本重塑，有助于打破空间制约实现地区或个人社会经济跨越式发展。

（二）社会适应性

社会适应起源于达尔文进化论学说“适者生存”一词，后来专指人与社会的关系。斯宾塞认为“‘适应’即人类可根据外界生存环境的改变不断自我调整最终达到与新生活环境和谐共处的一种状态”②。“适应性是个体主动调整自己的机体和心理状态，使自己的行为符合环境条件的要求，

① 朱杰：《人口迁移理论综述及研究进展》，载《江苏城市规划》2008年第7期，第40—44页。

② 侯钧生：《西方社会学理论教程》，天津·南开大学出版社，2006年版。

以及努力改变环境条件以使自己能够获得更好发展的能力倾向。”[①] 美国心理学家利兰（Leland）和科恩（Cone）认为“社会适应性是个体在社会生存环境中对社会文化、价值观念和生活方式的心理适应及应对”[②]。从社会学的角度来看，社会适应性是行动者通过再社会化调整其行为模式和心理状态，使之适合于新环境的过程，在这个过程中，个体明确了自己的社会权利和义务，形成了与社会相适应的知识、技能、价值观和性格，并在社会交往与行动中采取符合社会要求的行动。社会适应性包括生产适应、生活适应、文化心理适应等多方面的内涵，生产适应、生活适应、文化心理适应三者之间相互作用、相互影响。“生产适应是生活适应的前提和基础；生活适应是生产适应的最直接的反映；文化心理适应则要建立在前两者的基础之上，三者共同作用完成了社会适应的过程。”[③] 新市民搬进新市民居住区，适应新环境、新生活的过程，实质上是再社会化的过程，新市民必然面临着来自生产、生活和心理等方面的困难和挑战，能否经受住这种困难和挑战是新市民“搬得出、留得住、能致富”的关键。

二、迁出地、迁入地与新市民

（一）迁出地

册亨县位于贵州省西南部，地处云贵高原向广西低山丘陵的过渡地带，国土面积2598平方千米，辖9镇1乡2街道，132个行政村（居、社区），是一个布依族、苗族、汉族等多民族聚居县，总人口24.293万，其中少数民族人口占比79%，属于国家扶贫开发工作重点县，也是全省14个深度贫困县之一。

册亨县属于《中国农村扶贫开发纲要（2001—2020年）》确定的14个集中连片特困地区中的滇黔桂石漠化区，特殊的喀斯特溶岩地貌，是中

① 范敏：《大学生适应性的调查研究》，载《湖南师范大学教育科学学报》2012年第3期，第125页。

② 杨彦平、金瑜：《社会适应性研究述评》，载《心理科学》2006年第5期，第1171—1173页。

③ 李娜：《滇中彝区易地扶贫搬迁新市民的社会适应——以永仁县彝族新市民为例》，载《毕节学院学报》2010年第7期，第15—19、25页。

国乃至全球石漠化最严重的地区之一，生存环境较为恶劣，自然灾害频发，行路难、吃饭难、饮水难、用电难、入学难、就医难等问题导致了“一方水土养不活一方人”的局面。

（二）迁入地——新市民居住区

册亨县按照“环境公园化、就业充分化、生活便民化”的原则，统一集中安置、建房、装修，集中建设新市民居住区水、电、路、通信、绿化、学校、医院等基础设施，让搬迁群众生活更加舒适、便捷。配套建设政务中心、基层组织活动阵地、新市民就业培训服务中心、平价购物中心、公交车站、文体活动中心、青春课堂、成长课堂、银发课堂、警务室等公共设施，提供“保姆式”“一站式”服务，引导新市民融入新环境，适应新生活。册亨县易地扶贫搬迁安置点具体情况见表1。

表1　册亨县易地扶贫搬迁安置点基本情况

安置点	占地面积（万平方米）	建筑面积（万平方米）	安置房	基础及配套设施
纳福新区安置点（包括百口新市民居住区、新锦家园小区、亨达大市场小区、福水小区、百福小区、百锦小区）	50.83	41.88	2691套	政务服务大厅2个，面积800平方米；新市民党群活动室2个，每个面积30平方米；新市民服务中心1个；老年活动室1个；新市民卫生室；配套建设“青春课堂”、便利超市、公交车站等；中华布依锦绣坊、“扶贫车间”等产业设施
高洛新区安置点（分19个安置小区）	63.04	87.92	287栋 7505套	建设商业门面5.8万平方米、地下室及车库14万平方米、停车位7500个。“一路一园两院六校”。一路：高洛大道全长7.8千米，宽27米，双向四车道。一园：香蕉大数据扶贫产业园是集产业培育、旅游观光、创业就业于一体的综合园区，已建成6万平方米的温室大棚，景区大门、香蕉产品种植展示、直升机停机坪等设施。两院：县中医院占地面积3.5万平方米，住院床位200张，达二级甲等医院标准；县妇幼保健院占地1.8万平方米，建筑面积1.3万平方米。六校：新建册亨中学（高中，可容纳学生3000人）、小学2所（新建高洛一小、改扩建高洛小学）、幼儿园3所（新建高洛第一、第二、第三幼儿园）

续表

安置点	占地面积（万平方米）	建筑面积（万平方米）	安置房	基础及配套设施
坡妹镇安置点	31. 16	27. 19	89 栋 1907 套	总投资 5. 7 亿元，建成幼儿园、小学、足球场、篮球场、休闲广场、山体公园、农贸市场、汽车站、污水处理厂及商业区等附属设施
双江镇安置点	3. 87	5. 73	44 栋 497 套	建有新市民服务中心、临时党支部、管委会、社区卫生室、警务室、布依锦绣坊、超市和留守儿童之家等配套设施。建设“一路一环一园两库两镇”满足群众就近就业就医和生产生活。一路：二级公路；一环：沿江环湖产业路；一园：巧袍山地主题综合农业公园；两库：双江水库和文达水库；两镇：双江林果小镇和达央云上旅游小镇
冗渡镇安置点	47. 71	36. 51	50 栋 2259 套	总投资 8. 44604 亿元。地处 313 省道和 656 县道两线交会点，距离县城 19 千米，平均海拔 1250 米。在建日供水量 3500 吨的长朝供水工程，在建日处理能力 1500 吨的污水处理厂。依托北畜产业带，在龙头企业的带动下，大力发展牛、羊、生猪等生态养殖项目，带动 776 户 4000 余农户发展
巧马镇安置点	31. 83	30. 31	141 栋 2265 套	建成公共服务站、新市民讲习所、社区综治中心、金融服务站；新建册亨县人民医院巧马分院和 3 所卫生室，修建昂央公园、纳桑同心广场、三岔河同心广场、大榕树广场和滨河休闲步道；改建巧马镇中心学校、第一幼儿园；新建三岔河水库、第二水厂；已建民族民间文化产业孵化园
秧坝镇安置点	8. 37	9. 5	43 栋 826 套	总投资 2. 18 亿元。建成便民服务中心、社区综合服务中心、新时代文明实践中心、老年服务中心（银发课堂）、儿童活动中心（青春课堂）、文体活动中心、卫生服务中心及平价购物中心各 1 个，新（扩）建幼儿园 2 所，配齐教师 33 名
跨区域搬迁（包括义龙万屯、兴义马岭、义龙顶效）				义龙新区基础设施完善、交通便利，区位优势明显。区内有红星产业园、郑鲁万产业园、新德产业园，经济基础较好，劳动力的聚集效果好

资料来源：册亨县水库和生态移民局。

易地扶贫搬迁安置点即新市民居住区生存环境较好、交通便利，医疗、就业、教育等公共设施相对完善，搬迁群众拎包就能入住、就近就有产业园区、孩子出门就能上学、下楼就能进商场、休闲能逛公园。切实做到了便民利民惠民，极大地提升了新市民的生活水平和生活质量，真正让搬迁群众一步住上好房子、快步过上好日子，满足群众对美好生活的需求。

（三）新市民

50户以下、贫困发生率50%以上的自然村寨易地扶贫搬迁产生了新市民。贵州省对建档立卡贫困户人均住房补助2万元，同步搬迁人口人均住房补助1.2万元，签订旧房拆除协议的，每人奖励1.5万元。册亨县2016—2018年易地扶贫搬迁移民具体情况见表2。

表2　2016—2018年册亨县易地扶贫搬迁统计

年份	安置点	户数（户）	人口（人）	贫困人口（人）
2016	巧马镇易地扶贫搬迁工程一期	400	2075	1272
	巧马镇易地扶贫搬迁工程二期	726	3285	2342
	册亨县城市规划区易地扶贫搬迁工程一期（册欣商城）	71	314	238
	册亨县城市规划区易地扶贫搬迁工程二期（亨达市场）	54	242	232
	跨区域搬迁义龙试验区万屯镇阿泥安置点	1363	6503	5078
2017	亨达市场安置点	456	2206	6812
	新锦家园安置点	503	2429	
	布依小镇安置点	1004	4295	
	双江镇安置点	343	1502	1278
	巧马镇安置点	806	2743	1148
	跨区域搬迁兴义浙兴商贸城马岭安置点	116	500	150

续表

年份	安置点	户数（户）	人口（人）	贫困人口（人）
2018	县城纳福新区安置点	1215	5693	2052
	县城高洛新区安置点（一期）	4514	19831	9485
	县城高洛新区安置点（二期）	2426	9275	4917
	坡妹镇安置点	1663	8000	4816
	冗渡镇安置点	2392	10000	5790
	巧马镇安置点	335	1292	204
	双江镇安置点	116	498	332
	秧坝镇安置点	820	3357	1799
	跨区域搬迁义龙新区顶效镇步马安置点	800	3500	0
合计		20123	87540	47996

资料来源：册亨县水库和生态移民局。

册亨县2016年共计搬迁2614户12419人（建档立卡贫困人口1987户9162人），县内安置点安置1251户5916人（建档立卡贫困人口904户4084人），跨区域搬迁义龙试验区万屯镇阿泥安置点1363户6503人（建档立卡贫困人口1083户5078人）。2017年共计搬迁3228户13675人（建档立卡贫困人口2220户9439人），县内安置点安置3112户13175人（建档立卡贫困人口9238人），跨区域搬迁兴义浙兴商贸城马岭安置点安置116户500人（建档立卡贫困人口150人）。2018年度搬迁安置14281户61446人（建档立卡贫困人口7549户29395人），县内安置13481户57946人（建档立卡贫困人口29395人），跨区域搬迁义龙新区800户3500人（建档立卡贫困人口0人）。

新市民中绝大多数为布依族、苗族等少数民族，在饮食、穿戴、居住建筑形式、传统节日及家庭婚宴等方面有着独特的传统生活习性，对原居住地保留浓厚的乡土情怀。费孝通认为"从基层上看去，中国社会是乡土性的"①，"乡土性"指的是中国农村及农民的特性。甘斯（Gans）认为无

① 费孝通：《乡土中国》，上海·上海世纪出版集团，2007年版。

论是“城市性”还是“乡土性”都是人的特性，即市民和农民的不同文化特性。新市民融入新市民居住区的过程就是脱离“乡土性”并塑造“城市性”的过程。

三、册亨县促进新市民社会适应的做法

（一）促进新市民生产适应

生产适应性是指新市民为适应新生存环境通过形成与社会需要的知识技能、价值观和性格而去寻找维持生计的工作机会，不断调整自身条件使能够稳定从事某职业并对该职业感到满意。“农民”的本质是一种职业，从“农民”到“新市民”其本质是生产方式的转换，即从农业转换到非农产业。非农产业是提升新市民社会适应性最好的载体：首先，在工作中新市民可以熟练非农产业的职业技能和职业规范；其次，通过工作，新市民可以获得作为“市民”生存的物质条件，可以持续承担社会适应的物质成本；最后，通过与其他产业工人的社会交往，新市民可以逐渐养成城市的生活方式和思想观念。

1. 政府后续生计保障措施为生产适应打好基础

册亨县已出台制订了“搬得出、稳得住、快融入、能致富”后续生计保障工作方案，明确了目标任务、完成时间节点、责任领导及责任人等。方案主要有以下内容：一是做好“三块地”的摸底和确权颁证工作，完成搬迁群众可开发利用土地再次摸底调查工作，为申报退耕还林项目、土地流转开发等工作打下基础，完成承包地、林地和已拆除宅基地的确权颁证工作。二是做好劳动力全员培训和就业落实工作，已实现就业的搬迁群众，逐户逐人建立好就业台账，暂未就业的逐户逐人核实登记劳动力年龄结构、学历水平、劳动技能、就业意愿等工作，全面精准掌握就业需求，建立劳动力就业需求台账。三是对县内各类企业或商铺及各产业园用工需求进行全面调查，建立岗位供给台账，并按相关规定采取就近务工、自主就业创业、劳务输出、企业就业、公益性岗位、群团组织就业、帮扶单位引导就业及其他形式就业等逐个销号。

2. 大力举办职业培训班促进新市民就业

2016年举办专题培训班11期，培训576人次。2017年举办全员培训66期，培训3033人次，解决就业2680人。2018年培训新市民19090人次，解决就业8550人。2019年成立就业服务中心5个，举办就业培训班221期，培训10760人次。2019年多渠道引导新市民就业34470人，一户一人以上就业率达100%。册亨县建立了参训学员及学员家庭内劳动力就业台账，通过引进企业进入安置区（册亨县鸣韵电子厂、册亨县黔美源生布依纺织绣有限公司等）开辟本地就业岗位，引导外出务工、促进自主创业等各种形式提供就业岗位。2016—2019年累计培训33459人次，累计解决就业45700人。

3. 多措并举，增加新市民就业岗位

创新产业发展模式。针对扶贫产业普遍品牌意识不强、附加值不高等情况，倡导建立了民族民间文化产业孵化园，引进“大山小农”团队和“好之味”团队，围绕古法熬糖、苗绣手艺、八音坐唱等民间传统文化，对传统产业进行规范化、规模化、品牌化升级，打响了“纳桑”“好之味”等惠农品牌。其中由“大山小农”团队研发的纳桑古法红糖，一经互联网问世就供不应求，单个榨季产值超过1000万元，成功带动60余名新市民就业。

创新就业扶贫模式。为进一步激发新市民树立劳动光荣、坚定脱贫信心，激发贫困群众内生动力，助力脱贫攻坚，开展选聘“五员”工作。使用产业扶贫子基金、宁波市对口帮扶资金、中国联通帮扶资金等所建国有资产所获得租金用于实施“五员”脱贫。通过培训、扶持（临时）聘用建档立卡贫困人口为护林员、护水员（河库保洁员）、护路员、保洁员、综治网格员等就近就业方式，每人实现年收入10000元以上，从而实现新市民有业就、有事做，通过勤劳达到增收、实现脱贫的目标。

大力发展特色林产业。确定“特色林产业”作为册亨县“一县一业”，规划从种植（杉树、桉树、油茶）、加工（木材、灵芝、油茶）、销售（建产品交易中心）等环节打造特色林业全产业链项目，并力争到2020年通过林业发展，使森林覆盖率达75%以上。西南地区最大的林板奇松林业已全面投产，其生产的“南盘江”牌林板已上市销售，该企业达产时接纳务工人员高达876人。

(二) 促进新市民生活适应

1. 良好的居住条件和便捷的生活服务

新市民居住区环境优美，建筑规划合理，周边配套设施完善，新市民生活舒适、便捷、幸福度高。巧马镇的新市民说道："搬迁前买东西麻烦得很，要走两个小时才能到乡镇的集市，现在出门就有超市，走路5分钟就到了，真是太方便了！"新市民开始享受城镇的现代化健身、娱乐、休闲设施，譬如经常利用健身器材参与健身锻炼，或到文化广场跳广场舞等。新市民也获得了迁入地的教育、医疗、文化等公共服务，小孩可以接受高水平的教育，生病可以得到及时有效的治疗，还可以体验到丰富多彩的文化活动。

2. 教育和互联网提升了新市民生活适应的内生动力

新市民家庭也比较重视孩子的教育，由于年轻人大多到外省打工，家里只剩老人，老人不得不到新市民居住区照顾小孩。同时，由于册亨县新市民居住区有中国联通免费提供的宽带和 WiFi，农村老家没有网络，小孩喜爱上网，不再愿意回到迁出地，从而带动整个家庭在新市民居住区稳定地居住下来。通过教育和互联网起到了"小手牵大手"的效果，极大地促进了新市民家庭中的小孩和老人主动留在新市民社区生活。

小孩进入新市民社区以后通过教育接受社会化的过程，成人进入新市民社区以后进行的是再社会化，小孩学习能力和接受新事物的能力较强，小孩适应新生活的速度明显快于成人。在调研的过程中，调研组和当地领导正在巧马镇中心学校内的"青春课堂"考察，刚好遇上学校放学，一名小男孩站在门口，右手高高举起，向我们行少先队礼，问能否进来，并与调研组大方地交流。同行的当地领导告诉我们："一些移民子女刚来学校的时候胆小拘束，寡言少语，之前有个小孩看见我就跑开躲起来，几个月以后，我再看到他，他很礼貌地走到我面前跟我打招呼，我感到很惊讶很欣慰，看到孩子们适应了新社区的学习生活，我觉得易地扶贫搬迁的工作做得值、做得好，确实改变了贫困地区的孩子们，易地扶贫搬迁无疑是阻断贫困代际转移的最好方式。"

（三）促进新市民文化心理适应

1. “微信矩阵”与“线下走访”相结合提升新市民满意度

分别以行政村、村民组和安居楼为单元建立微信“威信党支部”“发展共商群”“安居服务群”，构建党务政务微信矩阵，让广大党员和群众在微信平台上共商交流、相互监督、解决问题，让政策宣传“一竿子”插到底、党务村务更加透明、群众参与更加积极。通过微信进行信息的发布，年轻人即使在外地工作，看到信息也会通知家里的老人，效果比镇村干部通知还要好。例如，册亨县巧马镇2017年发生百年一遇的“9·16”洪水，正是通过微信群及时地把消息传给群众，群众提前采取安全措施，洪水期间才没有发生一例伤亡事件。册亨县巧马镇将每周二确定为“精准帮扶走访日”。在新市民社区，巧马镇明确141名党员干部作为包楼干部，在每周二到楼入户走访，零距离与群众一道算收支、商计策、送政策、了解需求、回应民惑。引导新市民“衷心感恩”，为各安居楼新市民提供即时化、多元化“微服务”。经过一年多的检验，“微信矩阵”与“线下走访”相互融合、相得益彰，干部底数更清、情况更明、底气更足，群众满意度、获得感、幸福感日益增强。

2. 创新社区管理服务模式全方位构建新市民社会支持系统

在新市民社区，巧马镇搭建“成长课堂”，定期开展周末影院、新市民子女集体生日会、心理健康工作坊、“祖国好·家乡美”征文大赛等丰富多彩的活动；搭建“青春课堂”，定期开展创业沙龙、“四点半”课堂、大山小爱纸箱节、大山小农夏令营、大山集市、专家义诊、绣娘大赛、厨艺大赛、广场舞大赛等活动；搭建“知行课堂”，组织开展亲子涂鸦、亲子互动、手工艺教学等趣味活动，为新市民家庭提供互动平台和媒介；搭建“银发课堂”，定期开展利悠全家福、“好歌大家唱·感恩共产党”、布依戏展演、苗族特色舞展演、寿星集体生日会、端午茶话会等活动；搭建“巧合图书馆”，定期开展亲子阅读、趣味阅读、图书推荐、民间技艺教学等活动，让广大群众在家门口享受到免费便捷的借阅服务。搭建志愿服务平台，由政府建场所，志愿者团队负责运营管理，解决孩子课余时间辅导问题。引进“大山小爱”志愿服务团队，创建“加一点”志愿者协会，通过开展开放式的合作，创新和设计更多的志愿服务项目，争取更多的专业力量支撑和社会资金支持，用志愿服务来唤醒和激发新市民的善意融入和良性互动，引导新市民共同遵守社区公约、优化社区环境、推动社区进步，让社区建设具有更广泛的社会基础。通过构建“成长课堂”“知行课堂”“银发课堂”“巧合图书馆”志愿服务平台等全方位、系统的社会支持系统，让新市民找到精神上的共鸣，更加真切地感受到党的关怀。巧马镇社区管理服务模式被州委政法委誉为平安建设“册亨经验巧马模式”并在全州推广运用，被贵州省文明办、团省委表彰为贵州首届志愿服务项目大赛银奖和最佳人气奖。

3. 实施新市民计划“五心工程”

册亨县巧马镇以“感恩共产党·做好新市民”为主题，以“四强四有”（强党建引领、服务平台化，让组织有引力；强群团聚力、职责清单化，让工作有合力；强市民主体、运作社会化，让发展有动力；强基础保障、工作制度化，让干事有推力）为抓手，实施新市民计划“五心工程”（衷心感恩、安心进城、全心谋生、真心相融、舒心生活），促进新市民从心理全面适应新市民居住区的生产生活。

4. 通过完善的公共服务体系，为新市民适应新社区提供保障

以州新市民计划“1+13”推进措施为指导，以《册亨县新市民计划方案》12 个方面 46 条措施为抓手，全力攻坚新市民计划的落地落实。建成 13 个社区服务中心，每个社区服务中心开设户籍管理、就业、就学、就医和社保、政策咨询、物业管理服务、法律咨询等各类公共服务窗口，提供“一站式”服务，已全部开展工作。设置 7 个警务室，警务设备及警务人员均已配齐，实现全覆盖。2018 年册亨县结合安置点搬迁规模及搬迁户子女就学需求，配套建设各类学校共 20 所，其中幼儿园 12 所、小学 6 所、中学 2 所，解决搬迁群众子女就近就学共 3008 人，新市民子女入学率达 100%。2018 年同步规划建设医院（卫生室）8 个，其中，综合型大型医院 3 个，安置点卫生室 5 个，新居住区医疗服务覆盖率 100%。2018 年完成搬迁农户“安居险”办理 5820 户。全面落实各项社会保障政策，2019 年，搬迁群众医疗保险参保率 94%、养老保险参保率 90%，办理新市民居住证 3.9 万张，办理农低保转城低保 1948 人，发放一次性临时救助金 15886 人 2382.9 万元。

5. 通过丰富的文化服务提升新市民的文化素质和文明意识

根据“九个一”（一个文化服务中心、一个室外文体活动场地、一个民族文化纪念馆配备、一套广电系统、一支以上文体活动队伍、一批文化创意产品、一个公共旅游厕所、一个文化旅游商品购物点、一批非遗传承人）标准，完成新市民综合文化服务中心建设 3 个，组建宣传文艺队伍 5 支，完成县城安置点 1488 户广电有线电视信号通达和机顶盒安装调试工作，实现小区广播有线电视收视全覆盖。

抓好移民素质提升项目，建立新市民讲习所，开展法治教育、基本公共秩序教育、尊老爱幼教育及感恩教育等，全县共开设讲习所 3 个，开设妇女课堂 300 人次、青春课堂 275 人次。

6. 构建基层党建和群团组织体系

2018 年按照党总支+党支部+楼宇党小组的网格模式成立新市民居住区党组织，设立 1 个新市民居住区管委会，成立了 14 个新市民社区党组织，其中 2 个党总支、12 个党支部，同步成立了工会、妇联、团委、关工委等组织，为新市民办理实事 3500 余件。其中，在巧马镇新市民社区成立了 1 个党总支部，下辖 4 个党支部（原 4 个整村搬迁村党支部），并于 2018 年 4 月中旬完成了工会、团委、妇联、关工委等配套组织的设置；在百口新市民居住区成立了临时管理委员会、1 个党总支部，下辖 4 个党支部（原 4 个村党支部），并于 2018 年 9 月中旬前完成了工会、团委、妇联、关工委等配套组织的设置；在纳福街道办新市民社区成立了锦福、福达 2 个党支部，基本形成了新市民社区治理架构。

四、册亨县易地扶贫搬迁新市民适应新市民居住区的困境

（一）生产适应困境

1. 专业技能缺失，就业适应性差

“新市民搬迁以前都是农民，常年以田间农业种植或者山间林地劳作

为主，其所掌握的生存技能主要是简单的农业耕作、林木采伐等初级技术，对农业生产和山林劳作的生存依赖度较高。”① 新市民是贫困地区的农民，文化教育水平低或者根本没有接受过教育，自我发展能力和发展潜力较弱，学习和培训新技能存在困难。专业技能的欠缺，造成新市民在迁入地就业的竞争力较低，一般从事低技能的劳动，导致其在职业转换的选择上渠道狭窄，就业适应性差。

2018 年政府通过多种渠道提供就业岗位 27790 个，实际就业 8550 人，其中自主创业 154 人（其中 16 人享受小额担保贷款扶持），省外就业 3716 人，公益性岗位 40 人，本地省内外县就业 781 人，县内就业 3858 人，安排公益性岗位 41 人。虽然实现了一户至少一人稳定就业的目标，但仍然有大量新市民劳动力没有获得稳定的工作，就业困难，导致其收入得不到保障。

2. 产业基础薄弱，就业岗位稀少

安置地周边区域经济基础薄弱，产业发展滞后，当前开展的一些产业扶贫项目提供的大多是一些初级产品，深加工的、具有高附加值的产品比较欠缺，后续产业发展空间有限。从政府招商引资来看，沿海企业不愿意迁移中西部贫困地区，很难引进劳动密集型产业。从旅游业的发展来看，由于景点缺乏吸引力，缺乏专业的运营主体，没有形成业态，基础接待能力不足，缺乏成体系的民族特色商品等原因，旅游业发展滞后。册亨县第二、第三产业发展不足，产业对劳动力的吸纳能力有限，新市民缺乏生产适应的就业基础。

3. 三地未盘活，收入来源单一

2017 年册亨县山林地登记确权 1502 户 38628.8 亩，承包地登记确权 1539 户 19182.2 亩，登记确权总计 57811 亩。其中公司、合作社及大户有偿流转面积 3742.3 亩，有偿流转土地占确权土地的 6.8%。2018 年册亨县生态效益补偿资金兑现面积 109.18 万亩，完成土地流转 8000 亩。2018 年巧马镇对迁出地 27000 余亩土地进行确权，实施新一轮退耕还林工程

① 管雪梅、王立明：《甘肃河西生态新市民就业问题初探——以酒泉市“两西”新市民区为例》，载《甘肃高师学报》2014 年第 3 期，第 137—139 页。

14529.50 亩，累计流转土地 3260 余亩，流转土地仅占确权土地的 12.07%。综上所述，迁出地“三地”的主要利用方式为退耕还林，生态效益补偿带来的经济收益较低，新市民缺乏多元的收入来源。新市民原有宅基地、承包地、林地等不动资产资源未能盘活，新市民没有获得常态化的、稳定的土地资产增值收益。

4. 收入水平低，社会适应物质基础薄弱

实施易地扶贫搬迁后，新市民收入较搬迁前已有一定幅度的提高，但和其他城市市民相比，工资收入仍然处于较低水平。当地的最低工资水平是每月 1470 元，在册亨本地就业，往往只能比最低工资高一点。绣娘的工资每月 2000 元，社区保洁员每月 1600 元，护林员、护水员每月 800 元。52 岁的原百口乡百口组村民罗朝阳现在负责社区的物业管理工作，一个月有 2000 多元的收入。原双江镇纳院村 35 岁的刘东国，搬到新市民社区已有两个月，上个月就只有 10 来天有活干，收入水平低，每天需要 50—60 元的生活成本，生活比较困难，思想压力大。由于新市民的收入来源以工资收入为主，缺乏土地增值收益、物业收入、股金分红等其他多元收入，工资收入低即意味着家庭总收入低，低收入成为新市民社会适应的最大物质障碍。

（二）生活适应困境

1. 新市民休闲娱乐活动的参与度较低

新市民由于经济基础和物质条件有限，内在的生存压力与焦虑使得新市民缺乏从事休闲活动的宽松心态。搬迁以后，新市民旧的社会关系网络解体，新的人际关系网络尚未成熟，休闲活动缺乏同伴的带动、陪同和指导。从自给自足的小农经济到商品经济，生活成本增加压缩了休闲消费的预算，新市民可用于休闲的资金有限。新市民社区的休闲方式与农村的休闲方式存在一定差异，新市民对新的休闲方式和休闲技能的学习掌握需要一个过程。多种因素的共同作用导致新市民参与休闲活动的频率较少、类型单一。研究者发现新市民中的老人在送完小孩读书以后，空闲的时间往往不知道如何消磨，部分老人表现出了明显的孤独感。

2. 陌生的生活方式容易给新市民带来恐惧感

从独门独院的农家小屋，到高楼林立的现代建筑，面对陌生的环境和崭新的生活方式，部分新市民在生活上出现了不适应。例如，刚来新市民社区，部分老人不知道电梯怎么用，不知道到哪一楼了，对坐电梯很不习惯，从而不敢独自下楼。部分小孩，看见电梯很好奇，觉得很好玩，就不停地按电梯，给社区居民的出行和社区公共设施的安全带来了隐患。

3. 新市民社会交往存在困难

新市民的社区参与度较低、社会交往面狭窄，依赖乡村的血缘、地缘社会关系网络，新市民融入社区的社会基础较弱。极少数本地市民“欺生”，歧视并排斥新市民，使新市民受到了伤害，使新市民对迁入地生活适应受到影响。

（三）文化心理适应困境

1. 传统的民族文化特色正在逐渐消失

传统的民族文化特色正在新市民的日常生活中逐渐消失。比如在传统民居方面，少数民族地区的民居多为依山而建的吊脚楼，城镇化集中安置区都改成了水泥房，附着于民居上的民族文化呈现出弱化的趋势。

2. 保守的思想和依赖心理制约了新市民能动性的发挥

新市民多为长期居住在生态脆弱且经济落后的贫困山区的农民，这些新市民很少与外面进行社会交流，传统保守的思想观念不适应市场经济发展要求。易地扶贫搬迁属于政府行为，不少新市民对政府产生了强烈的依赖心理，一遇到问题，就希望政府出面帮助解决，如果没有解决或解决得不如其预期，就会产生抵触情绪。部分在宁波对口帮扶企业工作的新市民，缺乏感恩意识，缺乏内生动力，“等靠要”的思想严重，对企业在饮食、住宿、交通方面过度提要求，给帮扶企业带来管理上的困难。例如，嫌弃企业安排的宿舍离工作地点太远，企业给移民安排了自行车作为代步工具，移民又提出骑自行车上班下雨怎么办。这些要求，一方面增加了企业就业扶贫的成本，另一方面也容易造成移民就业的不稳定。

3. 紧张的群体心理阻碍了新市民的内部整合

新市民与城市社区的原住居民共同使用当地的公共资源，资源的有限性引起了资源冲突。某个新市民摘了社区周边的野菜，被原住居民发现以后，遭到阻止，原住居民认为这是属于他们的地方，新市民作为外来人不能摘附近的野菜，一度引起双方关系的紧张。新市民与新市民之间也存在影响人际关系的内部制约因素。新市民居住区在分房、选房的过程中存在多种房源，不同房源之间存在一定差异，这容易造成新市民心理的不公正感和不平衡感，不利于新市民的内部团结，不利于新市民群体凝聚力的增强。新市民与部分城市原住居民之间、新市民内部之间关系的不和谐，阻碍了新市民重建人际关系和社会交往网络，不利于新市民适应新市民居住区的新生活。

4. 社区治理面临考验

搬迁安置前，农户生活在人员较少的自然山村，村庄大部分村民可能都是一个或者一两个家族的成员，人员结构简单，村庄治理相对简单。新市民居住区集合了多个自然村的村民，人口规模倍增，人员结构、习性观念等相对复杂，社区治理的工作量和难度增加。

五、提升新市民社会适应能力的对策建议

新市民融入新市民居住区绝不是简单的非农化问题，生产生活方式、传统观念和习惯的转变需要一个长期的过程。我们必须做好易地扶贫搬迁后续扶持工作，帮助新市民顺利完成生产生活适应和心理调适，确保新市民能够适应新市民居住区的生活。

（一）构建精准的职业培训体系

“由于新市民社会资本、人力资本不足，自我发展能力有限，在就业、产业发展等方面处于劣势，需要外界予以援助。”① 应依托易地扶贫专项资金，加强新市民职业技能培训，提高其就业创业能力，提升新市民人力资

① 姚蓉：《试论陕南避灾扶贫搬迁新市民的社会融入》，载《新西部（理论版）》2014 年第 9 期，第 26 页。

本水平，提高其就业竞争力。政府要根据市场对劳动力的需求，有针对性地开展技能培训，提高职业培训内容与产业需求的契合程度。针对新市民不同的就业意愿和个人素质，丰富职业培训的形式，灵活安排职业培训的时间，通过精准的职业培训服务，提高新市民参加职业培训的意愿。职业培训的精细安排既满足了产业分工细化对不同技能的需求，也满足了新市民不同的职业转换意愿和不同的个人素质对不同的培训的需求。

（二）完善就业扶贫、产业扶贫、消费扶贫等帮扶体系

构建东西部就业扶贫体系，增加新市民的就业率。宁波市结对帮扶册亨县，要强有力地推进东西部扶贫协作，通过就业扶贫的方式，由宁波的政府部门向当地企业征集扶贫岗位，然后到册亨进行招聘。主动联系国有企事业单位，对口帮扶册亨，通过消费扶贫的方式购买册亨的农产品，维护农产品价格稳定和扩大市场需求，通过就业扶贫的方式，招收册亨籍的贫困大学生。

（三）建立健全新型经营主体与新市民的利益联结与共赢机制

新型经营主体正蓬勃发展，应建立健全新型经营主体与新市民的利益联结与共赢机制。应组织引导专业大户、农民合作社、龙头企业、家庭农场等新型经营主体与新市民挂钩帮扶，新市民以土地、资金、政府扶持、集体入股等多种方式参与经营，成为新型经营主体的股东，使新市民既是岗位的提供者，又是岗位的从业者，既解决就业，又增加收入。

（四）建立新市民学习大讲堂，培育市民意识

组织知名专家、外出务工返乡人员、创业致富带头人等“明白人”“新乡贤”到新市民学习大讲堂上课，开展政策、法制、思想道德教育，文化、习俗讲习行动，推动新市民改掉陈风陋习，提升新市民的文化心理素质，转变思想观念，培育市民意识。新市民的市民意识培育的具体内容包括：第一，生活的散漫性和无序性转变为节奏性和条理性，非农产业特别强调职业规范，新市民必须克服散漫性和个体性；第二，生产的季节性

观念转变为严谨的时间观念，农业生产日出而作、日落而息，农民的时间观念较弱，非农产业按市场要求安排生产，非常重视时间、成本和效率；第三，培育公共意识，提升公共道德，特别是要提高新市民的公共卫生意识、公共安全意识、公共空间意识；第四，培育公民意识，扩大居民参与。扩大新市民的社会参与可以提升新市民的人际交往能力，有利于接受新的思想观念。新市民观的形成过程，就是传统农村意识的消解，市民意识培育的过程。

（五）建立以社会组织为主导的各类文化心理适应服务基地

社会分工要求劳动分工的精细化，不同的服务主体有不同的职能，参与主体的多元化可以提高服务的专业化水平，有利于社会治理的精细化。社会组织在文化传播、精神慰藉、心理调适等心理和思想层面可以发挥重要的作用，通过引进社会化、专业化的服务机构和项目，为新市民提供文化学习、文化体验、心理咨询等人性化服务。通过社会组织的专业理念和专业方法，逐渐消除文化冲突带来的文化排斥，引导新市民积极适应市民文化，实现文化认同。

（六）激发新市民社会适应的内生动力

新市民要破除“等靠要”、畏难和安于现状的思想，充分发挥自身的主观能动性，努力学习、主动了解、接受城镇社区的行为规范，提高自身综合素质，逐步适应安置区的文化环境。新市民要尽快跳出传统小农观念模式，积极主动更新观念，提升自身素养，培养良好的公共意识、公民意识和文明意识。

（七）保护和传承新市民的多彩文化

新市民居住区应凸显民族的风格和元素，保持文化的连续性，使得民族民间文化得到保护和传承，为新市民居住区营造“故土感”，抚慰新市民的“乡愁”，有助于稳定新市民的迁居心理。同时，也可以丰富他们的精神文化生活。

参考文献

[1] 朱杰．人口迁移理论综述及研究进展［J］．江苏城市规划，2008 (7)：40-44.

[2] 侯钧生．西方社会学理论教程［M］．天津：南开大学出版社，2006.

[3] 范敏．大学生适应性的调查研究［J］．湖南师范大学教育科学学报，2012 (3)：125.

[4] 杨彦平，金瑜．社会适应性研究述评［J］．心理科学，2006 (5)：1171-1173.

[5] 李娜．滇中彝区易地扶贫搬迁新市民的社会适应——以永仁县彝族新市民为例［J］．毕节学院学报，2010 (7)：15-19，25.

[6] 费孝通．乡土中国［M］．上海：上海世纪出版集团，2007.

[7] 管雪梅，王立明．甘肃河西生态新市民就业问题初探——以酒泉市“两西”新市民区为例［J］．甘肃高师学报，2014 (3)：137-139.

[8] 姚蓉．试论陕南避灾扶贫搬迁新市民的社会融入［J］．新西部(理论版)，2014 (9)：26.

[9] 赵双，李万莉．我国易地扶贫搬迁的困境与对策：一个文献综述［J］．社会保障研究，2018 (2)．

[10] 曾小溪，汪三贵．易地扶贫搬迁情况分析与思考［J］．河海大学学报（哲学社会科学版)，2017 (2)．

[11] 邹英，向德平．易地扶贫搬迁贫困户市民化困境及其路径选择［J］．江苏行政学院学报，2017 (2)．

[12] 王仁贵．易地搬迁总动员攻克脱贫“头号工程”［J］．紫光阁，2016 (12)．

[13] 李廷宪. 社会适应论［M]. 合肥：安徽人民出版社，1999：63.

[14] 陈胜东，等．易地扶贫搬迁对农户减贫效应实证分析——基于赣南原中央苏区农户的调研［J］．农林经济管理学报，2016 (6)．

B.11 脱贫攻坚合力之战：东西部扶贫协作

册亨县人力资源和社会保障局　册亨县水库和生态移民局

摘要： 浙江省宁波市江北区对册亨县的对口帮扶，是脱贫攻坚合力之战的具体体现。多年来，江北区对册亨在教育、医疗卫生等领域，在人才支持、资金支持、产业合作、劳务输出等方面给予册亨县全方位的帮扶。册亨县近些年来经济社会的全面发展和进步，离不开江北区的大力支持。本文主要围绕双方的协作成效、典型经验及做法、存在问题与不足、对今后扶贫协作的几点思考等方面进行分析。

关键词： 脱贫攻坚　合力之战　扶贫协作

扶贫攻坚战是合力之战，西部落后地区离不开东部发达地区的支持，为进一步贯彻落实习近平总书记关于东西部扶贫协作工作系列重要讲话精神，深入推进册亨县东西部扶贫协作工作，根据中共中央办公厅、国务院办公厅《关于进一步加强东西部扶贫协作工作的指导意见》（中办发〔2016〕69号）、国务院扶贫开发领导小组《东西部扶贫协作考核办法（试行）》（国开发〔2017〕6号）及贵州省扶贫开发领导小组关于印发《贵州省东西部扶贫协作考核办法（试行）》（黔扶领〔2017〕7号）等有关文件精神，在宁波市江北区的大力支持下，在黔西南布依族苗族自治州扶贫办的关心指导下，按照县委县政府的统一部署，制订了三年行动计划、年度工作计划和工作要点，以考核为导向，积极配合册亨县脱贫攻坚工作的决策部署，深入基层调研，摸清底数，厘清帮扶思路，把产业扶贫作为脱贫攻坚的"第一硬仗"，围绕脱贫攻坚总目标，结合册亨县气候特点、生态环境、特色产业等突出优势，坚持强龙头、创品牌、带农户，以市场为导向，强化产销对接，打好点面兼顾、长短结合、大小并举“组合拳”，有效推进东西部扶贫协作的各项工作。

一、扶贫协作成效明显

2018 年 11 月 24—25 日江北区委、区政府主要领导带队到册亨县调研对接工作；2018 年 8 月 10—11 日册亨县委主要领导带队到江北区调研对接对口帮扶和招商引资工作；2018 年 9 月 27—29 日册亨县政府主要领导带队到江北区调研对接东西部扶贫协作及招商引资工作。

调研对接期间，双方联合召开了专题座谈会和高层联席会议，就落实好江北区和册亨县对口协作工作，充分发挥两地资源互补优势，深化两地干部交流、产业合作、人才培训、医疗帮扶、教育帮扶、劳务输出、旅游互动、农产品供销等领域对口帮扶达成共识。签订了两地结对帮扶、乡镇结对帮扶、产业合作等相关帮扶合作协议等，并就下一步帮扶工作深入进行了协商探讨。为进一步提升册亨县与江北区对口协作工作的组织领导和统筹协调，集中力量抓好东西部扶贫协作工作，推动各项工作任务项目化推进、事项化落实，经册亨县委、县政府研究，决定成立册亨县东西部扶贫协作领导小组和册亨县东西部扶贫协作工作专班。领导小组组长由县委、县政府主要领导担任，成员包括县农业局、县发改局、县教育局、县人社局、县卫计局、县投促局相关负责人。领导小组下设办公室在县扶贫办，县扶贫办主任兼任办公室主任，负责统筹协调册亨县东西部扶贫协作工作，同时组建了工作专班负责日常工作事务。

（一）人才交流频繁

一是互派党政干部到对口帮扶地区挂职锻炼及分管（协管）扶贫协作。2018 年 4 月，江北区选派了 1 名处级干部到册亨县挂职，任册亨县委常委、县人民政府副县长，主要分管东西部扶贫协作工作；选派 1 名同志任册亨县扶贫开发办公室副主任，负责牵头做好东西部扶贫协作相关工作。册亨县委组织部推荐了 3 名干部到宁波市江北区挂职锻炼，学习宁波先进工作方法和招商引资。二是引进东部帮扶城市教师、医生等专业技术人才到本地支教、支医，推进学校、医院结对帮扶工作。截至2018年12月17日，江北区累计选派帮扶时间1个月以上的专业技术人员49人次赴册亨对口帮扶，其中18个月3人，12个月2人，6个月6人，3个月3人，1个月35人，一个月以下的37人次（短期巡诊义诊）。册亨县选派到宁波专业技术人员56人次，主要为教师、医生以及旅游、农林水等专业人才交流学习进修。江北区共组织册亨县骨干教师、医护人员等赴宁波市培训和通过远程教育方式培训专业技术人员共1000余人次。三是党政干部和专业技术人员培训。通过江北区委组织部、册亨县委组织部联合举办或者邀请江北区专家、教授等为册亨县基层干部、东西部扶贫干部等开展脱贫攻坚理论政策、业务知识以及乡村振兴等方面的专题培训，截至2018年底，共培训近300人。通过教育、卫计系统等东西协作培训班等形式，组织册亨县专业技术人员赴宁波市江北区或者组织宁波市江北区专家团队等赴册亨开展培训，截至2018年底，已累计培训1322人次。四是保障援黔干部人才必要的工作、生活、学习条件。为保障援黔干部到册亨县工作、生活、学习条件，册亨县印发了《册亨县挂职干部管理办法》《册亨县挂职、选派、异地任职干部回家探亲及县城城区公务活动交通保障暂行办法》，充分保障引进干部工作、生活、学习条件。五是引进东部地区先进技术。通过产业合作、技术引进等方式，先后引进土布研发设计技术、油茶籽油生产工艺技术两项，带动册亨县土布和油茶产业的发展壮大。

（二）资金使用效果好

一是项目资金管理。根据黔西南布依族苗族自治州脱贫攻坚指挥部办公室印发的扶贫协作资金使用和项目管理办法制定出台了册亨县《宁波对口帮扶资金使用和项目管理办法》（册脱攻指办发〔2018〕2号）。2018年投入计划内财政扶贫协作资金3620万元，资金投入量是2017年205万元的17倍，通过调研评审等程序安排到产业、就业培训、残疾人等共11个对口帮扶项目以及东西部扶贫协作贫困人口培训项目，计划带动5126名建档立卡贫困人口收益增收，带动1751人增收脱贫。所有项目均已开工，项目进度总体顺利，项目资金已全部下拨到项目实施单位。第一批项目中小黄牛、培训、农特产品直营店 3 个项目已完成，第二批项目中陂鼐旅游设施完善、残疾人示范点 2 个项目基本完成，其余项目进展总体顺利。册亨县对宁波市帮扶项目推进实行倒排工期，并对项目实施和资金报账实行一周一调度，县领导分项目督办等，切实加快项目建设进度，争取按期完成。另外，又追加 1100 万元计划外财政资金用于帮扶项目建设。二是社会帮扶。江北区积极发动社会爱心人士进行社会捐赠，截至目前社会帮扶资金及物资折合 836.68 万元，主要用于帮助册亨县改善教育教学环境，帮助贫困学生改善家庭生活条件、村企结对帮扶等各类慈善和爱心活动。

（三）产业合作顺畅

为加强对口帮扶地区招商引资力度和产业合作，册亨县委、县政府出台了《册亨县对宁波地区招商引资优惠办法（暂行）》，鼓励和吸引宁波地区企业到册亨县投资，推进册亨县经济又好又快发展。2019 年以来，通过东西部扶贫协作，共引进 7 家东部企业到册亨注册投资、发展产业，协议投资额 2.73 亿元。其中 4 家为 2018 年新引进注册企业，引导年度实际到位投资 1.43 亿元。通过帮扶建设油茶、黑木耳、土法红糖等农产品绿色基地 603 亩，截至目前，已带动黔货出山农产品销售 98 吨、620 万元，带动贫困人口 871 人增收脱贫。旅游开发投入 20 万元用于完善景点设施，带动宁波职工疗休养 43 批次 1010 人。通过吸纳劳动力就业，利益连接机制带动贫困人口脱贫增收。援建扶贫车间 2 个（锦绣坊、土法红糖合作社），将吸纳带动 85 名建档立卡贫困人口就业增收。

（四）劳务协作成效显明

自 2018 年 6 月两地人社部门制定印发东西部扶贫协作劳务培训实施方案以来，已举办培训班 60 期，贫困劳动力就业培训 2056 人次，通过培训帮助贫困人口实现灵活就业。分别在册亨县布依广场和坡妹镇举办春风行动东西部劳务协作专场招聘会两场，针对贫困户提供就业岗位 1200 个。通过东西部扶贫协作，目前在东部结对省份就业数 96 人，帮助在省内就近就业数 457 人，到其他地区就业数 174 人。江北区和册亨县分别出台两地劳务协作《关于印发江北区用人单位吸纳对口帮扶地区建档立卡劳动力来江北区就业补贴发放办法的通知》（北区人社〔2018〕47号）、《关于定向向宁波、贵阳等地企业开展劳务派遣的通知》（册人社通〔2018〕81号）助力劳动力转移就业。通过开设“中职班”和“2+1”的学习实习模式，册亨县贫困学生50名到宁波就读职业技术学校。

（五）携手奔小康力度不断加强

一是册亨县与江北区党政主要负责同志分别完成对口帮扶地区的调研对接，各乡镇（街道）党政主要领导完成具体帮扶对接工作。二是2018年江北区累计投入财政资金4720万元用于册亨县产业和就业扶贫，其中计划内财政资金3620万元，计划外资金1100万元。三是结对帮扶开展。目前册亨县12个乡镇（1个极贫乡镇）与江北区8个街道完成结对，江北区12个村（社区）与册亨县东部37家企业和册亨县37个贫困村（其中35个深度贫困村）进行结对，江北区9所中小学与册亨县16所中小学完成结对，宁波市第一医院、第九医院及社区卫生服务中心等11家医疗机构分别与册亨县人民医院、各乡镇街道卫生院13家完成结对。完成对口帮扶农村致富带头人培训两期162人次，其中创业成功人数20人，带动贫困人口数26人。

二、扶贫典型经验及做法

2018年，在浙江省宁波市江北区对口帮扶的大力支持下，资金投入、人才交流、劳务协作以及携手奔小康方面涌现出一大批典型和创新型做法。

（一）医疗卫生人才帮扶

一是助推重点学科建设，提升管理和服务水平。在短短的半年里，推动册亨县人民医院先后与宁波市第一医院、宁波市第九医院、宁波爱尔眼科医院签订三年帮扶协议；成立程跃泌尿结石工作室、名誉院长方镇洙博士骨科工作室，建设“一站式”泌尿肾病和骨科诊疗中心。首次开通了门诊叫号系统，实行一人一诊室，首次实施了电子病历和传染病报告信息化。推动远程会诊工作，帮助册亨县人民医院与宁波市李惠利医院、第一医院、第九医院开通远程会诊系统，让疑难病患者及时得到诊治，让当地老百姓足不出县就能享受到宁波市医疗专家的医疗技术。目前已让87名册亨县患者享受到了远程会诊的便利服务。二是开展新技术应用，提高医疗水平。因为缺少好的麻醉医生，县人民医院无法开展小儿和高龄患者手术，患者只能远赴兴义、白色、贵阳等地就医。麻醉科医生李明到达册亨县后，积极开展小儿、高龄手术麻醉，患者再也不必远赴外地就医，在当地就能解决病痛，而且大大节省了医疗费用。同时，他还开展册亨县人民医院首例无痛胃镜检查、超声引导下神经阻滞麻醉、超声引导下动静脉血管穿刺等，提高当地百姓诊疗体验感。中医科医生朱建丰在册亨县首开的针刀门诊大受欢迎。由于疗效好，治疗简单，费用低，患者奔走相告，门诊量逐渐上升。该门诊开设两个月来，已接诊400多人次。免费治疗贫困患者100多人次。三是做好传帮带，建设一支带不走的医疗队。经前方工作队牵线搭桥，选派了21名青年医务人员陆续来到江北区，开始为期3—6个月的进修培训。有名册亨县医生从宁波市第一医院进修学习回来后，成功实施了册亨人民医院首例2岁以下小儿麻醉和超声引导下臂丛麻醉。

（二）创新教育帮扶机制

一是“送出去”，激发教师的内生动力。将校级后备干部和骨干教师作为双方培养的重点对象，首批派遣7名校级干部到江北区跟班学习。暑假期间促成了55名骨干教师赴江北区教师进修学校进行研训，学习新的理念，聚力提高普通教师的课堂教学能力，提高教师专业水平。组织了50名贫困职高学生赴宁波市学习实训一年，瞄准就业方向进行培养，用技术帮助脱贫。二是“引进来”，结对帮扶促提升。江北区9所学校和册亨县学校进行了结对帮扶。结对学校间定期互访，增进交流，扎扎实实地开展了一系列活动，实实在在地提高了册亨县学校的水平。截至目前，江北区学校已经派出22名老师赴册亨县送教，册亨县选送了226名骨干教师赴结对学校和宁波市几所优质学校跟岗学习。三是“帮起来”，整合资源解困难。

江北区委“两新”工委获悉后联合宁波《现代金报》，发起捐书倡议，共募集图书3.5万册。通过联系江北区内幼儿园，为册亨县幼儿园建立8个“小太阳”书屋，首批4500册图书已经到位。山东宁波商会也为者楼小学送来了一批图书。江山宁波商会向册亨县一中捐赠智慧教育教室设备，捐赠了82台华为平板电脑，总价值20万元。各界爱心企业捐赠了总价值超过5万元的156个箱包，把行李箱奖励给品学兼优的贫困学子。册亨县一中学生韦昌香身患重病，却因为家境贫寒无法手术。帮扶队经过多方努力，总共募集到7万余元爱心善款，基本解决了孩子手术的费用。

（三）促进指尖脱贫

册亨县全县有2万多名妇女从事土布纺织、刺绣传统产业。对于全县24万人口，扶贫搬迁有8万余人的深度贫困县而言，土布刺绣经济是拉动就业、脱贫致富的一个有效途径。前方工作队结合产业特点，切合市场需求，导入东部优势，从完善产业链、丰富产品线、开拓大市场等几个方面进行深入谋划，抓出初步成效。一是抓住难点，突破瓶颈。工作队积极牵线，与浙江纺织服装技术学院达成合作，依托院校强大的技术力量，从土布改良、刺绣优化、产品设计研发等领域进行全方位合作，使册亨土布刺绣一下子打开了想象的窗户。与此同时，工作队投入100万元成立土布时尚研发园，通过多方渠道，引进合作对象在册亨锦绣坊成立设计师工作室，柔性引才，以三个设计师团队引领土布纺织和刺绣产业的更新迭代。通过半年的努力，册亨土布已形成了服装、家纺、配饰三个发展方向并研发出15个系列70多种产品，成功地把传统与时尚糅合在一起，把册亨土布经济发展与现代工艺生产完美结合，提高了产品档次。二是抓住关键，打开市场。联合宁波市妇联举办土布创意设计大赛，让更多的人了解土布喜欢土布。在大赛期间，成功与三家宁波服装企业签订合作意向。工作队从市场导入着手，开拓大市场。联合宁波服装协会，在黔西南布依族苗族自治州首次举办“册亨土布　锦绣黔程”秀场，展示了服装、家纺、配饰三大系列作品，获得了保利集团、宁波银行、贵州银行等单位的订单，并将于2019年投资100万元开设家居生活馆，真正走向市场。三是打好基础，储备力量。工作队从产业的长远发展谋划，把从业人员的培训放在第一位。2018 年拿出 40 万元组织绣娘培训，其中选送了 35 名绣娘到浙江纺织服装技术学院进行了为期 15 天的高级进修，成效斐然，很多绣娘表示这次培训真是太值得了。2019 年拟投入 50 万元进行培训。2019 年，仅中华布依锦绣坊就新吸纳了易地搬迁户就业 350 人左右，产值达到 2500 万元，发放工资 500 多万元，取得了社会效益与经济效益双丰收。

（四）加快油茶经济发展

册亨全县现有油茶林面积 13.5 万亩，年产油茶籽约 5000 吨，从事油茶种植的农户有 2700 多户、山茶油加工销售的人员 100 多人。在对册亨油茶产业做了深入细致的考察研究之后，针对当地实际情况，当年即投入 1100 万元扶贫资金，提出了油茶全产业链的概念，为油茶经济加“油”，助力册亨县脱贫攻坚驶入快车道。一是改进加工工艺，为山茶油品质加“油”。目前，册亨县山茶油的加工大部分为传统压榨，零散分布，加工方式比较原始，以土法压榨为主；通过多方咨询，联系了浙江省农科院木本油料研发专家，并经过牵线搭桥，引进了宁波市百平生物科技有限公司的管理团队入驻册亨县，提升册亨县油茶品质至国内先进水平。投入资金为当地新建一个山茶油现代化加工厂，引进现代化生产工艺，在油茶籽预处理与压榨工段上采用“低温湿润压榨”，精炼工段工艺上采用“适度精炼”等先进技术，核心技术涉及多个国家发明专利和省级鉴定成果。该加工厂建成后可年产 500 吨以上精炼油茶籽油，按每公斤 200 元计，可实现产值 1 亿元以上；预计可带动全县 1000 多户贫困户参与油茶种植及经营，可解决长期就业岗位 30 多人，临时性用工 500 多人。二是提升种植技术，为油茶林经济加“油”。有了现代化的油茶加工厂，还得有现代化油茶种植基地和技术。首先是提供良种，建立现代育种体系，培育优质油茶苗圃。其次是对当地优质种质资源进行保护，改进油茶籽质量，预计油茶低产林每亩可增加收益 2000 元以上，直接带动林农增收致富。三是设立研发中心，为油茶衍生品附加值加“油”。油茶全身都是宝，油茶产业是能够真正带动册亨县精准扶贫的致富产业。依托黔西南正胤活性炭科技有限公司在册亨县设立一个油茶经济研发中心，引进种苗、加工、林产化工、医药开发等科研机构入驻册亨县，打造政产学研一体化发展的扶贫研发技术平台，可提高油茶产业全产业链附加值，变废为宝，带动油茶种植贫困户脱贫致富。

（五）帮扶红糖产业发展

大山小农纳桑红糖项目，大山小爱这个民间公益小组织，决心用黔西南布依族代代相传的千年古法红糖熬制技艺这个瑰宝，希望用最纯的糖，带动贫困地区的经济发展，吸引外出务工人员返乡就业，改善当地留守儿童的生活教育环境。然而这个年轻的团队，却没有余力可以在短时间内筹措到更多的资金，用于建设一座真正现代化安全卫生标准的古法红糖厂。通过东西部协作，决定援建当地第一家有 SC 生产许可的高标准古法糖厂，创造返乡就业，实现让孩子们的世界不再留守的目标。一是引导产业抓质量，走上标准化生产之路。在册亨县巧马镇投资 350 万元援建高标准土法红糖工厂，并注册申请“纳桑”商标及相关外包装设计。引导巧马镇政府对其定期开展食品卫生排查，拧紧食品安全卫生“总开关”，企业严把质量关口，经国家质量认证并荣获“QS 证书”，成为黔西南布依族苗族自治州册亨县第一家拥有 SC 认证的古法红糖厂。积极促成合作社与贵州省农业科学院亚热带作物研究所达成战略合作，建立 2500 亩甘蔗基地，种植出更天然绿色更好更稳定更适合红糖生产的甘蔗。二是引导企业抓市场，走上快速发展之路。纳桑红糖系列产品正式上线销售，为企业品牌建设牵线搭桥，帮助合作社大力进行品牌宣传，提高了企业知名度、产品美誉度。在渠道上，建设了“宁波册亨土特产商店”并采购了纳桑红糖将近 1 万盒，还积极打通联通公司扶贫采购渠道，促成 6000 盒纳桑红糖精装礼盒的订单，并牵线纳福惠丰线上渠道，带来了上千盒红糖的销售成绩。三是引导企业尽责任，走上回馈社会之路。册亨县木棉树土法红糖专业合作社的发展壮大对脱贫攻坚作出了贡献，工厂一期招收了 68 个工人，其中 60% 为返乡就业的村民，工厂内能带动季节性就业 150 人，甘蔗基地间接就业 500 人，帮助了更多的乡亲在家门口上班。同时，合作社全面带动妇女就业，产品包装上加入麻绳的元素，带动10多名当地妇女就业，利用业余时间搓麻绳补贴家用。产品中有土布袋作为附赠品，带动了20来名当地妇女通过手工缝制创造价值，在以后也会把土布袋打造成布依族特色产品，进一步扩大销量，增大产值。

（六）创新利益联结机制

首次实施“11511”利益联结机制创新，采用劳务补助的形式，提升贫困户脱贫内在动力。通过实施“11511”，即建立一个资金池；制订一个实施方案，制订《宁波帮扶项目“优化利益联结　实施‘五员’脱贫”工作方案》，在宁波帮扶项目覆盖的镇（街道）试点开展“优化利益联结”实施“五员”脱贫工作；选好“五员”，通过培训守法纪、讲诚信、尊孝道，懂得感恩党和国家大好政策的建档立卡贫困群众，扶持聘为护林员、护水员、护路员、保洁员、综治网格员；每员每年增收1万元；实现1户有效脱贫，每扶持聘用“一员”，实现1户有效脱贫。选定的“五员”，由业务主管部门进行培训，签订聘用合同。工作队结合册亨“一县一业”等产业发展定位，通过投资1000万元和700万元建立林产品交易中心和油茶加工厂，嫁接“五员”脱贫方式，预计可带动70户283人和49户175人建档立卡贫困户顺利脱贫。同时，营造自力更生、艰苦奋斗、脱贫光荣的脱贫攻坚氛围，达到“五员”我要脱贫、我要致富、主动奔小康的目的，帮助其找回自尊，树立自信，坚定脱贫信心，也正向引导扭转“等靠要”和“争当贫困户”的不良观念，促进贫困户脱贫致富。

三、扶贫协作存在问题与不足

（一）对接沟通力度不够强

主要由于前期时间紧，项目调研相对不够充分，准备不足，在帮扶项目推进中存在一定的困难；同时客观上由于册亨县与江北区地理空间距离因素、人文思想上的差别，部门及乡镇街道之间沟通有所欠缺，导致资料收集较为困难，材料不完整；册亨县与江北区两地的标准和要求不同，也一定程度导致对账难度大，完整性与一致性难度也较大。

（二）帮扶协作力度不够强

册亨县经济社会虽逐年有进步，但贫困问题仍是制约册亨县经济社会发展的重大“瓶颈”。主要体现在以下几个方面：一是贫困人口总量大、分布区域广，且绝大多数居住在县乡或县与县之间交界边远山区。二是致贫因素多、攻坚难度大、脱贫时间紧。致贫原因既有外在自然条件恶劣、基础设施薄弱、生产发展成本高、产业带动力不足，也有内在教育文化水平程度低、思想观念落后、自身发展动力不足等因素，脱贫已到抢时间、啃“硬骨头”的攻坚阶段。三是专业技术人员严重不足，受经济社会发展总体水平、地理区位等因素影响，卫生、交通、城建、水利、教育等专业技术人才引不进或引进后留不住，社会公共服务发展供给能力不足，制约整体经济社会发展步伐，所以招商引资工作有待进一步加强，需进一步加强引进宁波市企业入驻册亨县投资兴业，助推脱贫攻坚工作。贫困人口安于现状较多，对外出务工和对口帮扶提供的就业和帮扶积极性不够，两地劳务协作成效虽有较大改观，但总体还是偏弱，需要进一步加强培训就业引导。

（三）爱心帮扶支持力度不够强

册亨县干部职工虽全部注册成为爱心人士，但贫困需求大，册亨县本身属于贫困地区，爱心人士相对较少，真情希望对口帮扶地区能够组织辖区企事业单位干部职工及爱心人士积极注册成为册亨县爱心人士，并通过这一网络平台，主动发起爱心捐款捐物，完成册亨县注册贫困户的帮扶需求，根据扶贫网、App 上贫困人口发布的贫困需求开展一对一捐款、捐物活动，无私奉献，表达对册亨县贫困人口的关爱，为册亨县的贫困人口早日脱贫贡献一份力量。

四、对今后扶贫协作的几点思考

（一）进一步加快项目进度

继续抓好 2018 年帮扶项目的推进，尤其是加快第二批资金项目建设速度，争取在 12 月底前完成销店、“锦绣计划”、冗渡黑木耳种植等项目，其余项目完成总体进度的 80% 以上。继续加强督查推进，确保项目按期完工。

（二）进一步加强产业合作和劳务输出

根据考核任务要求，针对产业合作弱项，进一步加大招商引资力度，积极对接引进东部企业投资参与园区共建和扶贫车间建设，解决吸纳更多贫困人口就业脱贫。加强贫困人口培训和劳务输出力度，达到就业一人，脱贫一户，助力脱贫攻坚。

（三）进一步提前谋划确定帮扶资金项目

针对 2019 年的帮扶项目，册亨县已提出安排方案，且已初步经两地主要领导审阅。提早调研预计安排项目，改进以往因前期调研不充分而导致项目难以推进的难题。

参考文献

[1] 册亨县人力资源和社会保障局．册亨县人社局关于对“东西部劳务协作”的工作报告．2019.

[2] 册亨县水库和生态移民局．册亨县 2018 年东西部扶贫协作工作自评报告．2019.

B.12　贵州册亨县新市民计划实践与经验[①]

李迎喜[②]

摘要： 党的十九大报告指出："带领人民创造美好生活，是我们党始终不渝的奋斗目标。"决战决胜脱贫攻坚，实施易地扶贫搬迁，一大批搬迁到城镇居住的群众将成为新时代的新市民。为贯彻落实党的十九大精神和习近平总书记在贵州省代表团重要讲话精神，让搬迁到城镇居住的新市民快融入、可持续，带领他们创造美好生活，2017 年 12 月 15 日中共黔西南布依族苗族自治州委、黔西南布依族苗族自治州人民政府结合全州易地扶贫搬迁实际，特制定出台《黔西南布依族苗族自治州新市民计划（试行）》（州党发〔2017〕25 号）。在整个搬迁过程中，新市民居住区也在不断建设之中，新的社区与原居住区有许多不同之处，客观上要求移民从农民向市民转化，这种新市民化必然带来我们对社区居民就业培训、城市生活适应性指导、社区基层党组织建设、社区民族文化建设、社区社会治安以及社区公共服务建设等问题进行实践和探索，而册亨县针对易地搬迁群众实施的新市民计划实践和经验值得总结。

关键词： 新市民计划　实践　经验

册亨县总人口 24 万，2019 年 6 月 18 日提前 12 天完成了 87540 人的搬迁任务，这是在省、州两级领导的关心帮助下和全县干部群众共同努力的结果。为全面落实黔西南布依族苗族自治州委、州政府 2017 年 12 月 15 日出台的新市民计划，册亨县严格按照省委省政府"1+7"、州委州政府新市

① 本文为贵州省 2019 年创新工程重大支撑项目（2019CXD03）阶段性成果。

② 李迎喜，贵州省社会科学院传媒与舆情研究所副研究员。

民计划“1+13”要求，结合本县实际全面推行册亨县新市民计划。正是在这样一个大背景下，册亨县委县政府大力实施易地扶贫搬迁新市民计划，并通过近年来的实践，对新市民化进行了卓有成效的实践探索。

一、新市民计划实践探索

从2017年册亨县深入实施新市民计划以来，建成7个新市民居住区，培训新市民1.9万人次，解决就业9436人，解决就近入学4024人，办理新市民居住证1.9万余张，办理“安居险”1.3万余人。2019年，全县要实现30个以上贫困村达到出列标准，2万贫困人口达到脱贫条件，贫困发生率降至2%左右，全面解决54515人的农村饮水安全问题，完成易地扶贫搬迁安置目标任务。

（一）产业发展促进移民新市民化

一是围绕“南林、中菜、北畜、全旅”产业布局，按照贫困农户“户户有增收项目、人人有脱贫门路”基本要求，以精品水果、蔬菜业、畜牧业、蔗糖产业为重点，切实抓好产业扶贫。二是优化产业结构。截至2019年6月，完成调减玉米2.5万亩，完成全县目标蔬菜种植9.3万亩、甘蔗5.5万亩，新增精品水果种植0.7万亩。全县存栏羊6.53万只、牛2.48万头、生猪9.3万头、家禽91.21万羽，出栏羊3.57万只、牛0.64万头、生猪7.1万头，生态家禽出栏59.13万羽，禽蛋产量达0.23万吨。预计完成农业总产值6.3亿元，同比增长29.63%；预计2019年底可完成农业增加值4.3亿元，增速29.63%。三是培育新型农业经营主体。2019年计划新增州级以上龙头企业2家，使全县龙头企业达15家。截至2019年6月新增合作社10家，在工商部门登记注册农民专业合作社332家，注册资金共计33398.02万元，合作社带动农户2万多户。四是紧抓新型职业农民培训。根据农业产业发展及农户需求，开展蔬菜、香蕉、芒果、花椒及畜禽养殖等农业实用技术培训465人次，培训贫困人口劳动力326人。举办各类科技培训班20余期（次），共培训农民993人。其中，全州脱贫攻坚“教育+人社+农业”培训就业暨贫困村创业致富带头人技能提升培训144

人，种养新型职业农民培训522人，全员培训232人，新市民技能培训95人，发放技术资料1800余份。五是工业园区建设。截至目前，册亨县工业园区共有17家企业入驻（已投产企业14家，试产企业1家，在建企业2家）。六是农贸市场建设。册亨县蔬菜综合批发市场主体工程已完工，现进入公开招租阶段，待落实公司进场后，及时启动全面使用。七是电商服务站（点）建设。截至目前，已建成农村电商服务站点57个，其中新市民安置区电商服务站点建设6个。八是品牌培育。目前，册亨县已经取得国家地理标志保护产品2个：册亨茶油和“册亨糯米蕉”农产品地理标志产品。九是创新金融服务。将百口信用社搬迁至百口新市民居住区，目前网点建设工作已完成，正在进行装修，预计本年内完成网点搬迁工作。十是开展贫困劳动力全员培训。共培训新市民4291人次，完成2018年培训4429人次以上任务数的97%，完成培训的新市民已建立了参训学员及学员家庭内劳动力就业台账。

（二）文化旅游推进移民新市民化

一是由册亨县文体广电旅游局牵头，在各个新市民居住区组建文艺队伍。二是开展“文化讲堂”活动。在各个新市民居住区开展一次“文化讲堂”活动，组织群众学习了解册亨县当地风土人情、各民族文化特征和生活习惯等。三是指导新市民居住区文艺活动。“一馆两中心”工作人员成立文化辅导小分队，分别到各个新市民居住区指导文化爱好者开展文化活动、指导布依歌舞等。四是送文艺下基层活动。由文体广电旅游局牵头，利用节庆日组织册亨县文艺队伍到各个新市民居住区演出。五是在新社区建设150平方米综合文化服务中心。截至2019年6月，在新市民家中张贴新旧住房对比照片已达65户，增强新市民在新居住区的幸福感。六是以新市民文化旅游技能培训为抓手，精准制订培训计划、锁定培训人员，截至2019年上半年共开展乡村旅游服务从业人员、民族特色手工艺人员培训班1期，培训180人次，促进就业150人，带动1220人增收。

（三）教育保障推进移民新市民化

一是建立新市民子女就学台账。结合搬迁入住家庭子女意愿，合理安排就近入学；扎实做好摸底排查工作，做好搬迁群众子女就学情况的排查登记工作，摸清楚其子女现就读学校、就读年级，建立新市民子女就学台账，统筹安排好安置地辖区学校接转工作，提供充足的学位，保障搬迁子女100%入学。二是切实做好营养餐和资助工作。按照学生原享受的资助项目不变的原则，县教育局资助办要督促接收学校做好申报工作；因群众搬迁时间与开学时间不一定同步，搬迁群众子女可能会在学期途中转学，相关学校要做好接收和办理相关手续工作，学生营养餐、生均公用费、寄宿生生活补助等相关补助随学生划转，县教育局负责统筹做好协调工作，使新市民子女在原居住地享受的各种资助政策不变。三是做好师资力量保障工作。按照规定的师生比提前核定好接收学校所需老师人数，及时提出教师调整方案，及时启动老师编制和人事调整工作，配齐配强新市民就读学校（园）师资力量。

（四）就业创业推进移民新市民化

一是精准实施新市民劳动力就业技能培训。成立了册亨县“新市民”就业创业工作领导小组，制订了册亨县新市民计划就业创业推进工作方案。对全县7个新市民居住区，按照“一户一培训”要求，对16—60周岁新市民开展全员培训，开设厨师、电工、焊工、民间手工艺等技能培训班，截至目前共培训新市民201期，培训4633人次。二是新市民就业和保障。通过开展就业援助月、春风行动专场招聘活动、新市民安置区专场招聘会等活动，对新市民中有劳动能力、有就业意愿的家庭采取送岗位、送政策上门，推荐3次就业机会给新市民，确保实现新市民家庭实现“一户一人就业”，截至目前已实现8580人就业。

（五）卫生健康推进移民新市民化

一是截至2019年上半年共规划建设新市民居住区卫生室14个，并投入使用。二是精准开展基本医疗、基本公共卫生服务。制订了《册亨县易地扶贫搬迁安置点医疗服务保障工作实施方案》，为辖区内新市民提供健康档案、健康教育、慢性病管理、预防接种等14项基本公共卫生服务，定期开展健康教育活动，宣传健康知识，精准开展基本医疗和基本公共卫生服务。三是全面开展新市民家庭医生签约和慢性病管理服务。为新市民配置“家庭医生一体化服务包”，提供家庭医生签约服务、慢性病患者签约服务。四是全面落实“医疗保障”制度。积极与人社、民政等部门抓好贫困人口“医疗保障”制度的落实，落实“一站式”服务精准到位。五是全面开展孕产妇生育全程管理服务。免费为新市民居住区提供“孕前优生”“两癌筛查”“华大基因检测”等优质服务。六是积极配合公安部门，研究解决特殊人群户籍问题。加强与公安部门核实新市民户籍人口管理，确保户籍管理规范化、制度化。

（六）社会治理推进移民新市民化

一是建设新市民居住区警务室。投资300余万元建设了巧马社区综治警务中心“157”模式，将原来“一村一警务室”升格为巧马社区综治警务工作中心，社区治保主任兼任警务助理，由原来的一个人拓展为现在的“警务助理+治安员+信息员+民兵+义务巡逻员+交通协管员”等为骨干的“1+N”一村一警务助理群；投资500余万元建成百口新市民居住区警务室，目前，已按“一厅三室”标准建有警务服务大厅、调解共商室、应急值守室（视频巡查室）、值班备勤室。其余安置点待搬迁入住后再逐步完善。二是配齐配足新市民居住区人防力量。巧马综治中心配备警务室配有兼职民警1名、辅警1名、警务助理1名、楼长129名；百口新市民居住区警务室配备专职民警2名、协警8名、治保主任4名、楼长7名、治安信息员（警务助理）4名，配备警务巡逻前哨车1辆；纳福安置区（新锦家园、亨达市场、册欣商城）警务室配备专职民警1名、协警3名、楼长5名。三是建强新市民居住区技防网络。百口新市民居住区按照“135”安防系统格局进行建设。现已安装路网监控13个，球机4个，枪机摄像头9个，主要监控进出小区人员的活动轨迹。道匝一套，建设大数据防控中心1个、搭建平安风险感知平台1个、智能生物识别门禁系统7套、红外栅栏1对、高清人脸识别抓拍摄像头2个，但由于小区还未完成建设，设备尚未全部安装和投入使用。四是提升新市民居住区物防保障水平。百口新市民居住区警务室配备警务巡逻前哨车1辆，安装两车芯片25个；巧马综治中心配备警务室警用巡逻车1辆、警用摩托车1辆，安装两车芯片516个。五是加强新市民居住区消防安全管理。百口安置区已建成微型消防站，按标准配齐灭火设施和救援器材；巧马及其他安置区正在选址建设。六是建立新市民居住区矛盾纠纷调处机制。加强新市民居住区人民调解组织队伍建设，由警务室民警牵头，由楼长、治安信息员、寨老、族长组成调解小组，发挥调解委员会、调解小组的矛盾纠纷排查、调处、化解作用，积极帮助新市民解决存在的困难和问题，全力预防和减少矛盾纠纷的发生。七是强化新市民居住区法律保障。百口新市民居住区、巧马安置区、纳福安置区（新锦家园、亨达市场、册欣商城）法律顾问已于2018年底前到位。八是完善新市民居住区便民服务。按照州委州政府办公室《关于印发黔西南布依族苗族自治州新市民居住证管理办理（试行）的通知》要求，居住证制作设备已完成采购、安装、调试工作，居住证制作工作正有序开展。

（七）政策宣传推进移民新市民化

一是建立安置点新市民讲习所。截至目前，已在巧马新市民居住区、百口新市民居住区、纳福安置区（新锦家园、亨达市场、册欣商城）建成新市民讲习所。二是开设新市民宣传专栏。分别在《册亨时政》《生态册亨》等媒体上创建新市民“脱贫攻坚群英谱”专栏，在《贵州册亨经济社会发展报告》设专篇宣传册亨县新市民化发展，及时转载刊发推送新市民计划工作动态，大力宣传新市民的新生活、新变化、新气息，全面营造新市民在新时代过上新生活的良好舆论氛围。截至目前已向省、州媒体推送稿件20余篇（条）。三是开展新市民文明创建系列评比活动。2018年初已印发《关于进一步做好2018年“明礼知耻·崇德向善”身边好人推荐评选活动的通知》（册文明办〔2018〕4号）、《关于印发〈册亨县“好家庭、好家教、好家风”家庭文化活动选拔大赛工作方案〉的通知》等文件，广泛发动群众参与这项活动中，目前此项工作正在开展中。四是举行感恩奋进报告会。2018年9月分别在巧马、百口新市民居住区组织150余名群众参加黔西南布依族苗族自治州基层群众感恩奋进巡回宣讲报告会，推动全县新市民居住区新市民统一思想、感恩奋进，形成决战脱贫攻坚、决胜同步小康的强大合力。五是开展“新时代、新市民、新生活”展演。2018 年来举办文化活动展演 3 次，参加群众 500 余人次，丰富了新市民业余精神文化生活，满足了群众日益增长的精神文化需求。六是开展八大主题讲习行动。为新市民普及当今中国扶贫政策知识宣传、文明新市民素质培养、基本生存技能培训、安全知识培训等内容，切实全面提升新市民文化素质。

（八）社区党建推进移民新市民化

一是优化组织设置。建立了县委、乡镇（街道）党（工）委、新市民社区党组织“三级联动”的工作体系，县委组织部与县易地扶贫搬迁指挥部及各相关部门、乡（镇、街道）随时保持密切沟通，强化工作调度，根据工程建设和搬迁入住进度，及时成立新市民社区党的基层组织，谋划新市民社区党建工作。二是配强班子队伍。主要选优配强了四支队伍：第一支是职业化的社区工作者队伍，第二支是履责化的社区党员队伍，第三支是服务化的群团组织队伍，第四支是社会化的志愿者队伍。三是突出政治功能。以提升组织力为重点，选优配强新市民社区党组织书记和第一书记，抓好党员发展和后备干部培养。严肃党内政治生活，定期组织开展“两学一做”学习教育、主题党日等组织活动。按照“定频次、定职责、定主题、一报备、一纪实”（即三定一报备一纪实）要求，对新市民社区党组织开展“三会一课”情况实行全程报备纪实、全程监测，推动党内政治生活正常化、规范化、严肃化。四是抓好教育培训。依托新市民讲习所和新时代学习大讲堂，扎实推进“两学一做”学习教育常态化制度化和“不忘初心，牢记使命”主题教育。开展感恩党、感恩祖国、感恩人民教育，引导新市民感党恩、听党话、跟党走。五是提升服务质量。围绕政策宣传、文明劝导、治安巡逻、法律援助、扶贫帮困、邻里守望等即时化、多元化“微服务”等方面对无职无岗党员进行定岗定责，引导党员亮明身份。六是夯实基层基础。加大财政投入保障力度，组织、人社、农业、扶贫、财政、民政、民宗、教育等每个部门对每个新市民社区投入的工作运转经费均不低于3万元，社区“两委”干部基本报酬按村（社区）常务干部标准发放。同时，加大党费支持力度，县委组织部为每个新市民社区党组织划拨5万元的党员活动经费。由县级统筹，推进社区活动室标准化、规范化建设，巧马、百口、纳福新市民社区“两委”办公活动场所面积均在200平方米以上。七是健全工作机制。建立“四项机制”，压实工作责任：协调联动机制、民主管理机制、支部结对共建机制、干部“结亲”帮扶机制。开展以结“致富亲”“敬老亲”“爱幼亲”为主要内容的“结亲”活动，党政主要领导至少与5户新市民“结亲”，其他班子成员至少与3户新市民“结亲”，一般党员干部至少与1户新市民“结亲”，目前，新市民社区共241名干部参与“结亲”，帮扶新市民1503户，办理实事2718件。八是抓落实。制订了《册亨县新市民社区党建示范点创建工作方案》，明确了部班子成员联系包保新市民社区，牵头抓好党建工作落实，示范带动新市民社区党建工作水平整体提升。

二、关于推进新市民化的几点启示

（一）文化认同是推进新市民化的内生动力

坚持“共商”机制，宣传政策，答疑释惑；用好“结对”资源，逐户讲解搬后管理及就业就医就学等政策，让群众放心搬、安心搬；注重对比“带动”，通过采取“干部发动亲友搬、能人带动乡邻搬、社会联动整体搬”等举措，着力解决动员难的问题。由各级组织部门牵头，相关单位配合，各安置区按有关规定设立社区党支部和社区居民委员会，同步配套建设新时代党员活动室、市民讲习所、警务中心、电商平台、少数民族群众活动场所、超市、医务室、健身房、篮球场、活动室、图书室等各类设施。强化了搬迁移民对新社区的文化认同，增强了移民对新社区的归属感。

（二）阐释政策是解决拆房难的关键

严格按照相关标准和要求进行登记排查，分类建立台账，明确目标责任和时间节点，鼓励农户自行拆除，确保工作有序推进。通过新时代农民讲习所、新时代文明实践中心、新时代学习大讲堂等有效载体，宣传好、阐释好相关政策规定，为移民做好咨询服务工作。通过这些宣传平台在干群之间建起“连心桥”，做好群众工作，打通政策实施的“最后一千米”，化解移民认识误区，拉近党群干群关系，通过“文明讲堂”行动提高移民素质，通过“青春课堂”行动提升年轻移民活力，通过“勤劳致富”行动提升移民就业技能，通过“妇女+”行动提升妇女发展后劲，通过“阳光扶志”行动提升移民脱贫志气。

（三）强化保障有助破解就业难

认真落实“以产定搬、以岗定搬”要求，持续抓好劳务输出工作；整合部门资源，切实抓好劳动力就业技能培训，拓宽搬迁群众就业面和择业面；加大县域新兴产业培育，县域公益岗位优先解决搬迁户劳动力就业。

（四）创新机制解决搬后治理难

大力推进新市民计划，落实“1+13”系列政策举措，继续探索实施引导衷心感恩、确保安心进城、帮助全心谋生、促进真心相融、保障舒心生活“五心工程”，对搬后治理中深层次的改革问题，及时向相关部门汇报对接并探索解决办法。充分发挥移民安置社区基层党组织教育党员、管理党员、监督党员、组织群众、宣传群众、凝聚群众、服务群众的作用。夯实了党的基层组织。在安置区建立党的基层组织和居民委员会及工会委员会、妇女组织、调解组织、警务室（派出所）等群众自治管理机构，完善社区服务管理，构建社区数字化网格管理平台，实现党的领导和群众自治相结合，齐抓共管创建社会综合治理社区。落实干部对各安居楼进行包保，通过建立安居服务群发展共商群和定期走访发布信息、了解民情、回应民需。组建安居楼委会，引导搬迁群众中的“新乡贤”撬动搬迁群众对搬迁社区进行自我管理、自我教育、自我服务。

（五）多方争取解决资金筹措难

对于项目建设中的资金缺口，积极申报项目、贷款融资以及争取社会力量支持，逐步解决配套公共服务设施建设问题，确保满足群众搬迁后的基本公共服务保障。

（六）形成合力促进新市民化进程

抢抓党中央、国务院和省委、省政府实施易地扶贫搬迁的历史机遇，深入落实“五个一批”，紧紧围绕贵州省委提出的“六个坚持”，全面聚焦“搬得出、稳得住、能致富”目标，着力在“快融入”上下功夫，着力实现搬迁人口市民化。按照“搬得出、稳得住、快融入、能致富”的要求，坚持城镇化搬迁、跨区域搬迁，着力实施规划、建设、产业、管理、服务等综合配套工程，着力推进组织体系、管理体系和服务体系建设，着力推动新市民转变思想观念、就业方式和行为习惯，构建城镇组团、管理有序、就业充分、保障到位、和谐宜居的新居住区，推动易地扶贫搬迁到城镇居住的群众与市民享有同等城市配套设施、同等公共服务、同等市民待遇，快速融入新环境，乐居新家园，成为新市民，共享新生活。积极开展法治教育、基本公共秩序教育、尊老爱幼教育及感恩教育等，引导新市民树立遵纪守法的法制观念，树立体现城市文明的规则意识、卫生意识、城市公共生活意识，以及城市人际关系意识等，自觉养成过马路走斑马线，学会观看交通指挥信号灯并遵守交通规则，外出办事排队等待，按时缴纳水电费，不在公共场所大声喧哗说脏话，乘坐城市公共交通工具时先下后上、前上后下等良好习惯。以实现搬迁群众向讲文明、讲安全、讲卫生、守秩序的新市民转变。

参考文献

［1］册亨县新市民计划办公室．册亨县新市民计划推进工作总结．2018.

［2］册亨县新市民计划办公室．册亨县新市民居住区新市民计划推进情况汇报．2018.

B.13 贵州册亨县巧马镇“新市民社区”遂民意舒心结

卢源凌[①]

摘要：2019年6月25日，册亨县巧马镇荣获第九届全国“人民满意的公务员集体”表彰殊荣，这是党和国家对册亨县巧马镇各项工作的高度赞誉。册亨县巧马镇“新市民社区”建设实践中，在创造性地提出一系列发展理念、顺利完成易地扶贫搬迁工作、强化新社区基层党组织建设、强化新市民教育培训、创新社区治理、注重法律服务等方面进行了积极有效的探索。

关键词：巧马镇　新市民社区　遂民意舒心结

2019年6月25日，第九届全国“人民满意的公务员”和“人民满意的公务员集体”表彰大会在京举行。中共中央总书记、国家主席、中央军委主席习近平在人民大会堂亲切会见受表彰代表，向他们表示热烈祝贺，勉励他们不忘初心、牢记使命，在本职岗位上作出更加优异的成绩。大会表彰了192名“人民满意的公务员”和98个“人民满意的公务员集体”，册亨县巧马镇党委荣获“人民满意的公务员集体”殊荣。巧马镇地处黔桂两省（自治区）三县（安龙、册亨、隆林）交界处，汕昆高速、望安高速、国道324线、纳者公路穿镇而过，册亨火车站、册亨工业园区物流园区在巧马镇境内。全镇面积236平方千米，耕地面积2.7万亩，林地面积21.9万亩，土地资源主要用于发展甘蔗、核桃、油茶等产业，种植甘蔗面

① 卢源凌，册亨县巧马镇党委副书记、政法委书记。

积达 1 万余亩、板栗 3000 亩，全镇有桉树 14 万余亩、杉木 2 万余亩，2018 年人均纯收入 8296 元，同比增长 10.5%。全镇下辖 8 个行政村 67 个村民组，共 3534 户 15187 人，镇内主要居住着布依族、苗族等少数民族，占总人口的 93%。布依族主要居住在巧马镇的纳贤、者告、纳桃和板坝 4 个村。苗族主要居住在孔屯和锅厂两个村。截至 2019 年 5 月，巧马共有建档立卡贫困户 1572 户 644 人；2018 年底现有未脱贫贫困户 466 户共 1623 人，2018 年底贫困发生率为 10.69%；2019 年巧马镇拟脱贫 358 户 1380 人，预计脱贫后贫困发生率下降至 1.6%。巧马镇的孔屯、锅厂、巧马、尾贤 4 个村实现整村搬迁，截至目前巧马镇共搬迁入住 2378 户 1047 人，圆满完成了易地扶贫搬迁任务。巧马镇党委、政府在册亨县委、县政府的坚强领导下，多措并举，抓落实、锐意进取、改革创新，扎实推进党的建设、脱贫攻坚、扫黑除恶、易地扶贫搬迁等重点工作，强化新市民社区建设，做到遂民意舒心结。

一、不忘初心、牢记使命

巧马镇以“感恩共产党·做好新市民”为主题，以“强党建引领、服务平台化，让组织有引力；强群团聚力、职责清单化，让工作有合力；强市民主体、运作社会化，让发展有动力；强基础保障、工作制度化，让干事有推力”的“四强四有”为抓手，实施新市民计划“衷心感恩、安心进城、全心谋生、真心相融、舒心生活”“五心工程”，全面开展“脱贫攻坚大比武、易地搬迁大练兵、巧干实干大讲堂”三项活动，提炼出“巧干实干、马上就干”的“巧马工作理念”，倡导“有疑问马上请示、有要求马上落实、有困难马上克服、有阻力马上排除”的“四有”原则，深入践行“穷则思变、敢拼就赢、认准就干、敢于争先”的发展理念。

二、遂民意舒心结、争当群众贴心人

巧马镇发动党员干部组建了党群代表服务队，带领外出务工返乡人员、创业致富带头人等“明白人”“新乡贤”参与搬迁，经过不懈努力，石山区、深山区 143 个自然村寨 10496 名群众申请整体搬迁，搬迁人数占总人数比位居全省前列。在新乡贤的带头示范下，对迁出地的27000余亩土地进行确权，实施新一轮退耕还林工程14529.50亩。实施生态效益补偿91352.30亩，成立30余家农民专业合作社，累计流转土地3260余亩，让新市民安心进城。一是成立新市民社区党总支，让党员群众找到家。社区党总支成立于2017年6月，由4个搬迁村的党支部组成，现有党员127名。党总支由镇党委副书记兼任书记，支委成员有副书记、组织委员、宣传委员、纪律委员、统战委员、青年委员各1名。社区党总支按照“五小工程”标准建设了活动场所，并实现“两学一做”学习教育常态化制度化，坚持“一周一党课、一周一清单、一周一走访、一周一核查、一周一销号”，让新市民服务工作件件有人领、事事有人盯。设立新市民讲习所、公共服务站、社区综治中心、金融服务站，围绕“党员先锋岗”“青年文明号”创建亮身份、亮承诺，推动服务力量下沉。二是组建“威信”党支部，探索“互联网+智慧”社区。争取中国联通集团总部精准帮扶，所有新市民使用联通上网、看电视免费3年，手机赠送5GB国内流量。分别以行政村、村民组和安居楼为单元建立微信“威信党支部”“发展共商群”“安居服务群”，构建党务微信矩阵，让政策宣传“一竿子”插到底。在全州率先推行安居楼党员楼长制，构建“500米党员服务圈”，探索运行“1个特殊困难家庭+1个好邻居+N个党员志愿者”邻里互助模式，被州委政法委誉为平安建设“册亨经验巧马模式”，被省文明办、团省委表彰为贵州首届志愿服务项目大赛银奖和最佳人气奖。三是推行精准帮扶“周二走访日”，搭建党群连心桥，为各安居楼新市民提供即时化、多元化“做服务”。经过一年多的检验，“微信矩阵”与“线下走访”相互配合、相得益彰，干部底数更清、情况更明、底气更足，群众满意度、获得感、幸福感日益增强。

三、多样“课堂”教育，增强新市民归属感

在新市民社区，巧马镇搭建“成长课堂”，定期开展周末影院、新市民子女集体生日会、心理健康工作坊、纳桑女同学奖学金、“祖国好·家乡美”征文大赛等丰富多彩的活动。搭建“青春课堂”，定期开展创业沙

龙、“四点半”课堂、大山小爱纸箱节、大山小农夏令营、大山集市、专家义诊、纳桑大学新生奖学金、绣娘大赛、厨艺大赛、广场舞大赛等活动；搭建“知行课堂”，组织开展亲子涂鸦、亲子互动、手工艺教学等趣味活动，为新市民家庭提供互动平台和媒介。搭建“银发课堂”，2018年5月底，册亨县委组织部、县委离退局、县关工委指导巧马镇党委，围绕“老有所学、老有所乐、老有所为”目标，聚焦老年新市民学习、生活、文化、健康方面需求，在巧马新市民社区开辟了老年新市民综合服务平台“银发课堂”。巧马新市民社区“银发课堂”依托社区关工委，整合老年活动中心、新时代老干部讲习所、老年大学培训中心、社区养老互助幸福院等功能，把老干部、老支书、老党员、老教师、老模范和更多老年文艺爱好者聚集到一起，搭建起党委、政府联系老年新市民的桥梁和纽带，为老年新市民提供一个学习知识、提高技能、展示自我、相互帮扶的精神文化生活平台，让老年新市民找到精神上的共鸣，更加真切地感受到党的关怀。搭建“巧合图书馆”，定期开展亲子读、趣味读图书推荐、民间技艺教学等活动，让广大群众在家门口享受到免费便捷的借阅服务，让新市民找到精神上的共鸣，更加真切地感受到党的关怀，被黔西南布依族苗族自治州委政法委誉为平安建设“册亨经验巧马模式”并在全州推广运用，被贵州省文明办、省团委表彰为贵州首届志愿服务项目大赛银奖和最佳人气奖。创新产业发展方式。针对扶贫产业普遍品牌意识不强、附加值不高等情况，巧马镇倡导建立了民族民间文化产业孵化园，引进“大山小农”团队和“好之味”团队，围绕古法熬糖、苗绣手艺、八音坐唱等民间传统文化，对传统产业进行规范化、规模化、品牌化，打响了“纳桑”“好之味”等惠农品牌。其中，由“大山小农”团队研发的纳桑古法红糖，一经互联网问世就供不应求，单个榨季产值超过1000万元，成功带动60余名搬迁群众就业。围绕“两不愁、三保障”，让新市民“稳得住”。巧马镇围绕群众最关心的“两不愁、三保障”吃穿、就学、就医、安全住房等环节，紧锣密鼓地推进民生保障建设。设立新市民讲习所、公共服务站、社区综治中心、金融服务站，围绕“党员先锋岗”“青年文明号”创建亮身份、亮承诺，推动服务力量下沉。巧马中心学校、第一幼儿园修葺一新，成为全县乡镇中最漂亮的校园。册亨县医院巧马分院竣工投用，医疗服务全面覆盖新市民居住区三岔河水库、第二水有望于年底投用。修建昂央公园、纳桑广场、三岔河广场、大榕树广场、引进“大山小爱”志愿服务团队，创建“加一点”志愿者协会，通过开展开放式的合作，创新和设计更多的志愿服务项目，争取更多的专业力量支撑和社会资金支持，用志愿服务来唤醒和激发新市民的善意融入和良性互动，引导新市民共同遵守社区公约。优化社区环境、推动社区进步，让社区建设具有更广泛的社会基础。在服务新市民工作中，社区党总支把党组织和行政力量作为嵌入性要素，以合作为机制，有效整合社会各方面资源，动员社会各方面力量参与。社区党总支倡导各村建立党群代表服务队，引导“新乡贤”“明白人”带头示范，对迁出地的27000余亩土地进行确权，累计实施退耕还林17450.6亩，成立30家农民专业合作社，累计流转土地9000余亩，让新市民安心进城。围绕特色林产品“一县一业”建设，精心做好招商引资服务，引进和改造企业18家，举办专题招聘会8场（次），开展就业培训1000余人次，引导和推荐就业2147人次。

四、发挥联动机制作用、创新社区治理

近年来，册亨县巧马镇逐步建立了政法综治工作“12345”联动机制，为增进辖区人民生活福祉营造了良好的社会环境。一是“一个”区域，重点治理。对新市民居住区进行划区域管理，由各村“五员”担任网格员，配合派出所开展夜间巡逻，推进新市民居住区综合治理网格化，配强新市民居住区人防力量，促进形成群防群治；启动新市民居住区安防工程，每栋楼和公共区域实现监控探头全覆盖，对违法犯罪分子形成强有力震慑作用，提高新市民居住区技防水平；加大新市民居住区、重点单位和部门基础设施投入，切实提高物防水平。二是“两线”连接，社会共治。线上运用微信以行政村为单位建立“威信党支部”，以村民组为单位建立“发展共商群”，以安置房为单位建立“安居服务群”，推送相关链接开展线上法律法规和政策宣传活动，收集各类违法犯罪信息和不稳定苗头。线下巧马镇党委确立每周二为“巧马镇脱贫攻坚周二走访日”，要求各村组包保责

任人在当日必须到所包保的村组开展走访，同时在各村建立“党群代表服务队”，发挥排查和化解矛盾纠纷的作用，有效地维护了社会和谐稳定。三是“三路”联防，防线共筑。册亨县巧马镇交通便利，是贵州西南地区通往两广的交通要道，巧马镇与汕昆高速、南昆铁路册亨站、南盘江沿岸海事等交通管理部门建立联合防控机制，通过公路、铁路、水路三方联动，严防外来违法犯罪分子进入辖区，将社会综合治理阵地向公路、铁路、水路三方延伸。四是“四所”联动，线索共享。巧马镇派出所与安龙县坡脚乡派出所、隆林县平班镇派出所、者保乡派出所建立跨省区警务联动机制，在信息共享、巡逻防范、案件侦办、矛盾纠纷调处、便民利民、应急处置六个方面实行跨省区警务联动。五是“五方”协同，发展共兴。巧马镇建立了园区办、镇政府、派出所、企业以及各村（居）“两委”为成员的“五方”协同机制。综合治理进企业。完善综合治理人口问题的协调机制，及时为流动人口办理流动人口证，推行流动人口“一证通”制度。对辖区出租房屋和流动人口开展清查活动，对流动人口家庭状况、各类人员信息详细调查摸底，掌握情况，健全“以房管人、以业管人、以村管人”的流动人口管理服务机制。治安防控进企业。加大对辖区内务工人员的排查力度，始终保持对涉及妨碍企业正常生产秩序行为的教育和打击力度，对扰乱企业正常生产秩序的违法人员起到强有力的震慑作用，共同营造一个风清气正的生产经营环境，实现发展共兴。

五、政法服务在身边、增强新市民幸福感

为更好地服务新市民，减少群众办事来回跑路，巧马镇于2016年6月成立巧马社区综治中心，为群众提供公共法律服务、矛盾纠纷联调联处、信访受理答复等“一站式”服务平台。一是巧马社区综治中心，是按照“分工协作、信息互通、高效便民、服务大局”的总体思路，更好地为全镇经济发展、易地扶贫搬迁创造和谐稳定的社会环境，为提高群众安全感、幸福感、获得感和满意度实行集中办公的“一站式”服务平台。中心设立社区综合接待窗口、综治工作窗口和网格化管理窗口三个窗口，在社区基层组织成立前，由镇综治办派驻工作人员和网格员接待群众，镇政法

委书记兼任中心主任，负责协调处理中心日常事务。二是中心自建立以来，真正成为社区维稳工作的实体，是平安建设的平台、服务群众的窗口、处置突发事件的指挥部。通过建立矛盾纠纷联调、社会治安联防、重点工作联动、突出问题联治、平安建设联创和社会管理联抓的“六联机制”，联动各部门综合分析研判情报信息，实现对吸毒人员、社区矫正人员、严重不良行为青少年、重症精神障碍患者、邪教人员的有效监管，消除各类不稳定苗头。组织协调各部门定期不定期集中排查矛盾纠纷，运用人民调解、行政调解、司法调解有机衔接的工作机制共同解决矛盾纠纷。建立健全以民警、专兼职联防队员、楼长、志愿者、村干部、民兵成立的“六位一体”干群结合的治安防控体系，及时排查消除辖区不稳定因素。三是中心运行以来，向新市民提供法律援助 121 人次，调解各类矛盾纠纷 258 起，接待来访群众 1000 余人次，拉近了干群关系，社会治安进一步好转，群众安全感、获得感、幸福感明显增强；矛盾纠纷调解成功率显著提升，群众上访事件下降，各窗口工作效率明显提高；实现群众“动嘴”，干部“跑腿”，全心全意帮助群众解决实际困难，赢得了群众信任和支持，有效地维护了社会大局稳定。